1 fr. 25 le volume

ŒUVRES COMPLÈTES D'HECTOR MALOT

MARIÉ

PAR LES

PRÊTRES

PARIS
LIBRAIRIE MARPON & FLAMMARION
E. FLAMMARION, SUCC^r
26, RUE RACINE, PRÈS L'ODÉON

EN VENTE A LA MÊME LIBRAIRIE

ŒUVRES COMPLÈTES D'HECTOR MALOT

à 1 fr. 25 le volume

POUR PARAITRE SUCCESSIVEMENT DANS CETTE COLLECTION

Le Lieutenant Bonnet	1 vol.
Susanne	1 vol.
Miss Clifton	1 vol.
Clotilde Martory	1 vol.
Pompon	1 vol.
Marichette	2 vol.
Un Curé de Province	1 vol.
Un Miracle	1 vol.
Romain Kalbris	1 vol.
La Fille de la Comédienne	1 vol.
L'Héritage d'Arthur	1 vol.
Le Colonel Chamberlain	1 vol.
La Marquise de Lucillière	1 vol.
Ida et Carmelita	1 vol.
Thérèse	1 vol.
Le Mariage de Juliette	1 vol.
Une Belle-Mère	1 vol.
Séduction	1 vol.

MARIÉ
PAR LES PRÊTRES

OUVRAGES DE HECTOR MALOT

COLLECTION GRAND IN-18 JÉSUS

LES VICTIMES D'AMOUR : LES AMANTS, LES ÉPOUX, LES ENFANTS..................................	2 vol.
LES AMOURS DE JACQUES........................	1 —
ROMAIN KALBRIS................................	1 —
UN BEAU-FRÈRE.................................	1 —
MADAME OBERNIN................................	1 —
UNE BONNE AFFAIRE.............................	1 —
UN CURÉ DE PROVINCE...........................	1 —
UN MIRACLE....................................	1 —
SOUVENIRS D'UN BLESSÉ. — SUZANNE..............	1 —
— — MISS CLIFTON.............	1 —
LA BELLE MADAME DONIS.........................	1 —
CLOTILDE MARTORY..............................	1 —
UNE BELLE-MÈRE................................	1 —
LE MARI DE CHARLOTTE..........................	1 —
L'HÉRITAGE D'ARTHUR...........................	1 —
L'AUBERGE DU MONDE : LE COLONEL CHAMBERLAIN, LA MARQUISE DE LUCILLIÈRE...	1 —
— — IDA ET CARMELITA, THÉRÈSE.	1 —
MADAME PRÉTAVOINE.............................	2 —
CARA..	1 —
SANS FAMILLE..................................	2 —
LE DOCTEUR CLAUDE.............................	1 —
LA BOHÈME TAPAGEUSE...........................	2 —
UNE FEMME D'ARGENT............................	1 —
POMPON..	1 —
SÉDUCTION.....................................	1 —
LES MILLIONS HONTEUX..........................	1 —
LA PETITE SŒUR................................	2 —
PAULETTE......................................	1 —
LES BESOIGNEUX................................	2 —
MARICHETTE....................................	2 —
MICHELINE.....................................	1 —
LE SANG BLEU..................................	1 —
LE LIEUTENANT BONNET..........................	1 —
BACCARA.......................................	1 —
ZYTE..	1 —
VICES FRANÇAIS................................	1 —
GHISLAINE.....................................	1 —
CONSCIENCE....................................	1 —
JUSTICE.......................................	1 —
MARIAGE RICHE.................................	1 —
MONDAINE......................................	1 —
MÈRE..	1 —
ANIE,...	1 —
COMPLICES.....................................	1 —

Mme HECTOR MALOT

FOLIE D'AMOUR.................................	1 —

MARIÉ

PAR

LES PRÊTRES

PAR

HECTOR MALOT

PARIS
LIBRAIRIE ERNEST FLAMMARION
26, RUE RACINE, PRÈS L'ODÉON
—
Tous droits réservés.

MARIÉ PAR LES PRÊTRES[1]

I

En tête de sa première page, l'*Étoile de la Vallée*, journal de la ville et du diocèse de Condé-le-Châtel, publiait l'article suivant :

On nous écrit de Rome :

« Depuis le départ de notre pèlerinage, j'ai été pour vous un bien mauvais correspondant, et je n'ai guère tenu l'engagement que j'avais pris de vous renseigner exactement; mais comment écrire ! L'accueil que nous recevons, et les joies spirituelles que nous goûtons du

(1) Les épisodes qui précèdent *Marié par les Prêtres* ont pour titre : I. *Un bon jeune Homme* et II. *Comte du Pape*.

matin au soir, nous plongent dans une béatitude où il n'y a place que pour le recueillement. Mais maintenant je sens que je dois vous écrire, sous peine d'être impardonnable, et je prends une journée pour remplir ce devoir.

C'est vraiment une bien belle et bien utile institution que celle de la *Societa della Giuventu cattolica;* ce n'est rien moins sur cette terre que la réalisation de la parole du divin maître : « Aidez-vous les uns les autres; » et alors quoi de plus grand, quoi de plus noble !

Cette institution nous a pris à notre arrivée en Italie et nous a amenés à Rome.

C'est grâce à elle que dans l'église Saint-Laurent, la cathédrale de Gênes, ont été exposées pour nous toutes les reliques de son trésor sacré : oh! quelles admirables reliques et quelle joie pour des cœurs chrétiens de pouvoir couvrir de baisers et de larmes le *Sacro Catino*, ce vase d'émeraude, présent de la reine de Saba à Salomon, dans lequel Notre-Seigneur Jésus-Christ mangea l'agneau pascal avec ses disciples, et le *Disco* où fut déposée la tête de saint Jean-Baptiste, lorsqu'elle fut présentée à la cruelle Hérodiade.

C'est grâce à elle qu'à Florence, dans la chapelle de l'*Annunziata*, nous avons pu adorer cette image miraculeuse que les anges eux-mêmes ont tracée sur la muraille.

C'est grâce à elle qu'à Assise nous avons eu le bonheur d'entendre la messe dans la crypte qui possède le corps de saint François; c'est grâce à elle aussi que nous avons pu visiter l'endroit où le saint, tourmenté par les obsessions de Satan, se roula tout nu sur un buisson d'épines qui furent aussitôt changées en rosiers.

Oh ! comme ces merveilles de la puissance de Dieu étaient bien faites pour nous remplir tous d'une foi nouvelle !

Est-il besoin de vous dire que dans toutes ces pieuses stations nous avions la joie d'avoir toujours à notre tête notre cher évêque, qui ne nous a pas quittés d'un instant, et qui depuis notre départ a célébré pour nous chaque jour le sacrifice de la messe, ou nous a prêchés quand cette messe était dite par un prélat ou par un prêtre du pays; mais non, je ne crois pas avoir besoin d'insister là-dessus, dans un récit qui sera lu par les fidèles d'un diocèse où le zèle et la foi de M. l'abbé Guillemittes, le curé-doyen d'Hannebault, sont connus de tous; en devenant monseigneur Hubert, évêque de Condé-le-Châtel, M. l'abbé Guillemittes a gardé ce zèle et cette foi qui ont enfanté des miracles et qui en enfanteront encore.

En arrivant à Rome, et dans la gare même, nous avons été salués par notre compatriote, M. Aurélien Prétavoine, qui, en sa qualité de représentant du comité central de l'Union catholique, s'est mis à notre disposition avec une aimable prévenance, nous indiquant les logements qui nous étaient préparés et le programme des cérémonies du lendemain.

Quelles ont été belles et pieuses ces cérémonies ! vous n'attendez pas de moi que je vous le énumère et vous les décrive toutes.

D'ailleurs, il me faudrait des volumes pour raconter ce qu'ont été nos stations dans les basiliques majeures et mineures : à Saint-Pierre, à Saint-Jean de Latran, à Saint-Paul, à Saint-Laurent, à Sainte-Croix de Jérusalem, à Sainte-Marie Majeure, à Saint-Sébastien, à Sainte-Agnès, à Sainte-Cécile, à Saint-Clément, et il me faudrait des qualités d'écrivain que je ne possède pas pour vous dire ce qu'ont été ces admirables cérémonies qui faisaient éclater la foi la plus vive, et auxquelles les prélats les plus intimes de Sa Sainteté ont daigné plus d'une fois présider.

Ces pieuses manifestations se sont renouvelées plusieurs fois par jour pour notre plus grande joie, et aussi pour l'édification des fidèles de cette ville, qui ont vu que la France n'était pas ce qu'on leur avait dit, qu'on pouvait encore compter sur elle, et qu'il y avait encore chez nous des âmes généreuses pour renouveler les anciens exemples de la chrétienté. Oh ! comme la tenue du clergé et des fidèles du diocèse de Condé-le-Châtel a été belle ! Ah ! quelle foi ! Oh ! quel enthousiasme ! Oh ! quelle édification pour nous et pour tous ! Heureux ceux qui ont vu ces fêtes ! Heureux ceux qui ont entendu ces chants ! Partout, je vous le répète, nous avons eu notre évêque à notre tête ; partout nous avons été guidés, éclairés, protégés par M. Aurélien Prétavoine devant lequel toutes les portes s'ouvraient, et pour lequel, grâce à ses relations, il n'y avait ni obstacles ni difficultés.

De ces fêtes, j'ai hâte d'arriver à la plus belle, je veux dire à notre réception par le Saint-Père.

Nous nous sommes réunis à Saint-Pierre sous la présidence de notre évêque, nous avons entendu la messe et nous avons reçu la sainte communion.

Puis nous nous sommes groupés autour de notre évêque en deçà de la porte de Bronze, et là, nous avons chanté l'hymne du Sacré-Cœur : « Sauvez Rome et la France au nom du Sacré-Cœur ! »

Enfin, à onze heures nous avons gravi les escaliers, marchant silencieux, recueillis, la tête découverte ; nous étions conduits par notre évêque qui s'avançait le premier et après lui se pressaient les prêtres du diocèse ; à courte distance venaient les fidèles laïques précédés d'un porte-drapeau tenant droit un étendard blanc fleurdelisé d'or.

Nous sommes arrivés dans cet appareil imposant au milieu de la cour Saint-Damase que nous avons traversée et alors nous avons pénétré dans le palais.

Oh ! comme notre recueillement était grand, comme notre émotion était profonde au moment d'être admis à nous prosterner devant le Souverain Pontife de l'Immaculée, le Roi du monde catholique, le saint Pie IX.

Nous avons été introduits dans la salle du Consistoire, où nous nous sommes agenouillés, et bientôt après le Saint-Père est entré, précédé de six cardinaux et des personnages de sa cour. (Au nombre de ces personnages se trouvait M. Aurélien Prétavoine.)

Notre premier mouvement a été de courber la tête, le second de la relever pour contempler le Souverain Pontife, qui voulait bien paraître devant nous.

Oh ! comme son attitude est vénérable ! Oh ! comme son regard est divin ! Sur son noble visage, pâli dans l'emprisonnement, se lisent les souffrances et les douleurs qu'un gouvernement spoliateur et persécuteur n'a pas honte de causer à un vieillard. Son corps, privé d'exercice, s'est légèrement voûté, en même temps que ses jambes, condamnées à une inaction forcée dans cette prison étroite, ont perdu l'habitude du mouvement.

C'est en s'appuyant d'une main sur son majordome et de l'autre sur une grosse canne qu'il se rend au trône qui occupe l'extrémité de la salle. Aussitôt celui de nos pèlerins qui porte notre drapeau va se placer auprès de ce trône, et nous avons la joie de voir nos couleurs déployées au-dessus du Pontife-Roi.

Avant de s'asseoir sur son trône, le Souverain Pontife promène sur nous tous un regard plein de tendresse et, étendant la main où brille l'anneau du pêcheur, il nous donne sa sainte bénédiction; puis, d'une voix vibrante et en français, il s'écrie :

— Debout, mes chers !

Un frémissement a couru dans nos cœurs, et nombreux étaient les yeux mouillés de larmes.

Alors Mgr de Condé s'est avancé, tenant à la main un parchemin orné de miniatures, sur lequel est écrite l'Adresse dont il va donner lecture.

Vous recevrez assurément le texte de cette adresse, je n'ai donc pas à vous la rapporter, je n'ai qu'à vous dire comment elle a été lue et aussi l'effet qu'elle a produit aussi bien sur le Saint-Père que sur les pèlerins.

Vous savez combien est pénétrante la voix de monseigneur, combien son accent est puissant et entraînant; la foi et le dévouement au Saint-Siége et au Souverain Pontife, qui embrasent son âme, ont plus d'une fois mis des sanglots dans cette voix, de même que d'autres fois ils ont mis dans ses accents une énergie qui nous transportait. Mais qui pourrait entendre d'une âme calme des paroles aussi véritablement magnifiques ? Les larmes coulaient de tous les yeux ; vous les lirez, ces paroles, et elles vous enflammeront ; malheureusement je ne crois pas que les journaux d'ici puissent les publier tant elles sont fortes ; ainsi sera mise en évidence une fois de plus la dure captivité à laquelle est réduit le vicaire de Notre-Seigneur Jésus-Christ par les méchants et les spoliateurs.

Je ne trouve qu'un mot pour la réponse qu'a daigné nous adresser notre Saint-Père le Pape, elle a été sublime ! sublime par les paroles, sublime par le ton. Qui n'a pas vu le Souverain Pontife se lever de son trône, redresser sa taille et jeter sur les pèlerins un regard surnaturel ; qui n'a pas entendu cette éloquence apostolique, n'a pas goûté la plus grande joie qui soit accordée à un chrétien sur cette terre.

Oh ! quelle félicité ! quelle béatitude ! le Vicaire de Dieu daignant nous adresser la parole à nous misérables pécheurs, le Très-Saint Père, le Roi Pontife, le Saint Pape Pie IX ; aussi, de toutes les bouches, il ne s'échappait qu'un mot, qu'un cri d'amour : « *Tu es Rex noster,* » vous êtes notre Roi, notre grand Roi Pie IX, le seul Roi de par Dieu, et partant le seul Roi immortel.

Je n'ose me permettre de résumer cette réponse : quand la sténographie nous en aura livré le texte, je vous le transmettrai ; elle doit être lue, être admirée dans son entier, comme la parole même de Dieu.

La bénédiction donnée, nous pensions que l'audience était terminée ; elle l'était de fait, mais, en réalité cependant, elle ne l'était pas encore.

Un des prélats les plus intimes de Sa Sainteté s'est alors approché du trône, et de sa main levée, nous a appris qu'il allait nous parler.

Quelle a été notre surprise et quelle a été aussi notre joie !

Son Éminence nous a dit que le Très-Saint Père saisissait cette occasion pour porter à notre connaissance une grâce que, dans sa paternelle considération, il accordait à un enfant de notre diocèse : M. Aurélien Prétavoine, créé comte, nommé camérier d'honneur de cape et d'épée de Sa Sainteté et chevalier de l'ordre de Saint-Sylvestre.

A la façon dont cette communication a été accueillie Sa Sainteté a pu voir combien nous étions heureux d'une faveur qui venait récompenser si justement le zèle d'une famille qui a rendu tant de services à notre sainte religion, et qui a déployé un si ardent dévouement pour le Saint-Siége. Sans la majesté du lieu, sans le respect, tout le monde aurait battu des mains, mais nos yeux ont exprimé au pape la reconnaissance dont nos cœurs étaient remplis.

Cependant le Saint Père s'était levé de son trône et il s'entretenait avec quelques personnes de notre pèlerinage ; alors un grand nombre de pèlerins se sont approchés du trône et avec une foi passionnée ils l'ont baisé de leurs lèvres, et ils l'ont touché de leurs croix et de leurs chapelets.

Le Saint Père s'est retiré, mais s'arrêtant dans le corridor qui se trouve sur la cour Saint-Damaso, il a voulu nous voir passer et il nous a permis de contempler une fois de plus ses traits sacrés.

Alors nous avons défilé devant lui en chantant notre hymne national :

> Toujours chrétiens, même au siècle où nous sommes!
> Les cœurs virils sont fiers d'être chrétiens,
> Dieu pour sa cause aura des hommes
> Tant que vivront les Condéens,
> Debout Condéens,
> Allons pèlerins,
> Allons où la foi nous appelle.

Les yeux du Souverain-Pontife s'étaient illuminés et le contentement rayonnait sur son noble visage ; appuyé de la main gauche sur sa canne, de la main droite il marquait la mesure de notre hymne.

C'est ainsi que nous sommes sortis, c'est ainsi que s'est terminée cette sublime journée dont le souvenir vivra à jamais dans nos cœurs.

Demain nous irons en procession à la Scala Santa ; après-demain nous communierons à Saint-Louis des Français ; puis nous dirons adieu au Vatican et à Saint-Pierre, et nous partirons laissant à Rome nos cœurs et notre dévouement. »

L'*Étoile de la Vallée*, journal légitimiste et clérical de Condé-le-Châtel avait ordinairement un tirage de 850 à 900 exemplaires, n'étant dépassé par son rival le *Réveil de Condé* que de 100 à 150 exemplaires, mais le jour où il publia cette correspondance de Rome, son tirage s'éleva, chose vraiment miraculeuse, à 10,850 numéros.

C'est-à-dire qu'en plus du service de ses abonnés et de sa vente au numéro, on lui commanda dix mille

1.

exemplaires, qui, le samedi soir, furent déposés au bureau de poste, de sorte que, le lendemain, les malheureux facteurs de tout l'arrondissement eurent un surcroît de travail à tomber écrasés sous le poids dont ils se trouvaient chargés, quelques-uns d'entre eux ayant à distribuer dans les villages dépendant de leur tournée jusqu'à trois cents, jusqu'à quatre cents numéros. Ce fut une vraie ondée de papier noirci qui s'abattit sur tout l'arrondissement, et des paysans qui ne savaient pas lire, mais qui étaient électeurs, reçurent un numéro de l'*Étoile de la Vallée*, se demandant avec effroi si ce n'était point quelque nouvelle manigance du percepteur qui voulait encore augmenter leurs impôts.

Ceux qui savaient lire ne furent point épouvantés, mais ils furent surpris. — Pourquoi leur envoyait-on ce journal et qui leur faisait cet envoi ?

La réponse à cette question ne fut pas difficile à trouver, et les plus simples nommèrent tout de suite ce généreux donateur.

Dans la lecture de ce journal, ce qui les toucha ce ne furent point les détails se rapportant au *Sacro Catino*, ce ne furent point davantage les passages où il était question du pape et de son éloquence apostolique; le *Sacro Catino*, ils ne connaissaient pas ça; le pape, il n'était pas du pays; tandis qu'il y avait une personne du pays dont on parlait et qu'ils connaissaient : M. Aurélien Prétavoine, le fils de madame Prétavoine la riche, celle qui avait fondé la *Banque des campagnes*.

C'était pour leur apprendre que M. Aurélien Prétavoine avait été créé comte par le pape, camérier d'honneur de cape et d'épée, chevalier de l'ordre de Saint-Sylvestre qu'on leur avait envoyé ce journal, et comme M. Aurélien Prétavoine seul avait intérêt à ce que cela fût connu, c'était à lui qu'on devait l'envoi de ce journal ou bien à sa mère.

Maintenant, quant à deviner ce que pouvait être cet intérêt, c'était une autre affaire, et ce fut ce qu'on discuta.

De même on discuta aussi la question de savoir ce que c'était qu'un camérier d'honneur, « de cape et d'épée. »

Les dévots eux-mêmes restèrent courts sur cette question et se tirèrent d'embarras en disant que c'était un fonctionnaire de la cour du pape.

— Mais quelle est la fonction que remplit ce fonctionnaire?

Ici les réponses variaient: pour camérier, on s'accordait généralement à dire que c'était un officier de la chambre du pape; mais que faisaient la cape et l'épée? Ceux qui se piquaient de beau langage disaient que n'avoir que la cape et l'épée, c'était n'avoir que l'apparence. Était-ce là le cas d'Aurélien Prétavoine; n'avait-il que l'apparence de sa fonction?

— Pour moi, disaient ceux qui avaient été élevés avec le nouveau comte, je ne vois pas « le bon jeune homme » avec la cape sur la tête et l'épée au côté; ça doit être curieux.

Ces questions n'étaient pas les seules qu'on se posât; il y en avait d'autres encore qui excitaient la curiosité publique.

— Dans quel but Aurélien Prétavoine ou plutôt madame Prétavoine, car c'est elle assurément qui avait tout fait pendant son séjour à Rome, avaient-ils voulu obtenir du pape un titre de noblesse ?

— Pour être noble.

Alors ceux qui autrefois avaient émis l'idée que madame Prétavoine voulait pour son fils un grand mariage, et que celui-ci serait marié par les prêtres, triomphaient.

— Voilà le premier acte joué, disaient-ils ; le « bon jeune homme » est comte du pape. Bientôt, soyez-en sûr, il sera marié par les prêtres ; ça se devine.

— Et avec qui le mariez-vous ?

— Avec mademoiselle de la Roche-Odon.

— Allons donc! mademoiselle de la Roche-Odon épousera le capitaine de Gardilane.

— Jamais le vieux comte ne donnera sa petite-fille à M. de Gardilane, qui n'est pas dévot ; il la donnera à M. le comte Prétavoine, camérier d'honneur de cape et d'épée de Sa Sainteté ; et s'il ne veut pas la donner de bonne volonté on la lui arrachera de force.

— Qui la lui arrachera ? Sa mère ?

— Sa mère peut-être ; cela je n'en sais rien, mais à coup sûr les amis de madame Prétavoine, c'est-à-dire les prêtres ; c'est pour s'assurer de cette alliance qu'elle vient de passer plusieurs mois à Rome et qu'elle a obtenu du pape un titre de comte ; elle ne s'en tiendra pas là, elle obtiendra maintenant et la petite Bérengère pour son fils et en plus le château de la Rouvraye et toute la fortune du vieux comte de la Roche-Odon ; je vois clair dans son jeu.

— Que voyez-vous? moi je vois que le capitaine et la jeune fille s'aiment.

— Je ne dis point qu'ils ne s'aiment pas, je dis qu'ils ne se marieront pas; voilà tout. Est-ce que vous vous imaginez que cette correspondance de Rome n'est pas écrite à la plus grande gloire du nouveau comte? Voyez comme on le présente, comme on le met au premier plan; il n'y a que lui de nommé dans cet article, et toute la cérémonie si longuement racontée n'a l'air d'être organisée que pour investir « le bon jeune homme » de son titre.

— Et qui l'a écrit cet article?

— C'est à chercher; mais vous pouvez être sûr que c'est un ami de madame Prétavoine.

On avait cherché; on avait dans le public nommé plusieurs prêtres qui faisaient partie du pèlerinage, mais dans le clergé on n'avait pas erré sur plusieurs noms, on s'était du premier coup arrêté à un seul : l'abbé Colombe, le curé de Bourlandais, l'ancien vicaire d'Hannebault, l'ami de madame Prétavoine, l'ancien professeur d'Aurélien Prétavoine.

— Colombe seul est capable de trouver cette série d'interjections, disaient ses camarades de séminaire.

Dans le public profane, ce n'était pas seulement des interjections de l'abbé Colombe qu'on plaisantait.

— Que pensez-vous de ces particuliers qui vont en Italie et qui ne trouvent que deux choses à admirer, à Gênes un vase en émeraude et à Florence un mur peint par les anges; à Rome qui ne voient rien!

— Vous n'êtes pas juste; ils ont vu quelque chose de curieux, au contraire.

— Quoi donc?

— Ils ont vu des pèlerins baiser de leurs lèvres la place encore chaude sur laquelle le pape venait de s'asseoir; rien que pour voir ça, j'aurais fait le voyage.

— Savez-vous ce que je ferai quand ils rentreront à Condé; eh bien je leur ferai un charivari.

— Quelle niaiserie ! laissez donc les gens adorer qui bon leur semble, comme bon leur semble et même où bon leur semble.

II

Le numéro de l'*Etoile* qui contenait cette correspondance de Rome avait été distribué le dimanche matin de bonne heure dans la ville de Condé.

Lorsque madame Prétavoine sortit de la grand'messe, elle fut entourée d'amis et d'amies qui s'empressaient à la féliciter.

— Comment, vous ne nous aviez pas parlé de cette insigne faveur.

Et chacun tenait à dire son mot à cette heureuse mère, ou tout au moins, à lui serrer la main.

Quelle gloire !

Comte ! camérier de cape et d'épée !

Si l'on avait osé, on lui aurait demandé ce que c'était qu'un camérier de cape et d'épée, mais n'était-ce pas une honte d'ignorer les usages de la famille pontificale ? Et précisément parce qu'on ne savait pas ce qu'était cette fonction, on y revenait sans cesse.

— Camérier de cape et d'épée !

Cependant madame Prétavoine voulut échapper à cet empressement, et comme elle possédait l'art de se faufiler au milieu des groupes, elle s'échappa discrètement.

Le moment n'était pas venu de triompher franchement.

D'ailleurs les félicitations les plus précieuses pour elle, celles auxquelles elle attachait une importance capitale, elle ne les attendait point de ses amis. Ces compliments, ces serrements de main pouvaient flatter sa vanité, ils ne la touchaient point dans sa partie sensible, c'est-à-dire dans ses intérêts. Ce n'était point pour que sa vanité fût agréablement chatouillée qu'elle avait entrepris ce voyage de Rome, c'était pour que M. le comte Aurélien Prétavoine pût devenir le mari de mademoiselle Bérengère de la Roche-Odon, et tant que le vieux comte de la Roche-Odon n'aurait pas joint ses félicitations à toutes celles qu'elle venait d'entendre, elle ne serait point satisfaite : celles-là seulement signifiaient quelque chose.

A ce sujet, une question s'était imposée à son esprit; devait-elle les attendre chez elle? ou bien devait-elle les aller chercher au château de la Rouvraye?

Sans doute il y avait quelque chose de plus digne et de plus noble à attendre la visite du comte de la Roche-Odon; mais la ferait-il, cette visite? ne se contenterait-il pas plutôt d'écrire un mot ou même simplement d'envoyer une carte?

Et puis quand on veut réussir en ce monde on ne s'en tient pas à ce qui est digne et noble, on va au-devant de ce qui peut être utile.

Or, dans les conditions présentes l'utile c'était de déposer ce titre aux pieds de M. de la Roche-Odon, et de lui dire que le Saint Père en le conférant avait eu en vue de faciliter un mariage qui devait servir les intérêts de la religion et ceux du Saint-Siége.

Elle avait donc décidé qu'elle n'attendrait pas cette visite, et qu'elle irait elle-même à la Rouvraye communiquer au vieux comte la lettre par laquelle Mgr Guillemittes lui annonçait cette grande nouvelle : son fils créé comte par le pape et nommé camérier de cape et d'épée de Sa Sainteté.

Tout ce qu'elle avait préparé, arrangé, tenté, accompli depuis plus d'un an tendait à ce but : demander la main de Bérengère de la Roche-Odon.

Le moment était solennel; c'était la grande bataille qui devait décider de sa vie, qu'elle allait livrer.

Malheureusement les circonstances dans lesquelles elle allait l'engager n'étaient plus les mêmes qu'au temps où elle avait arrêté son plan.

A cette époque, le cœur de Bérengère était libre, et aucun de ceux qui se flattaient de l'idée d'épouser un jour la petite-fille du vieux comte de la Roche-Odon n'avait de chances sérieuses.

Maintenant, au contraire, ces chances existaient en faveur de ce maudit officier, ce Richard de Gardilane qui semblait vomi par l'enfer pour s'opposer à un dessein béni par Dieu.

Depuis qu'elle était revenue de Rome, elle avait pu, par d'habiles commérages qu'elle avait provoqués et par d'adroites interrogations, se faire une idée à peu près juste de ce qui s'était passé au château de la Rouvraye en son absence, et ce qui s'était ainsi révélé à elle n'était nullement rassurant.

Évidemment le sentiment tendre qui existait entre les deux jeunes gens avant son départ, s'était développé.

Et d'autre part il était non moins évident que le grand-père connaissait les sentiments de sa petite-fille.

Cela constituait une situation singulièrement critique et qui eût paru désespérée si, par un bonheur réellement providentiel, les idées religieuses ou plutôt irréligieuses de cet officier n'avaient pas été en complète opposition avec celles de M. de la Roche-Odon.

Avec une sûreté de coup d'œil qu'ont seuls les esprits supérieurs ou ceux qui sont sous l'influence d'une idée fixe, madame Prétavoine avait nettement vu que c'était par là et par là seulement qu'elle pouvait réussir ; car, si bien disposée que pût être la faiblesse passionnée du comte à l'égard de sa petite-fille, il n'était pas admissible que sa sympathie pour l'un et sa passion pour l'autre l'entraînassent jusqu'à prendre pour gendre un homme qui ne croyait point.

Si ce mariage avait été possible aux yeux de M. de la Roche-Odon, il serait plus avancé qu'il ne l'était.

Et puisqu'il n'était point fait, il y avait des chances pour qu'il ne se fît jamais.

Était-ce illusion de penser que le comte, en trouvant pour sa petite-fille un mari en parfaite communauté de foi avec lui, deviendrait plus hostile au prétendant qui ne partageait point cette foi ?

Madame Prétavoine ne le croyait point, et c'était cette croyance qui la poussait à risquer sa demande en mariage.

Sans doute elle pouvait être repoussée, et il était même probable qu'elle le serait; mais cet échec ne serait point irréparable; la position de prétendant serait prise, et par ce fait seul celle du capitaine de Gardilane serait menacée.

Plus tard on recommencerait l'attaque et avec l'aide des alliés dont elle disposait, il faudrait que le vieux comte fût bien fort pour opposer une résistance invincible : il se défendrait, il lutterait plus ou moins longtemps, mais il finirait par céder.

Et alors Bérengère se trouvant en présence de son grand-père qui acceptait ce mariage, de sa mère qui l'acceptait aussi, de ses amis qui le voulaient, n'aurait qu'à céder à son tour.

Ce fut après les vêpres que madame Prétavoine se dirigea vers la Rouvraye pour risquer cette demande, — émue, mais en même temps résolue.

Comme il était d'habitude à Condé de se promener sur le rempart le dimanche après les vêpres, nombreux furent les amis de madame Prétavoine qui l'arrêtèrent pour lui serrer la main et la féliciter.

Le président lui-même, qui ne se promenait jamais pour se promener, mais bien pour se montrer à sa population, croisant madame Prétavoine, daigna s'arrêter et lui adresser quelques paroles simples et dignes. Le matin, en lisant l'*Étoile* et en voyant la nomination d'Aurélien, il avait failli avoir une attaque d'apoplexie tant sa colère jalouse avait été violente;

mais ce sentiment était de ceux auxquels il ne s'abandonnait que dans le particulier ; en public il savait prendre une attitude politique, et pour le moment il trouvait politique de complimenter une personne qui disposait d'une si grande influence.

— En mon nom, dit-il, et au nom de la cité, je tiens à vous adresser mes félicitations ; cependant, permettez-moi d'y joindre un regret.

— Un regret !

— Sans doute ; vous avez été un peu impatiente ; le Roi à son retour vous aurait conféré ce titre que vous avez été demander à Rome, et vous savez, nous autres magistrats, nous sommes avant tout les sujets du Roi.

Le Roi! vraiment oui, madame Prétavoine avait bien le temps d'attendre le retour du Roi.

Cependant elle répondit gracieusement :

— Je vous ai rapporté un chapelet béni spécialement pour vous par Notre Saint-Père ; j'aurai le plaisir de vous le porter demain ou après-demain.

Elle avait ainsi rapporté plusieurs centaines de chapelets, et chacun d'eux avait été béni spécialement par le Saint-Père pour la personne à laquelle elle l'offrait. En réalité, aucun d'eux n'avait été béni ni spécialement ni généralement, car elle n'était pas assez naïve pour mettre aux mains des gens contre lesquels elle pouvait avoir à lutter un jour, une arme en qui elle avait pleine confiance et qu'elle voulait se réserver pour elle seule. Que pourraient-ils avec leurs chapelets qui n'étaient que de simples grains de bois sans vertu aucune, contre son chapelet à elle qui avait été béni en sa présence par le Saint-Père, qui avait touché l'anneau du pêcheur et qui de plus avait été *rosarié* par le successeur même de saint Dominique ?

Bien que ces compliments, ces félicitations et ces serrements de main eussent singulièrement ralenti sa marche, elle finit cependant par arriver à la Rouvraye.

Le domestique qui la reçut lui apprit que mademoiselle Bérengère faisait une promenade dans la forêt avec miss Armagh, mais que le comte était dans son cabinet de travail.

— Veuillez m'introduire, dit-elle.

A son entrée, M. de la Roche-Odon quitta le bureau sur lequel il était occupé à écrire et vint au-devant d'elle.

— Précisément je vous écrivais, dit-il, pour vous exprimer la part que je prends à votre joie.

C'était ce que madame Prétavoine avait prévu, une lettre et non une visite ; elle avait donc bien fait de venir.

— C'est une insigne faveur que Sa Sainteté vous a accordée, poursuivit le comte, à laquelle applaudiront tous ceux qui connaissent votre piété et votre charité.

Madame Prétavoine s'inclina, ne trouvant rien à répondre.

— Vous avez été bien discrète, continua M. le comte de la Roche-Odon.

— C'est que bien que Sa Sainteté eût daigné me faire espérer cette faveur dans l'audience d'adieu qu'Elle m'a accordée, je n'avais aucune certitude à ce sujet; c'est une si insigne faveur, comme vous le disiez tout à l'heure, que je ne pouvais croire qu'elle était possible; il a fallu la lettre que j'ai reçue de monseigneur pour me persuader que c'est une réalité et non un rêve.

Il y eut une pause.

Le comte n'avait plus rien à dire.

Et de son côté madame Prétavoine, au moment d'aborder le sujet qui l'amenait à la Rouvraye, se sentait paralysée par l'émotion, et si profondément troublée, qu'elle ne dirait pas assurément ce qu'il fallait dire.

Le comte, qui la regardait, remarqua sa pâleur et le tremblement dont ses lèvres décolorées étaient agitées.

— Êtes-vous souffrante, madame? demanda-t-il avec empressement.

— Souffrante, non, monsieur le comte, mais tremblante d'émotion.

— C'est le trouble de la joie, dit-il, se méprenant sur la cause de cette émotion.

— Non, monsieur le comte, c'est le trouble, la crainte et de l'angoisse.

— La crainte? l'angoisse?

Pendant que ces quelques paroles s'échangeaient, madame Prétavoine avait pu réagir contre son émotion, et l'aveu qu'elle venait de faire de son angoisse l'en avait, jusqu'à un certain point, débarrassée.

— Ce n'est point seulement pour que mon fils soit noble, dit-elle, que nous avons si vivement souhaité obtenir de la paternelle bonté du Saint-Père, ce titre de comte. Nous avions un autre but plus respectable et plus élevé, car désirer être noble rien que pour la gloire d'être noble est se laisser entraîner par les tentations de l'orgueil et de l'ambition.

Le comte la regardait comme un homme qui se demande ce que tout ce qu'on lui raconte là signifie et à quel propos on lui fait ces confidences.

— Le but de mon fils, continua madame Prétavoine, son espérance en sollicitant un titre de noblesse était de se rapprocher d'une jeune personne noble qu'il aime, — qu'il aime passionnément, d'un amour qui a rempli sa vie et qui la dirige.

Madame Prétavoine fit une pause, mais M. de la Roche-Odon ne broncha pas, il continua seulement de la regarder de son air surpris, dans lequel, hélas! ne se montrait point la moindre curiosité.

— Il est certain, n'est-ce pas, reprit-elle, qu'un titre de noblesse conféré par Notre Saint-Père le pape, par le vicaire de Notre-Seigneur Jésus-Christ est une insigne faveur?

— Assurément; cependant il faut remarquer que ce n'est pas comme vicaire de Jésus-Christ que le Saint-Père confère la noblesse, c'est comme souverain.

Madame Prétavoine ne comprit pas la distinction que le comte voulait établir: que ce fût comme roi ou comme pape que le Saint-Père anoblît ceux qu'il voulait élever au-dessus de la foule, qu'est-ce que cela signifiait? l'anoblissement n'était pas moins conféré; et puis est-ce que le vicaire de Jésus-Christ, est-ce que le successeur de saint Pierre n'est pas au-dessus des rois?

— Enfin il la confère cette noblesse, n'est-ce pas? répondit-elle.

— Certainement.

— Et celui auquel elle a été conférée devient noble tout comme les autres nobles.

— Il est noble, cela est certain.

C'était cette déclaration que madame Prétavoine tenait à obtenir : puisque le vieux comte de la Roche-Odon, si fier de sa noblesse, déclarait qu'un comte du pape était noble « tout comme les autres nobles », il ne devait pas avoir des raisons tirées de sa supériorité nobiliaire pour refuser sa petite-fille à un prétendant que le Saint-Père avait anobli. Il est vrai qu'il y avait bien l'ancienneté de l'anoblissement du côté d'un des deux futurs, et de l'autre la nouveauté de cet anoblissement, mais enfin où trouver une égalité parfaite? Où le comte trouverait-il pour sa petite-fille un mari dont la noblesse remontât comme la sienne au duc Rollon?

Ceci admis, elle crut qu'elle pouvait maintenant arriver à sa demande en mariage; cependant, par excès de précaution, elle voulut encore préparer l'esprit du comte et lui faire comprendre à l'avance l'imposante autorité qui appuyait cette demande.

— Il faut vous dire, continua-t-elle, que malgré sa paternelle bonté, le Souverain Pontife n'aurait peut-être pas accordé ce titre de noblesse à mon fils s'il n'avait considéré que c'était le seul moyen d'assurer ce mariage qu'il désire.

— Ah! le Saint-Père désire ce mariage?

— Très-vivement, car il estime qu'il peut rendre les plus grands services à notre sainte religion. Vous savez que mon fils veut se consacrer entièrement à la défense de notre sainte religion, que de tous côtés on menace et on opprime; car ce n'est plus seulement au clergé qu'il appartient de la défendre, c'est à tous ceux qui ont la foi.

— C'est là une grande et noble résolution.

— C'est le but que mon fils se propose : il veut être le soldat de l'Église; mais, pour atteindre ce but, ce n'est pas assez du courage personnel et de la bonne volonté; cela, nous l'avons; il faut plus.

— C'est avec la foi et le courage que les apôtres ont conquis le monde.

— Aujourd'hui, pour exercer une influence déterminante sur les masses, il faut l'autorité, et cette autorité, mon fils ne la possède pas; mais par son mariage avec la jeune fille qu'il aime, il acquerrait cette autorité; et voilà pourquoi le Saint-Père désire que ce mariage se fasse, voilà pourquoi il a conféré à mon fils ce titre de noblesse qui le rapproche de la fille qu'il aime.

— Très-bien! dit le comte.

Était-ce un encouragement? Oui, par les mots mêmes; mais le ton parut à madame Prétavoine bien indifférent.

Comment, M. de la Roche-Odon, si pieux, si profondément religieux, ne montrait-il pas plus d'enthousiasme pour une idée approuvée par le Saint-Père?

Cependant le moment décisif était arrivé, et il n'y avait plus moyen de continuer à s'exprimer de cette façon vague : il fallait préciser, il fallait formuler nettement la demande en mariage.

Voyant la froideur du comte, elle voulut essayer de la réchauffer par une dernière précaution oratoire.

— Ce qui a déterminé Notre Saint-Père à favoriser ainsi ce mariage et à l'appuyer, ç'a été la conviction que la spéculation n'entrait absolument pour rien dans ce projet, car la fortune de mon fils est égale, si elle n'est supérieure, à celle de la jeune fille; cette preuve a été donnée au Souverain Pontife, comme elle le sera aux parents de la jeune fille.

Le comte cette fois ne répondit rien.

— S'il y a égalité de fortune, continua madame Prétavoine, s'il y a égalité de rang, et si d'autre part ce mariage est inspiré par l'amour en même temps que par l'intérêt sacré de la religion, il ne doit pas rencontrer d'obstacles, n'est-ce pas?

— Sans doute, il ne doit pas en rencontrer, au moins je n'en vois pas.

Quelle douce parole !

Enfin elle l'avait amené au point où elle pouvait parler.

Elle se leva vivement du siége qu'elle occupait et faisant une humble génuflexion devant le comte :

— Alors, monsieur le comte, vous me permettez, n'est-ce pas, de vous demander la main de votre chère petite-fille, de mademoiselle Bérengère, pour mon fils.

Heureusement le comte était resté assis, car s'il avait été debout, il serait tombé à la renverse.

— Ma fille ! s'écria-t-il.

Et toute sa personne exprima l'indignation la plus violente ; son visage s'était coloré sous l'afflux du sang, ses poings s'étaient fermés ; il attachait sur madame Prétavoine des yeux qui lançaient des flammes.

Tout à coup il se détourna et traversant son cabinet dans toute sa longueur, il alla ouvrir la fenêtre, et resta un moment, le dos tourné vers le jardin, respirant l'air frais.

Assurément Louis XIV jetant sa canne pour ne pas battre Lauzun qui venait de l'insulter, n'avait pas été plus digne, plus noble que ce grand vieillard s'en allant ouvrir la fenêtre pour donner le temps à la réflexion de refouler les paroles indignées qui du cœur lui montaient aux lèvres.

Après quelques minutes il revint à sa place et s'assit. Sa physionomie était complétement changée, elle avait quelque chose de hautain et de méprisant qui inquiéta madame Prétavoine déjà profondément troublée.

— Certes, l'honneur que vous nous faites est grand, dit-il.

— Monsieur le comte...

— Je ne puis pas malheureusement répondre à votre demande d'une façon conforme aux désirs que vous venez de m'exprimer.

— Ce sont ceux du Saint-Père, et ils vous seront confirmés par Mgr Guillemittes à son retour.

— Je n'en doute nullement, madame, mais ma petite-fille n'est pas de sang royal et pour son mariage, ce n'est pas par des raisons politiques que nous devons nous déterminer.

— La religion n'est-elle pas au-dessus de la politique?

— Enfin, madame, comme votre demande me... surprend très-vivement, je vous prie de me permettre d'y réfléchir avant de vous répondre.

Réfléchir, c'était justement ce que madame Prétavoine désirait; avec de l'adresse on peut aider les gens à réfléchir et peser sur leurs résolutions.

— Mais rien n'est plus légitime, dit-elle.

— Je dois faire part à ma petite-fille de votre demande et la consulter.

— Alors, monsieur le comte, je vous prie de faire savoir à mademoiselle Bérengère que mon fils l'aime passionnément et que le respect seul l'a empêché d'exprimer cet amour.

Sans répondre le comte se leva, et si grand que fût le désir de madame Prétavoine de développer et d'appuyer sa demande par toutes les raisons, pour elle toutes-puissantes, qui devaient la faire accueillir, elle comprit qu'il n'était pas politique d'insister en ce moment, car ce serait peut-être se faire fermer la porte qui était restée entr'ouverte.

Ayant salué humblement, elle se retira, et le comte la reconduisit jusqu'au perron.

III

Il y avait à peu près un quart d'heure que madame Prétavoine était partie quand Bérengère revint de sa promenade.

Comme toujours lorsqu'elle rentrait elle alla embrasser son grand-père.

Elle le trouva dans son cabinet de travail, la tête appuyée dans ses deux mains, absorbé dans une préoccupation profonde qui, à en juger par les traits contractés de son visage, devait être désagréable ou douloureuse.

— Es-tu souffrant, dit-elle en lui écartant les mains pour le regarder dans les yeux tendrement.

— Non, mon enfant.

— Alors quitte vite ce triste visage; qu'as-tu ?

— J'ai reçu une visite.

— Et c'est une visite qui t'assombrit ainsi; que t'a-t-on dit? que t'a-t-on demandé?

— C'est madame Prétavoine.

— La vilaine femme; elle t'aura parlé d'affaires.
— Elle m'a parlé de toi.

Bérengère se troubla et rougit.

Depuis que Bérengère avait été surprise en tête-à-tête avec Richard par madame Prétavoine, elle était convaincue qu'un jour ou l'autre ce tête-à-tête serait révélé à son grand-père, soit directement, soit indirectement : assurément cette révélation venait d'avoir lieu.

Dans la situation où elle se trouvait présentement avec Richard, elle n'avait certes rien à craindre de cette révélation, mais ce n'était pas la crainte qui la troublait, c'était un sentiment de honte pudique à la pensée que cette vieille femme pour laquelle elle ressentait une invincible antipathie avait parlé de son amour; il y avait là pour elle une sorte de profanation qui lui causait une pénible confusion.

— Tu te doutes donc de ce dont madame Prétavoine m'a entretenu? demanda le comte se méprenant sur la cause de cette confusion.

— J'attendais cela depuis longtemps.
— Comment! son fils t'a donc parlé de son amour?
— L'amour de son fils !
— Sans doute.
— Pour qui cet amour?
— Mais pour toi.
— Pour moi !
— Et c'est parce qu'il t'aime que sa mère me demande ta main.

Le comte avait failli se laisser emporter par l'indignation quand madame Prétavoine lui avait adressé cette demande ; Bérengère moins orgueilleuse partit d'un grand éclat de rire.

— Le bon jeune homme ! s'écria-t-elle, le bon jeune homme !

Et son rire recommença de plus belle, franc, irrésistible.

Mais tout à coup elle s'arrêta en voyant que la figure sérieuse de son grand-père ne changeait pas d'expression.

— Comment ; cela ne te fait pas rire ? dit-elle.

— Non, mon enfant.

— Tu ne trouves pas drôle que je devienne madame la comtesse Prétavoine ? car tu sais que je serais comtesse, puisque maintenant il est comte, « le bon jeune homme. »

Et elle se mit à marcher comme Aurélien, avec dignité et raideur, copiant sa physionomie froide, baissant les yeux comme lui et leur donnant une expression vague lorsqu'elle les relevait.

L'imitation était si vivante et si drôle, que le comte ne put s'empêcher de sourire.

— A la bonne heure, s'écria-t-elle, voilà que tu ris.

Et s'approchant de lui, elle l'embrassa.

Puis lui prenant la tête entre ses deux mains, et le regardant les yeux dans les yeux, nez contre nez :

— Allons, grand-papa, faites risette à votre petite-fille.

A son tour, il l'embrassa et la serra dans ses bras.

Quand elle le regarda, elle vit qu'il avait les yeux pleins de larmes.

Alors elle fut aussi émue sympathiquement, et, ne pensant plus au « bon jeune homme, » elle ne vit plus que son grand-père.

Autrefois, c'est-à-dire avant son attaque d'apoplexie, le comte, tout en témoignant à sa petite-fille une extrême tendresse, était une nature ferme et un caractère vigoureux, plein de bonté et de générosité, compatissant aux afflictions ou aux malheurs des autres; il n'avait point cependant cette sensibilité sénile qui fait souvent pleurer les vieillards à propos de rien. Mais depuis son attaque, cette nature et ce caractère s'étaient amollis, et la sensibilité ou plus justement la sénilité avait fait des progrès inquiétants; il était devenu d'une facilité à s'émouvoir et d'une promptitude à s'exaspérer ou à s'attendrir, selon les circonstances, qui étaient assurément maladives.

En remarquant ces larmes, Bérengère cessa de rire et de plaisanter.

— Oh! grand-père, dit-elle tendrement d'une voix caressante et en lui prenant la main, qu'elle garda dans les siennes en la flattant, oh! grand-papa, pourquoi te tourmenter ainsi pour une pareille niaiserie? car c'est une niaiserie, ou tout au moins une simple plaisanterie. Je suis sûre que tu te seras mis en colère.

— J'ai cru que j'allais la jeter à la porte; grâce à Dieu, j'ai pu me contenir.

— Pourquoi, au lieu de prendre les choses par le côté tragique, ne les as-tu pas prises par le côté comique? Crois-tu que si tu avais ri au nez de madame Prétavoine, comme je viens de rire quand tu m'as annoncé que le « bon jeune homme » daignait me trouver digne de devenir sa femme, crois-tu qu'elle n'aurait pas mieux senti le ridicule de sa demande que par toutes les paroles que tu as pu lui dire?

— Je ne peux pas prendre par le côté comique ce qui touche ton mariage, ma chère mignonne.

— Alors, que lui as-tu dit, après avoir résisté à l'envie, bien légitime d'ailleurs, de la jeter à la porte?

— Je lui ai dit que je réfléchirais et que je lui ferais connaître ma réponse.

— Mais c'est abominable, cela ; comment, tu réfléchiras? alors tu admets donc que je puisse devenir la femme du « bon jeune homme », tu admets que je puisse devenir comtesse Prétavoine, toi comte de la Roche-Odon, toi mon grand-père, toi qui sais que j'aim... (elle ne prononça le mot qu'à moitié) toi qui sais ce que tu sais?

Il y avait une surprise si pénible, si indignée dans ces paroles, que le comte en fut touché.

— Ma mignonne, dit-il, il ne faut pas s'emporter ainsi. Tu sais qu'il n'est pas dans mon caractère de rire au nez des gens. Mais, d'autre part, j'avais une autre raison, et plus sérieuse encore celle-là, pour répondre convenablement à madame Prétavoine. Ce n'est pas en son nom seulement que cette dame m'a adressé sa demande...

— Oh! je pense bien, c'est au nom de son fils?

— C'est au nom de notre Saint-Père le pape, qui n'a créé comte M. Aurélien Prétavoine que pour rendre ce mariage possible.

— Possible !

— Ce n'est pas en me plaçant à notre point de vue

que je parle. Tu comprends donc, mon enfant, que je ne peux pas, dans ces conditions, répondre par une inconvenance à madame Prétavoine ; voilà pourquoi je lui ai demandé à réfléchir avant de lui faire connaître ma réponse ; c'est une marque de déférence pour notre Saint-Père.

— Et qu'importe au Saint-Père, qui ne me connaît pas, que je me marie avec celui-ci ou avec celui-là ?

— Dans l'intérêt de la religion, il importe que l'héritière des la Roche-Odon soit la femme d'un homme pieux ; tu dois comprendre cela sans qu'il soit besoin d'explications.

Elle baissa la tête.

— Et le comte Prétavoine est cet homme, continua-t-il ; il a été élevé par sa mère et par le clergé de notre diocèse pour être le champion de la religion et de l'Église.

— Il a été élevé en vue d'une grande position, par une mère dont l'ambition n'a pas de bornes, voilà la vérité.

— Ne porte donc pas ainsi des jugements précipités, ma mignonne, alors même qu'il y aurait de l'ambition dans les visées de madame Prétavoine, elle serait en tous cas noble et généreuse.

Bérengère secoua la tête par un geste qui disait qu'elle ne voulait pas reconnaître chez madame Prétavoine, la générosité ni la noblesse.

— Enfin, quelle qu'elle soit, il n'est pas étonnant, tu dois le reconnaître, que le clergé et même le Saint-Père s'intéressent à un mariage qui donnerait à ce jeune homme une influence et une autorité qu'il ne possède ni par lui-même, ni par sa famille.

— Oh! grand papa, comme tu le défends, comme tu prends son parti.

— Je défends seulement la réponse que j'ai faite à madame Prétavoine : mon premier mouvement, je te l'ai dit, a été l'indignation; mais je me trouverais impardonnable si j'avais cédé à ce premier mouvement.

— Et le second mouvement, quel sera-t-il ?

— Je répondrai que je laisse ma petite-fille libre de choisir son mari.

— Et c'est vrai cela ?

— Certes, je le dirai.

— Ce n'est pas cela que je veux dire ; je te demande s'il est vrai que tu laisses ta petite-fille libre de choisir son mari ?

— Je ne lui en imposerai jamais un dont elle ne voudra pas.

— Oui, mais tu ne lui permets pas d'épouser celui qu'elle voudrait ?

— Vois-tu, mon enfant, que j'avais raison de considérer cette question de ton mariage avec tristesse, car voici qu'elle nous amène, malgré nous, et par la force même des choses, à traiter un sujet que nous évitions l'un et l'autre.

— Ne devait-il pas se présenter un jour ?

— J'espérais que quand il se représenterait les conditions seraient changées, et je ne vois pas qu'elles le soient; au moins je ne vois pas que M. de Gardilane ait modifié ses idées depuis le jour où je lui ai demandé d'être avec toi ce qu'il était avant votre entrevue aux ruines du temple.

— Je te jure qu'il a fidèlement tenu cet engagement, de même que de mon côté j'ai tenu celui que tu avais exigé de moi.

— Je le sais.

— Eh bien! alors, comment voulais-tu que ces conditions dont tu parles changeassent?

— Il me semble qu'il était facile à M. de Gardilane, s'il voulait devenir ton mari, de supprimer le seul obstacle qui existe entre vous.

— Facile, grand-père!

— S'il t'aime?

— S'il m'aime, si Richard m'aime! Mais tu n'as donc pas vu que depuis ce jour nous avons vécu dans le paradis. Tu n'as donc jamais regardé Richard? Tu ne m'as donc jamais regardée moi-même, non pour me regarder, mais pour savoir ce qui se passait en moi? Mes yeux ne t'ont donc pas dit mon bonheur dont mes lèvres n'osaient pas te parler, puisque tu me l'avais défendu? Et cependant il est vrai que Richard ne m'a pas dit une parole d'amour depuis notre entrevue aux ruines du temple; et il est vrai aussi que quand j'ai mis ma main dans la sienne il ne l'a pas gardée plus de temps, il ne l'a pas serrée plus tendrement que le marquis de la Villeperdrix ou Dieudonné de la Fardouyère. Jamais nous n'avons recherché un tête-à-tête et quand le hasard nous en a donné un quelquefois, nous nous sommes séparés aussitôt pour ne pas manquer à notre engagement. Mais malgré toutes ces entraves, celles qui venaient des conditions dans lesquelles nous étions placés, aussi bien que celles que nous nous imposions nous-mêmes, nous n'en avons pas moins été heureux. Est-ce que les cœurs ont besoin du langage des lèvres pour s'entendre? Richard est là, je n'ai même pas besoin de le regarder pour être heureuse : quand il entre et que je suis placée de façon à tourner le dos à la porte, je sais que c'est lui qui arrive. A table, avant qu'il parle, je sais ce qu'il va dire. Mais je suis à lui, grand-père, comme il est à moi; si je le perdais, je serais sa veuve sans avoir jamais été sa femme ; et tu demandes s'il m'aime !

— Puisque vous êtes si étroitement unis de cœur, comment êtes-vous si profondément divisés d'esprit? voilà ce que je demande, voilà ce dont je m'étonne. En ne rompant pas nettement avec M. de Gardilane après l'aveu que tu m'as fait, j'avais espéré qu'il comprendrait que tu ne serais jamais la femme d'un incrédule. Et partant de là je m'étais dit qu'il ferait la seule chose à faire pour devenir ton mari, et cette chose je ne vois pas qu'il l'ait faite. Dans les entretiens que nous avons eus à ce sujet, je n'ai pas vu que ses idées se fussent modifiées. De là mon inquiétude, chère petite, mon chagrin, mon désespoir. De là mon angoisse quand je me demande si je ne suis pas un père coupable de laisser se prolonger une situation qui reste au même point quant au résultat que j'attendais, mais qui a fait des progrès inquiétants d'un autre côté, je veux dire dans tout ce qui touche à la tendresse, car cette tendresse, n'est-ce pas, a été chaque jour en croissant?

— C'est vrai.

— Je le craignais, je le vois. Eh bien! comment sortir de cette situation ainsi aggravée?

— Pourquoi en sortir?

— Veux-tu donc qu'elle se prolonge indéfiniment?

— Nous sommes heureux; laisse-nous notre bonheur; nous nous voyons, nous ne demandons pas davantage; ce que nous pouvons désirer, ce serait de nous voir plus souvent, car le seul jour de la semaine où nous sommes ensemble est bien court, et ceux où nous sommes séparés sont bien longs, mais nous seuls souffrons de cette séparation, et, puisque nous ne nous en plaignons pas, ce n'est pas à toi de t'en tourmenter.

— Et ton mariage, quand se fera-t-il?

— Il est fait, grand-père; Richard est mon mari, je suis sa femme.

— Enfant, pauvre enfant qui raisonne avec le cœur, et qui ne pense qu'à elle et à celui qu'elle aime; et moi, tu m'oublies.

— C'est précisément parce que nous pensons à toi que...

— A moi vivant, oui, tu y penses, mais à moi mort?

— Oh! grand-papa!

— Que t'a dit Carbonneau quand nous l'avons consulté? j'ai voulu qu'il parle devant toi et en toute franchise.

— Il a dit que tu pouvais vivre vingt ans.

— Et il a dit que je pouvais aussi avoir une seconde attaque qui serait grave si elle n'était pas mortelle.

— Mais nous sommes tous mortels; moi aussi qui ne suis qu'une enfant, je puis mourir demain.

— Tenons-nous dans les probabilités raisonnables; la probabilité pour un homme de 76 ans qui a eu une attaque d'apoplexie, c'est la mort prochaine; eh bien! que deviendras-tu si cela se réalise demain?

— Tu sais aussi ce que M. Carbonneau a dit, que le plus sûr moyen de provoquer cette attaque c'est de s'abandonner au chagrin ou à des inquiétudes qui donnent la fièvre et ruinent la santé.

— Eh bien! ma chère petite, si tu ne veux pas que je m'abandonne à ces inquiétudes, donne-moi la tranquillité en te mariant.

Chaque fois que son grand-père lui parlait de la mort, et c'était presque chaque jour, Bérengère, malgré son émotion, avait l'habitude de lui répondre en plaisantant, car elle avait remarqué que c'était le moyen le plus sûr et surtout le plus prompt pour écarter ces idées lugubres. Bien qu'en ce moment elle eût moins que jamais l'esprit tourné à la plaisanterie, elle voulut tenter sa diversion ordinaire.

Se levant de dessus sa chaise, elle vint s'asseoir sur les genoux de son grand-père, et lui passant les deux bras autour du cou :

— Tu sais que je ne t'ai pas trompé en affirmant tout à l'heure que je ne demandais pas à sortir de la situation qui nous était faite, attendu que j'étais heureuse, très-heureuse; pourtant je dois te dire que si tu veux me marier tout de suite avec Richard, je ne t'opposerai pas de résistance; je serai une petite-fille bien douce, bien soumise, bien obéissante, et quand M. le maire, ceint de son écharpe, me demandera - « Et vous, Bérengère de la Roche-Odon, consentez;

vous à prendre pour légitime époux le capitaine Richard de Gardilane? » — je te promets de répondre de façon à ce qu'on ne t'accuse pas de me violenter; tiens comme cela :

Et se levant, elle prit une attitude de mariée, les yeux baissés, puis d'une voix forte :

— Oui, cria-t-elle.

Cela fut si drôlement fait et si drôlement dit que M. de la Roche-Odon ne put pas ne pas rire.

— Alors c'est entendu, dit-elle en l'embrassant, je ne résiste pas à ton désir de me voir mariée; un mot de toi et je le suis demain, ou au moins aussitôt que les formalités de la loi seront accomplies. Vite, dépêchons-nous; qu'est-ce qu'il y a à faire?

— Ah! quel beau jour ce serait pour moi que celui où je verrais ton avenir assuré, sans craindre que tu tombes sous...

Elle lui mit la main sur les lèvres.

— Ne parlons pas de cela, je t'en prie; il ne faut pas parler des absents.

— Ta mère n'est jamais absente de mon esprit; je la vois s'installant ici après moi, dans ce château...

— Oh! grand-père, je t'en prie.

— Quand elle sera la maîtresse de ta fortune, crois-tu que tu seras libre d'épouser celui que tu aimes?

— Eh bien! donne-nous ton consentement tout de suite, nous ne demandons que cela.

— Que ne fait-il le nécessaire pour l'obtenir?

C'était revenir au point d'où ils étaient partis; elle avait pu une fois ne pas répondre : « il ne le peut pas, » mais si son grand-père la pressait, que répondrait-elle ?

— Tu veux donc que la grâce l'éclaire tout d'un coup ? dit-elle. Donne-lui le temps de se recueillir, de réfléchir.

— En vous donnant du temps j'avais cru justement que tu réussirais toi, dans la tâche où j'avais échoué.

— Et comment l'aurais-je pu, puisque nous ne devions nous entretenir que de choses indifférentes, et puisque nous ne devions jamais rester en tête-à-tête ?

— Vous vous êtes bien entretenus de votre tendresse, de votre amour.

— Jamais directement ; je n'ai pas besoin de dire à Richard : « je vous aime, » pour qu'il sente comme moi ; mais sentir n'est pas croire, je ne peux pas expliquer à Richard l'excellence de notre religion par une pression de main, ou par un regard ; ce sont les saintes madones qui opèrent des miracles avec leurs yeux, et qui convertissent les incrédules ; je n'ai pas ce pouvoir.

— Où veux-tu en venir ?

— A une idée qui m'est suggérée par ce que tu viens de dire, et à laquelle, je t'assure, je ne pensais pas il y a cinq minutes ; je veux, franchement je te l'avoue, que tu me rendes l'engagement que tu m'as fait prendre, et que tu me permettes de m'entretenir en toute liberté avec lui.

— Mais, mon enfant...

— Oh ! je ne demande pas de recevoir Richard chaque jour comme mon fiancé, ni de me promener librement avec lui, mais tu nous as imposé à l'un et à l'autre une défense telle, que depuis ce jour nous n'avons pas échangé une parole libre; eh bien! lève cette défense.

— Et alors?

— Alors, je saurai ce qui se passe dans son cœur et dans son esprit.

Le comte resta un moment sans répondre, réfléchissant.

— Nous nous contenterons d'une heure, dit-elle en insistant, et même de moins, si tu le veux; ce que je te demande en mon nom comme au sien, c'est la liberté.

— Sais-tu que ce que tu veux est absurde? dit-il.

— Peut-être, en se plaçant à un point de vue général; mais si tu veux bien remarquer qu'il s'agit de ta petite-fille, grand-père, que tu connais, et de M. de Gardilane, que tu connais aussi, tu trouveras mon idée moins absurde, comme tu dis, qu'elle peut le paraître tout d'abord.

— Eh bien! qu'il soit fait ainsi que tu le désires, dit le comte après un moment de silence; je te rends cette liberté que tu demandes, mais je ne la rends que pour un jour.

— Pour demain, s'écria-t-elle.

— Pour demain, soit.

— Alors il faut maintenant que tu la rendes à Richard.

— Sois donc raisonnable.

— Mais cela est très-raisonnable. Tu as exigé un engagement de Richard; si tu ne le lui rends pas, il le tiendra quand même. D'ailleurs ce que je te demande est bien simple. Dis-lui : « Ma fille désire vous entretenir; je vous rends votre engagement pour demain, mais pour demain seulement. »

— Pour cela, il faudrait que nous vissions M. de Gardilane aujourd'hui.

— Mais nous allons le voir.

— Est-ce qu'il doit venir ici aujourd'hui ?

— Hélas! non; mais c'est nous qui l'allons trouver. Je sais où il est en ce moment.

— Ah ! vraiment.

— Je sais l'emploi de ses journées, ses heures de travail, ses heures de promenade ; comme cela je l'accompagne, je suis près de lui, avec lui; de même il sait aussi ce que je fais, de sorte qu'il est aussi avec moi ; ainsi il y a une heure où nous sommes plus particulièrement ensemble, c'est à cinq heures ; je monte alors tout au haut du château, et de là j'aperçois sa maison; je le vois, je lui parle, il m'entend, il me répond ; tu peux venir avec moi tu ne verras rien, tu n'entendras rien, car ce sont nos cœurs qui s'entretiennent. Pour aujourd'hui, nous allons aller sur le rempart, et je t'assure que nous l'y trouverons. Nous nous sommes dit mutuellement ce que nous ferions dans notre semaine, jeudi à table, devant tout le monde.

IV

Ce fut un événement sur le rempart quand la belle société de Condé, qui depuis les vêpres se promenait là, allant et venant sur ses pas, vit arriver le vieux comte de la Roche-Odon donnant le bras à sa petite-fille.

Ce n'était point en effet l'habitude du comte de venir comme le président Bonhomme de la Fardouyère, se montrer à sa population; on ne le voyait en ville que quand il y venait pour des affaires ou pour des visites; quand il voulait se promener, il s'en allait droit devant lui, à travers la forêt ou dans les campagnes environnantes.

— Tiens, le comte de la Roche-Odon et sa fille !

— Franchement ils auraient mieux fait de rester chez eux; voyez le comte avec son chapeau mou, et mademoiselle Bérengère avec sa toque; ce n'est pas une toilette de promenade, regardez donc, elle n'a même pas de gants.

— Que viennent-ils faire ?

On sut bientôt à quoi s'en tenir, car tout en rendant les saluts qu'on lui adressait, le comte ne s'était point arrêté ; ce fut seulement quand il croisa M. de Gardilane, qui se promenait en compagnie de M. de Mirevault et de Dieudonné de la Fardouyère, qu'il aborda le capitaine.

Non-seulement il alla à lui, mais tandis que Bérengère, qui lui avait abandonné le bras, répondait en riant aux galanteries du sous-préfet et de Dieudonné, il l'attira à l'écart.

— Pouvez-vous venir déjeuner demain à la Rouvraye ? dit-il.

C'était demander à Richard s'il voulait passer une journée de bonheur.

— Alors à demain, dit M. la Roche-Odon sans s'expliquer davantage.

Et ils continuèrent leur promenade, Bérengère marchant entre M. de Mirevault et Dieudonné, qui rivalisaient de gracieuseté et faisaient la roue autour d'elle, le comte et le capitaine venant derrière eux.

Tout en soutenant la conversation avec M. de la Roche-Odon, le capitaine se demandait ce que signifiait une invitation faite dans de pareilles conditions. Tout d'abord il n'avait été touché que par le plaisir de passer quelques heures avec Bérengère, mais peu à peu l'inquiétude s'était éveillée en lui. Pouquoi le comte et Bérengère étaient-ils venus le chercher sur le rempart ? Fallait-il espérer ? Fallait-il craindre ? La situation bizarre que M. de la Roche-Odon lui avait créée permettait les deux suppositions, sans qu'il y

3.

eût plus de chances raisonnables pour l'une que pour l'autre.

Il n'y avait pas que lui qui se demandât pourquoi M. de la Roche-Odon et Bérengère étaient venus le chercher sur le rempart. Madame Prétavoine, qui en revenant de la Rouvraye était restée sur cette promenade, répondant aux félicitations de ses amis, s'adressait la même question.

Car il n'y avait pas à se tromper ; c'était bien pour le capitaine que le comte et sa petite-fille avaient quitté le château.

Cela était grave, surtout après la demande qu'elle venait de présenter au comte.

Et madame Prétavoine, reconstituant par l'imagination et le raisonnement ce qui avait dû se passer à la Rouvraye depuis qu'elle en était partie, se disait que M. de la Roche-Odon avait dû prévenir immédiatement Bérengère de la demande en mariage qu'il avait reçue, et que celle-ci alors avait voulu avertir aussitôt le capitaine de Gardilane, afin qu'il la protégeât.

Pouvait-il réellement la protéger ?

Pour cela il n'avait qu'un moyen efficace, qui était de demander lui-même la main de Bérengère.

Mais pouvait-il employer ce moyen ?

La raison répondait que non, car il était bien certain que s'il avait pu épouser Bérengère, il serait son mari depuis longtemps déjà.

Il y avait donc de grandes probabilités pour que l'appel désespéré de Bérengère ne produisît aucun effet.

Ou, s'il en produisait un, il devait être défavorable

au capitaine : Bérengère ne devait-elle pas se fâcher en voyant que celui qu'elle aimait ne faisait rien pour répondre à cet amour? Alors on pourrait sans doute exploiter son dépit.

Et après avoir éprouvé un moment de vive anxiété en voyant M. de la Roche-Odon aller au-devant du capitaine, madame Prétavoine se rasséréna assez vite pour pouvoir continuer de répondre le sourire aux lèvres et par d'affectueuses paroles aux compliments dont on l'enveloppait.

Malgré l'envie qu'elle en avait, Bérengère ne put pas adresser à Richard un mot d'espérance avant de le quitter, et elle dut se contenter de lui serrer la main plus longuement, plus tendrement qu'elle ne le faisait en ces derniers temps.

Mais cette pression de main ne répondait pas aux doutes du capitaine.

Avant comme après il restait en face de sa question : « Faut-il craindre, faut-il espérer? » Et il arriva au lendemain ayant varié vingt fois, sans pouvoir s'arrêter à rien de précis.

L'heure fixée pour le déjeuner était onze heures ; à dix heures quarante-cinq minutes il poussa la grille du château de la Rouvraye.

Grande fut sa surprise, lorsqu'il eut dépassé le *loup terrassé par un chasseur*, de voir Bérengère apparaître au haut du perron et en descendre vivement les marches pour accourir au-devant de lui.

Il hâta le pas sans trop avoir conscience de ce qu'il faisait et comme elle courait de son côté, ils ne tardèrent pas à se trouver en face l'un de l'autre.

Cérémonieusement il la salua.

— Mademoiselle...

Mais avec un frais sourire, elle lui tendit les deux mains, le regardant les yeux dans les yeux.

— C'est Bérengère qu'il faut m'appeler aujourd'hui, dit-elle.

Il était resté le chapeau à la main.

Le sourire acheva ce que les mots qu'elle venait de prononcer avaient commencé.

— Mais alors ?... s'écria-t-il.

— Alors, dit-elle, grand-père nous rend aujourd'hui notre liberté.

Ardemment il saisit les deux mains qu'elle tendait vers lui, et un cri s'échappa de son cœur avec une passion qui, mieux que de longues paroles, montra combien avait été dure la contrainte qu'il s'était imposée :

— Bérengère, chère Bérengère !

Mais après un mouvement d'abandon elle se dégagea :

— Peut-être nous observe-t-on, dit-elle, je vous en prie, mon Richard bien-aimé, pensez à mon grand-père.

— Vous m'avez dit...

— Qu'il nous rendait notre liberté pour aujourd'hui, mais non qu'il me permettait de devenir votre femme ; nous n'en sommes pas là, hélas !

— Je ne comprends pas.

— Nous avons à parler, vous et moi, et nous parlerons après déjeuner.

— Vous me faites peur.

— Il ne faut avoir ni trop grande peur, ni trop grande espérance, il faut nous entendre, nous comprendre ; il faut trouver le moyen que je sois votre femme ; et nous nous expliquerons après déjeuner, quand grand-papa vous aura rendu lui-même l'engagement qu'il a exigé de vous, car il vous le rendra de même qu'il me l'a rendu.

— Comment cela s'est-il fait ?

— Cela s'est fait parce que j'ai demandé que cela se fît ; mais tout à l'heure nous nous expliquerons ; pour le moment ne vous inquiétez pas et soyez comme moi tout à la joie d'être réunis et de pouvoir, même devant grand-père, nous regarder librement ; ne craignez pas de me montrer que vous m'aimez, cher Richard, vous êtes libre... aujourd'hui.

Ils étaient arrivés au perron, au haut duquel miss Armagh, effrayée, se tenait raide et imposante, avec un visage sévère.

Si dans ses rapides paroles il n'y avait pas de quoi inspirer au capitaine une confiance certaine, elles n'étaient pas de nature cependant à légitimer ses appréhensions ; ce qui paraissait la vérité, c'était qu'en bien comme en mal les choses n'avaient été ni aussi vite ni aussi loin qu'il l'avait imaginé tout d'abord. « Nous avons à parler », avait dit Bérengère. Donc rien n'était décidé.

Miss Armagh fut vivement étonnée de la façon dont se passa le déjeuner ; surtout de la liberté avec laquelle Bérengère et Richard s'entretinrent ; plusieurs fois elle regarda le comte pour appeler son attention sur les deux jeunes gens, mais celui-ci ne répondit pas à cet appel. Et cependant il n'était ni aveugle ni sourd ; alors que signifiaient cette indulgence et cette indifférence ? Cela ne s'accordait nullement avec les recommandations qu'il lui avait naguère adressées.

Mais après le déjeuner son étonnement devint de la stupéfaction.

Le comte ayant tiré le capitaine à part l'entretint durant quelques minutes à mi-voix, puis appelant Bérengère il lui dit d'aller faire un tour de promenade dans le jardin avec M. de Gardilane.

Aussitôt miss Armagh se prépara à les accompagner, mais le comte la retint.

— Je voudrais vous consulter pour une lettre que j'ai à écrire en Angleterre, dit-il.

— Mais...

Et sans en dire davantage, de sa longue main sèche elle montra Bérengère et Richard qui s'éloignaient.

— Laissons les jeunes gens se promener, dit M. de la Roche-Odon.

Miss Armagh portait trop loin le sentiment du respect pour se permettre de répliquer, mais elle resta véritablement abasourdie, se demandant ce que cela voulait dire.

Bérengère et le capitaine s'étaient éloignés sans parler, et ce fut seulement quand ils furent à une certaine distance du château que Bérengère commença l'entretien :

— Enfin, nous pouvons nous expliquer. J'ai cru que le déjeuner ne finirait jamais. Que vous a dit mon grand-père ?

— Que vous aviez à m'entretenir et qu'il me rendait l'engagement qu'il avait exigé de moi.

— Eh bien! alors, nous sommes libres; jouissons de cette heure, mon Richard adoré, sans en perdre une minute. Pour commencer, laissez-moi vous regarder dans les yeux, dans l'âme, comme nous nous sommes regardés quand nous sommes restés ravis dans notre extase.

Ils étaient arrivés dans une allée dont la haute charmille, taillée comme un mur de verdure, leur cachait le château et conséquemment, par réciprocité, les cachait eux-mêmes aux yeux de ceux qui, du château, auraient voulu les observer.

Elle s'arrêta et, prenant la main de son amant, elle le regarda longuement, passionnément, mettant toute son âme dans son regard; mais tout à coup elle secoua la tête comme pour chasser l'ivresse qui la gagnait.

— Il y a du trouble, de l'inquiétude dans vos yeux, dit-elle, et je suis une égoïste de vous laisser ainsi souffrir quand je sens quel est votre tourment. Voici ce que j'ai à vous dire. Hier mon grand-père a reçu une visite: celle d'une femme que vous détestez et que vous craignez comme je la déteste et la crains moi-même.

— Madame Prétavoine?

— Je savais bien que vous devineriez que c'était elle, mais devinerez-vous aussi le but de sa visite?

— Annoncer à votre grand-père, avec toutes sortes de ménagements hypocrites et pour votre bien, que le hasard, un hasard providentiel l'avait fait nous surprendre en tête-à-tête.

— Quand grand-père m'a parlé de cette visite, avec une figure grave et mécontente, telle a été aussi mon idée ; mais je me trompais comme vous venez de vous tromper ; il s'agit d'une chose encore plus sérieuse pour nous, plus menaçante et beaucoup plus extraordinaire.

— Elle est venue demander votre main pour son fils.

— Vous saviez...

— On ne parlait que de cela hier dans Condé.

— Comment, Condé s'imagine qu'un pareil mariage est possible ! s'écria-t-elle avec un mouvement digne du plus fier des la Roche-Odon.

— C'est pour que ce mariage soit possible qu'elle a été à Rome chercher un titre de comte.

— Comte du Pape, qu'est-ce que c'est que ça ?

— Pour madame Prétavoine, c'est beaucoup, et de bonne foi, elle croit que son fils est maintenant noble comme vous.

— Fût-il noble comme nous, qu'il ne serait jamais que « le bon jeune homme. »

— Qu'a répondu M. votre grand-père ?

— Vous savez si grand-père est poli avec tout le monde ; cependant son indignation a été si violente, qu'il a failli jeter madame Prétavoine à la porte.

Le capitaine se mit à rire.

— Vous riez, continua Bérengère, et cette indignation vous rassure, parce que vous ne voyez que madame Prétavoine ; mais derrière elle il y a quelqu'un de tout-puissant que grand-papa vénère.

— Et qui donc ?

— Notre Saint-Père le Pape, qui s'intéresse à ce mariage et qui le désire.

Alors elle lui répéta ce que son grand-père lui avait expliqué.

— Vous voyez, dit-elle, lorsqu'elle fut arrivée au bout de cette explication, que la situation n'est pas celle que vous pensiez. Grand-papa a demandé à réfléchir par condescendance pour le Saint-Père, et je ne suis nullement inquiète de sa réponse. Mais on ne s'en tiendra pas à cette réponse, on reviendra à la charge; des personnes considérables et pour lesquelles il a du respect vont l'entourer, le presser, le tourmenter de toutes les manières; et pour lui j'ai peur, j'ai très-grande peur de ces tourments.

— Il me semble que quand il se sera nettement prononcé, les personnes considérables dont vous parlez n'oseront pas insister.

— Ne croyez pas cela : l'influence que madame Prétavoine a su prendre sur ces personnes est telle, qu'elle les fera agir quand même ; bien des choses qui me paraissaient incompréhensibles me sont maintenant expliquées par cette demande : ce n'est pas d'aujourd'hui que madame Prétavoine a entrepris la conquête de mon grand-père : rappelez-vous comment elle s'est introduite au château et comment elle y a introduit son fils; rappelez-vous les éloges qu'on faisait du « bon jeune homme; » M. l'abbé Armand, notre bon curé et dix autres ; ce n'est pas seulement dans la maison de grand-père qu'elle a pris place, c'est encore dans ses affaires; vous savez que grand-père a dû payer des sommes très-grosses, et madame Prétavoine est sa seule créancière. Oh ! il y a autour de lui, autour de nous, tout un réseau de filets qui nous enveloppe.

— Sa volonté est ferme.

— Assurément, si sa santé résiste aux assauts qu'on va lui livrer, cette volonté ne faiblira pas; mais sa santé résistera-t-elle? Elle a été bien éprouvée, cette santé, et je puis vous dire à vous, mon cher Richard, mon bien-aimé, mon mari, ce que personne ne sait à Condé : à la suite de l'entrevue qu'il a eue avec vous, grand-père a été frappé d'une attaque d'apoplexie.

— Une attaque !

— Par son ordre, nous l'avons cachée à tous ; personne ne l'a connue dans le château; moi seule je l'ai soigné, car il est important, — elle hésita un moment, — il est d'une importance capitale qu'on croie que grand-père est bien portant. A la suite de cette attaque, nous avons été à Paris consulter Carbonneau, qui a recommandé le plus grand calme moral à grand-père. Comment voulez-vous qu'il jouisse de ce calme au milieu des tourments de toute sorte qui vont l'assiéger ? Une seconde attaque n'est-elle pas à craindre?

Elle fit une pause, interrompue par l'émotion qui lui serrait le cœur.

— Ce n'est pas tout : depuis cette attaque cette santé, auparavant solide, est chancelante; il y a un affaiblissement qui échappe peut-être aux autres, mais que je vois, moi, que je suis, dans l'état général de mon pauvre grand-père, et cela physiquement aussi bien que moralement; il perd la mémoire, et sa sensibilité devient excessive. Dans ces conditions, vous comprenez qu'il sera plus facile d'agir sur lui qu'on ne l'eût pu il y a quelques mois. Qu'arrivera-t-il si cette action est assez puissante pour ébranler cette volonté ferme en qui vous mettiez votre confiance ? Me voyez-vous en lutte avec mon cher grand-papa ! Car vous ne pensez point, n'est-ce pas, que je faillirais, moi, mon cher Richard ; vous ne doutez pas de mon amour ; vous savez que je suis votre femme, et que je ne puis donc pas être celle d'un autre.

— Ah ! chère Bérengère, comme vous devez m'accuser !

— Vous accuser, moi ! Non, mon Richard, je vous plains et en même temps je vous admire : je vous plains, car vous devez cruellement souffrir de ne pas pouvoir prononcer la parole que mon grand-père demande ; je vous admire de trouver dans votre loyauté, dans votre honneur, la force de résister à votre amour.

— Vous ne saurez jamais quels ont été mes efforts, quelles sont mes luttes ; tous les livres que votre grand-père a mis entre mes mains, je les ai lus en m'appliquant à les comprendre, et en repoussant les arguments, les raisonnements que malgré moi mon esprit leur opposait, à ce point qu'il y avait des passages que je relisais jusqu'à cinq ou six fois, et toujours avec une attention plus ardente ; mais les livres, loin de modifier mes idées, n'ont fait que les confirmer plus fortement ; alors j'ai évoqué les souvenirs et les impressions de la jeunesse, et ne pouvant pas imposer ma foi à la raison, j'ai tenté de la susciter dans mon cœur. J'ai été m'agenouiller dans votre église, sur votre prie-Dieu même, j'ai joint les mains comme vous les joignez; je me suis recueilli dans le silence et dans l'ombre; j'ai été dans la campagne pour entendre sonner l'*angelus* du soir à l'heure où la poésie qui se dégage de la nature trouble l'âme et l'attendrit; le matin j'ai suivi de loin la procession des rogations serpentant à travers les champs fleuris, inclinant ses bannières sous les pommiers en fleurs, écoutant le chant clair des jeunes filles et la voix plus grave des hommes.

— Oh! mon Richard!

— Les livres de science, ceux de sentiment, les émotions poétiques, rien n'a pu mettre dans ma tête ou dans mon cœur cette foi qui cependant est la vôtre. Vous me diriez que cette charmille est rose, je la verrais par vos yeux rose comme vous. Mais si l'amour peut tout sur les choses qui sont des sens, il ne peut rien, hélas! sur celles qui sont de la raison. Voilà ce que je dois vous dire, chère Bérengère, pour ne pas vous tromper.

— C'est pour savoir ce qui se passe dans votre esprit et dans votre cœur que j'ai obtenu d'avoir cet entretien avec vous. Bien entendu, je ne reporterai point toutes vos paroles à mon grand-père. La situation que nous crée cette demande de madame Prétavoine est telle qu'elle exige les plus grands ménagements. Je n'ai pas besoin de vous dire que j'ai pleine confiance dans mon grand-père; je serai près de lui pour vous défendre. D'ailleurs, si les ambitieux et les intrigants comptent sur son affaiblissement, il ne nous sera pas défendu de profiter nous-mêmes de cet affaiblissement, et peut-être obtiendrons-nous de sa volonté chancelante un consentement que sa ferme volonté nous aurait refusé. Si nous sommes en danger par suite de la puissance de nos adversaires, ce danger ne va pas jusqu'à menacer notre amour; il se borne aux conditions présentes dans lesquelles nous allons nous trouver placés tous les trois : grand-père, vous, mon Richard, et moi.

— Que voulez-vous?

— Que nous nous défendions et sans rien négliger de ce qui peut nous protéger. Mon grand-père, je m'en charge. Mais il y a une autre personne de laquelle je dépends, c'est ma mère. Je vous demande donc d'aller à Rome, de la voir, et d'empêcher qu'elle accorde son consentement à madame Prétavoine. Je vous donnerai une lettre pour elle, dans laquelle je lui dirai que je vous aime et que je veux être votre femme ; vous ferez le reste. Peut-être ce consentement a-t-il déjà été accordé. Dans ce cas, vous obtiendrez de ma mère, sachant la vérité, qu'elle revienne sur l'engagement qu'elle peut avoir pris. Pouvez-vous aller à Rome? c'est un voyage de six jours, de sept jours au plus.

— Je peux tout ce que vous voudrez, et j'espère dans trois jours avoir une permission.

— Alors vous partirez : c'est la lutte qui commence; ne craignez rien, vous verrez que je serai vaillante. Maintenant que les choses sont entendues et que nos postes de combat sont choisis, ne parlons plus de cola. Oublions madame Prétavoine; profitons de l'heure qui est à nous. Parlons de notre amour, puisqu'il nous est permis d'en parler. Dites-moi que vous m'aimez, mon Richard, et laissez-moi vous dire que je vous adore. Si grand-père trouve que notre entrevue dure trop, eh bien ! il viendra nous chercher. Jusque-là, soyons entièrement à notre amour.

Et dans la charmille qui les recouvrait de son ombre, ils continuèrent à marcher doucement, tournés l'un vers l'autre, parlant à mi-voix.

V

Le temps passa vite pour eux, si vite même qu'ils n'eurent pas conscience des heures qui s'écoulaient.

Ils ne s'éloignaient pas du château, et, quand ils étaient arrivés au bout de la charmille, ils revenaient sur leurs pas, et toujours ainsi.

A un moment où ils se regardaient sans parler, l'heure sonna à l'horloge du château.

Bérengère compta les coups que le marteau frappa sur la cloche.

— Trois heures ! s'écria-t-elle. Nous sommes sortis de table à midi un quart; il y a deux heures trois quarts que nous nous promenons.

— Allons-nous donc rentrer ?

— Non, pas encore. Si nous abusons de la permission, eh bien ! tant pis. En tout cas, cela prouve que nous ne pensons qu'à notre amour, et c'est une preuve qu'il n'est pas mauvais de donner à grand-père.

Ils recommencèrent donc leur promenade, mais bientôt ils virent miss Armagh venir au devant d'eux.

— Le rêve est fini, dit Bérengère ; maintenant il faut rentrer dans la réalité. Quand retrouverons-nous une heure pareille ?

— Comme vous dites cela !

— C'est que l'excès du bonheur engendre toujours chez moi une vague mélancolie ; j'ai peur quand je suis trop heureuse.

Miss Armagh arrivait ; ils durent changer le sujet de leur entretien.

Avec la vieille Irlandaise, la promenade n'avait plus le même charme ; ils rentrèrent bientôt au château, et le capitaine ne tarda pas à voir que le comte désirait se trouver seul avec sa fille.

Il se leva alors pour prendre congé, et avec Bérengère il le fit cérémonieusement, comme s'il ne venait point de passer près d'elle trois heures de tendresse et d'amour.

— Au revoir, mademoiselle.

— A bientôt, capitaine.

Ils se donnèrent le bout des doigts, et ce fut tout.

— Eh bien, demanda le comte lorsque le capitaine fut parti, tu as eu le temps de confesser M. de Gardilane.

— Nous avons parlé d'autre chose que de confession.

— De... votre amour ?

— Oui, grand-papa.

— Cela, je ne veux pas le savoir ; ce qui m'intéresse, c'est de savoir quelles sont les intentions de M. de Gardilane.

— Crois-tu donc qu'il puisse en changer ?
— Alors ?
— Ah ! si tu savais...

Et elle lui raconta comment il allait s'agenouiller dans les églises de villages, comment il suivait les processions.

Et ce récit que Richard avait fait en quelques mots, elle le développa avec une onction qui émut M. de la Roche-Odon.

— S'il en est ainsi, dit-il, pourquoi ne parle-t-il?
— Parce que les choses ne sont pas au point où tu voudrais qu'elles fussent.
— Je demande un croyant, je n'exige pas un saint.
— Permets-moi de te dire que tu demandes encore trop, grand-père. Songe donc qu'il y a un sentiment qui, j'en suis certaine, arrêterait Richard, alors même qu'il serait arrivé au degré de croyance que tu exiges, degré qu'il n'a pas atteint, j'en conviens.
— Quel sentiment ?
— Celui de l'honneur et de la délicatesse. Mets-toi à sa place. Est-ce que si tu t'interrogeais, toi Richard, toi m'aimant, toi te sachant aimé, est-ce que tu n'aurais pas peur de prendre la voix de ton amour pour celle de ta conscience, et quand tu dirais : « je crois, » serais-tu bien certain de ne vouloir pas dire seulement « j'aime ? » Sais-tu que ce que tu lui imposes, c'est une sorte de marché : faites cela, et de mon côté je ferai cela; allez à la messe, et je vous donnerai ma fille. Est-ce bien noble, cela, grand-père? Est-ce bien digne ?
— Qui t'a soufflé cela?

— Personne, grand-père, je t'assure que je n'ai pas besoin qu'on me souffle ce qui touche à mon amour. Cette idée m'est venue toute seule en pensant à Richard. Pourquoi ne veux-tu pas qu'il soit sensible au respect humain et qu'il craigne qu'on dise qu'il se convertit par spéculation? Crois-tu que la délicatesse d'une part, et la dignité d'autre part ne soient des considérations qui le touchent? Dans de pareilles conditions, il me semble que quand on est un homme d'honneur comme Richard, il faut être bien sûr de soi pour dire hautement : « Je crois, parce que je crois, » et non : « Je crois, parce que j'aime. » Sans compter qu'en tout ceci ce n'est pas de notre côté que se trouve la délicatesse.

— Vraiment!

— Je parle sérieusement; je dis les choses comme je les sens; et je t'assure que Richard me paraît plus digne d'amour et de respect en résistant à sa tendresse que si tout de suite il t'avait répondu : « Je crois. »

— Je sais M. de Gardilane incapable d'un mensonge aussi bien que d'une spéculation.

— Cela c'est quelque chose, tu en conviendras, et tu ne pourrais pas en dire autant de tous ceux qui ont voulu, qui veulent épouser ta petite-fille et ta fortune. Aussi, me trouvant en présence d'un pareil prétendant, qui possède toutes les qualités que tu reconnais dans M. de Gardilane, l'honneur, le désintéressement, la délicatesse, la droiture, la fierté, la naissance, sans parler de toutes celles que je lui reconnais, moi, et qui sont bien plus nombreuses, sais-tu ce que je ferais, si j'étais le comte de la Roche-Odon?

— Je m'en doute un peu.

— Alors je ne vais pas t'étonner en te le disant mais cela ne fait rien, je vais te le dire tout de même. Eh bien, je lui donnerais ma fille en mariage tout de suite, si j'étais toi.

— C'est le moyen de ceux qui se jettent à l'eau pour que la pluie ne les mouille pas.

— Ne ris pas, grand-père, car rien n'est plus sérieux; pour moi, rien n'est plus grave. Vois comme, par le seul fait du mariage, les choses sont changées. Richard n'a plus de raisons pour ne pas se convertir : l'accusation de spéculation ne peut plus produire d'effet. Nous vivons l'un près de l'autre, continuellement, et comme il m'aime, il désire faire ce qui peut me plaire; de mon côté, je peux tous les jours, à chaque instant, dans toutes les occasions, agir sur lui, sur son esprit, aussi bien que sur son cœur. Alors pourquoi ne croirait-il pas comme je crois moi-même?

— Et s'il ne croyait pas?

— Pourquoi doutes-tu de lui? pourquoi doutes-tu de moi? Cela n'est ni charitable, ni juste.

Si c'était sur le ton de l'enjouement que Bérengère adressait ces paroles à son grand-père, c'était en même temps avec une terrible angoisse qui lui serrait le cœur. Elle souriait, et en même temps elle tremblait; jamais elle n'avait osé aborder la question aussi franchement.

Mais les trois heures qu'elle venait de passer près de Richard lui avaient donné un courage dont auparavant elle n'aurait pas été capable : c'était pour lui qu'elle combattait.

Ayant cessé de parler, elle attendit la réponse de son grand-père avec une poignante anxiété.

— Tout cela est possible, dit enfin M. de la Roche-Odon.

— Certain, grand-père.

— Nullement certain, mon enfant ; oui, il est possible que le capitaine, devenu ton mari, adopte la foi de la femme qu'il aime ; mais, d'autre part, il est possible aussi qu'il ne l'adopte pas, et à vrai dire les probabilités sont pour cette dernière alternative.

— Quelles probabilités ?

— Celles qui résultent de l'expérience ; pour moi, je crois que si M. de Gardilane avait pu revenir à la religion catholique, il y serait revenu et n'aurait point prolongé une situation dont il doit souffrir lui-même comme nous en souffrons tous.

— Je viens de t'expliquer pourquoi ce retour n'avait pas encore eu lieu.

— Sans doute ; mais bien qu'il puisse y avoir du vrai dans tes explications, je ne les accepte pas, attendu qu'il peut tout aussi bien y avoir du faux. Or, dans une question aussi grave que celle de ton mariage, je ne dois agir qu'avec certitude ; ce serait une imprudence impardonnable que de prendre un billet à la loterie, et ce serait une loterie.

— Ah ! grand-père !

— Je dis loterie puisque c'est une affaire aléatoire : réfléchis, ma mignonne, à ce qu'il y a de terrible dans cette résolution que je prendrais, moi, comte de la Roche-Odon, catholique fervent, dont tout le monde connaît les principes, en donnant ma fille à un incrédule.

— Ce n'est pas pour le monde que tu maries ta fille, c'est pour elle.

— Je veux bien admettre cela, quoique l'exemple que je donnerais en agissant ainsi soit à considérer : malheur à celui par qui le scandale arrive !

— Où vois-tu du scandale ?

— En tout cas, si ce mariage se faisait, il produirait une vive émotion, non-seulement dans le monde religieux, mais encore parmi les libéraux. Tu as appris il y a quelques années un sermon de Massillon sur les exemples des grands et des princes de la terre. Dans ce pays et pour certaines personnes, je suis, sinon par moi, au moins par nos ancêtres, un de ces princes de la terre ; je dois donc plus que tout autre être attentif aux exemples que je donne ; mais je veux bien écarter cette considération, si importante qu'elle soit. Je veux bien même ne pas penser à toi ; car je te connais, je sais quelle confiance on peut avoir dans tes principes et dans ta foi. A vivre auprès d'un incrédule, cette foi ne serait pas effleurée ; je n'ai donc rien à craindre pour toi, cela j'en suis certain. Mais dans ce mariage ce n'est pas seulement de toi que j'ai à me préoccuper, ce n'est pas seulement de l'exemple que nous donnerions.

— Et de quoi donc encore ?

— Dis de qui.

— Je ne comprends pas.

— Pense à tes enfants.

4.

Elle détourna la tête.

— Il faut tout dire, tout prévoir. Toi, élevée comme tu l'as été, tu peux échapper à l'influence d'un mari, même d'un mari que tu aimerais tendrement ; mais des enfants pourraient-ils se soustraire aux leçons, à l'exemple, à l'autorité de leur père ? As-tu pensé à cela ? As-tu pensé que tu peux être la mère d'enfants qui ne seraient pas des chrétiens ? Réponds, réponds-moi franchement.

— Non.

— Tu vois donc.

— Je vois que tu te laisses entraîner au delà de la justice et que tu parles comme si tu ne connaissais pas Richard. As-tu trouvé en lui un ennemi de la religion ?

— Non.

— Dans nos discussions lui a-t-il jamais échappé un mot hostile contre notre croyance ?

— Non.

— Au contraire, ne t'a-t-il pas dit qu'il regardait l'affaiblissement de l'idée religieuse comme un malheur ?

— Cela est vrai.

— Eh bien, alors, puisque tu reconnais cela toi-même, comment peux-tu t'imaginer que Richard irait combattre ces idées chez moi ?

— Chez toi, non.

Elle hésita un moment, non par embarras de trouver ce qu'elle avait à dire, mais par confusion pour le dire.

— Chez moi ou chez ses enfants ?

— Qui peut savoir ?

— Tout est possible alors, et si tu raisonnes ainsi, il est possible que le parfait chrétien auquel tu me donnerais, le « bon jeune homme, » par exemple, devienne demain un parfait athée ; d'ailleurs, c'est un engagement à prendre avec lui, et je suis certaine qu'il le prendrait, comme je suis certaine qu'il le tiendrait.

— Quel engagement ?

— J'ai entendu dire que quand un catholique épousait une protestante, — car tu sais qu'il y a des catholiques qui épousent des protestantes, il y en a même qui épousent des juives...

— Ceux-là ne sont pas des catholiques, car le mariage est l'union de l'âme tout aussi bien que du corps ; une seule âme, une seule pensée, une seule foi dans le mari et dans la femme.

— Enfin il y a de ces mariages, quand il n'y aurait que ceux que l'histoire nous montre ; eh bien ! dans ces mariages, l'un des deux époux prend l'engagement de laisser élever ses enfants dans la religion qui n'est pas la sienne, et cet engagement est fidèlement tenu. Pourquoi ne demanderais-tu pas cet engagement à Richard ?

Le comte ne reconnaissait pas sa petite-fille, car bien qu'elle voulût fermement d'habitude ce qu'elle voulait, elle n'avait jamais montré pareille insistance, pareille ardeur.

— Sens-tu que cette discussion me rend malheureux ? dit-il.

— Oui, grand-père, je le sens, mais je ne me tairai

que si tu m'ordonnes de me taire, car l'heure est décisive ; c'est pour ma vie que je lutte, c'est pour mon bonheur, c'est pour le bonheur de celui que j'aime. Tout à l'heure je lui ai promis de défendre notre amour, je tiens ma promesse.

— Au risque de me désoler.

— C'est le malheur de la situation qui nous est faite que je dois te désoler aujourd'hui ou plus tard, et il me semble que le chagrin que je te cause en ce moment est moins cruel que celui que je te causerais en ne cédant pas à tes désirs.

— Cela veut dire ?

— Cela veut dire que jamais je ne deviendrai la femme de Richard sans que tu l'acceptes pour mon mari ; mais jamais aussi, au cas où tu me refuserais Richard, je ne deviendrais la femme d'un autre que celui que j'aime et que j'ai choisi.

— Malheureuse enfant !

— Je ne suis qu'une petite fille, ou plutôt je n'étais qu'une petite fille, il y a quelques mois ; cependant je sens la gravité de mes paroles et je sens combien elles doivent t'être cruelles. Comme tu sais, toi, comme tu sens combien je t'aime, tu dois comprendre que si je les prononce, c'est qu'il faut qu'elles soient prononcées. J'épouserai Richard ou je n'épouserai personne ; je n'aurai jamais la pensée de l'épouser malgré toi, mais on ne me mariera pas malgré moi.

En l'entendant parler ainsi la tête haute, les yeux ardents, le geste inspiré, M. de la Roche-Odon eut un frémissement, non de colère, mais de peur.

C'était ainsi dans ce château, dans ce même salon,

à cette même place que, vingt ans plus tôt, son fils voulant se marier, lui aussi, et épouser une femme vers laquelle la passion l'entraînait, lui avait tenu un langage qui ressemblait terriblement à celui-là, sinon par le sens, au moins par l'accent.

Le vicomte, qui était un homme qui avait vingt-cinq ans, disait : « Je me marierai malgré toi ; » mais c'était la même voix, le même geste que sa fille disant aujourd'hui : « On ne me mariera pas malgré moi. »

Et il s'était marié comme il l'avait dit, malgré tout, malgré tous.

Ah ! elle était bien la fille de ce père, cette enfant !

Jusque-là elle s'était exprimée avec véhémence, discutant, plaidant sa cause par tous les arguments qui pouvaient la faire réussir, et elle s'était adressée plutôt à la raison de son grand-père qu'à sa tendresse, à sa tête plutôt qu'à son cœur.

Mais, après cette ferme déclaration, elle abandonna l'attitude résolue que peu à peu elle avait prise, et, comme si elle regrettait d'avoir été trop loin dans l'expression de ses sentiments, elle se fit humble et douce, elle se fit petite fille, elle s'agenouilla devant son grand-père, et lui saisissant les deux mains par un geste caressant :

— Oh ! grand-papa, grand-papa, dit-elle doucement, tendrement, pardonne-moi de t'avoir parlé comme je viens de le faire, pardonne-moi de te tourmenter, de te peiner, je voudrais tant te rendre heureux, et voilà que par la fatalité des choses...

— La fatalité !

— Voilà que je suis entraînée à te désoler, non-seulement dans le présent, mais encore dans l'avenir; non-seulement aujourd'hui, mais encore demain, après-demain, tous les jours. Toi qui voulais mon mariage, comme tu vas souffrir, t'inquiéter, te rendre malade. Comment trouveras-tu maintenant ce calme que M. Carbonneau t'ordonne? Et c'est par ma faute que tu souffriras.

— Mon enfant!

— Oui, par ma faute, car ce n'est pas toi qui m'as dit d'aimer Richard. Te résister, te faire souffrir, moi qui t'aime tant! Ah! mon Dieu, mon Dieu!

Elle lui embrassa les mains et il sentit ses doigts mouillés par une larme.

Il fut profondément ému.

Alors, se penchant vers elle, il l'embrassa sur le front.

— Et moi, dit-il, moi qui t'aime aussi, est-ce que je ne te fais pas souffrir?

— Ah! ce n'est pas la même chose. Moi, j'ai la force de souffrir, c'est ma première souffrance, tandis que toi, tu as tant souffert dans ta vie! Ah! comme chaque pli sur ton front va être un remords dans mon cœur!

Et elle resta la tête appuyée sur les mains de son grand-père, ne parlant plus, accablée, abîmée dans son chagrin.

Cette douleur fit plus sur le cœur de M. de la Roche-Odon que n'auraient fait les paroles les plus éloquentes, les raisonnements les plus puissants.

Celle qui se désolait, qu'il désolait ainsi, était sa petite-fille chérie, sa Bérengère, l'enfant bien-aimée pour laquelle, par laquelle il vivait.

Ainsi que Bérengère l'avait dit à Richard, sa sensibilité était excessive et sa volonté était affaiblie.

Ce n'était pas seulement la douleur de sa fille qui l'attendrissait, c'était encore l'anéantissement de ses projets qui l'accablait : elle ne se marierait point! Alors elle tomberait donc sous l'autorité de sa mère, s'il mourait dans quelques mois! M. de Gardilane ou la vicomtesse! Le dilemme se posait ainsi ; entre les deux il fallait choisir. Lequel du mari ou de la mère était le moins à craindre? A une question ainsi formulée, la réponse n'était pas douteuse. M. de Gardilane était un honnête homme.

Pendant quelques minutes ils restèrent ainsi, et vingt fois les lèvres de M. de la Roche-Odon s'ouvrirent pour dire : « Je te le donne ; » mais c'était chose tellement grave qu'une pareille résolution, qu'il ne voulut pas la prendre dans de pareilles conditions, alors que le trouble, l'émotion, la tendresse lui ôtaient toute liberté d'esprit.

Il releva doucement la tête de sa fille :

— Mignonne, dit-il, regarde-moi ; il est certain, mon enfant, que les choses ne peuvent pas rester telles qu'elles sont depuis quelques mois, car alors elles pourraient rester éternellement en cet état. Ce que tu m'as dit pour M. de Gardilane est juste jusqu'à un certain point ; il peut être retenu par les scrupules dont tu parles, scrupules qui s'exagèrent dans les conditions où il est placé : tu le verras donc plus souvent, comme tu l'as vu aujourd'hui.

— Oh! grand-père! s'écria-t-elle, tu consens...

Il lui mit la main sur la bouche.

— Je ne consens pas, je ne refuse pas ; je veux voir de plus près ; je veux que tu tentes toi-même cette conversion dont tu te disais certaine tout à l'heure, dans le cas où tu pourrais l'entreprendre et la poursuivre librement.

Bérengère ouvrit les lèvres pour répondre qu'elle n'avait pas dit cela, et que la conversion dont elle avait parlé, c'était celle de son mari, ce n'était pas celle de son amant. Mais la réflexion retint cette parole, qui, si elle était franche, était imprudente aussi. Son grand-père lui permettrait-il cette épreuve, si d'avance elle lui disait qu'elle la savait inutile ? Il cédait un point aujourd'hui, demain il en céderait un autre ; dans quelques jours, il ne pourrait plus ni revenir en arrière, ni s'arrêter.

Elle ne dit donc rien, mais se levant, elle prit son grand-père dans ses bras, et tendrement, follement, elle l'embrassa.

— Oh ! comme tu es bon ! disait-elle.

Et elle l'embrassait encore.

Le soir, lorsqu'elle fut seule dans sa chambre, elle écrivit à Richard.

Ne devait-elle point lui dire de ne point aller à Rome ?

Mais ce ne fut pas seulement de Rome qu'elle lui parla.

Elle lui raconta ce qui venait de se passer avec son grand-père : elle lui dit sa joie, son espérance ; et les feuilles de papier s'entassèrent devant elle ; elle ne se coucha qu'au jour levant.

VI

Après la réception du pèlerinage na'ional du diocèse de Condé-le-Châtel par le Saint-Père, les membres de ce pèlerinage s'était divisés en deux troupes : l'une qui rentrait en France, l'autre qui restait encore quelques jours en Italie pour faire ses dévotions à quelques sanctuaires qu'on n'avait pas pu visiter en venant à Rome, et notamment à celui de Lorette.

Parmi ces pèlerins zélés qui avaient tenu à s'agenouiller devant l'humble demeure de celle qui reçut dans son sein le Divin Flambeau du genre humain *lumen ad revelationem gentium*, se trouvait l'abbé Colombe.

Ce n'avait point été assez pour la foi ardente et insatiable du curé de Bourlandais que toutes les félicités spirituelles qu'il avait goûtées devant le *sacro catino*, le *Disco*, le mur de l'*Annunziata*, le corps de saint François, et surtout devant les reliques insignes que possède Rome, il avait encore fallu à son adoration cette autre relique non moins insigne et tout à fait miraculeuse qu'on appelle la *Sancta Casa* et qui n'est autre chose que la maison en briques où est né le Divin Flambeau du genre humain et qu'habitait l'Immaculée à Nazareth, — laquelle maison a été, comme chacun le sait, transportée par les anges de Judée en Dalmatie, et plus tard des côtes de la Dalmatie sur celles d'Italie dans les bois de Lorette, où elle a été recouverte d'une magnifique église bâtie par Bramante.

Certes, ç'avait été pour l'abbé Colombe un véritable chagrin de ne pas retourner immédiatement dans sa paroisse, d'où il n'était éloigné que depuis trop longtemps, mais ce chagrin avait disparu dans la joie qui l'exaltait à la pensée d'adorer les écuelles dont se servait la sainte Famille, le plat dans lequel la sainte Vierge avait mangé, et enfin la statue de l'Immaculée-Conception, sculptée par saint Luc lui-même dans un bloc de cèdre.

Dans la pieuse troupe qui rentrait en France, et, il faut bien l'avouer, c'était de beaucoup la plus nombreuse, s'étaient trouvés Mgr Guillemittes et M. le comte Aurélien Prétavoine, camérier du cape et d'épée de Sa Sainteté, rappelés tous deux à Condé par des raisons majeures, — le nouvel évêque par les affaires de son diocèse qu'il avait quitté si rapidement ; et M. le comte Prétavoine par les affaires de son mariage, dont il voulait prendre maintenant la direction d'une main ferme.

Il n'était plus un petit garçon, il était comte, il était investi d'une charge à la cour pontificale, et de jour en jour il s'habituait à croire lui-même à son importance.

— Il y a un fait, se disait-il à lui-même dans le silence du tête-à-tête et en se regardant dans sa glace, je suis comte.

Assurément sa noblesse n'était pas la même que celle du comte de la Roche-Odon; il n'était pas assez naïf pour se laisser griser par de pareilles illusions.

Et cependant, à raisonner froidement, non d'après les préjugés mondains, mais d'après la logique, il était bien certain qu'il y avait une différence à établir entre celui qui tenait sa noblesse d'un pirate, d'un bandit, et celui qui l'avait reçue d'un souverain vénérable; si l'un avait l'ancienneté de son origine, l'autre avait la pureté de la sienne, — ce qui est bien quelque chose.

Ce qui poussait si vivement Aurélien à revenir à Condé, et à s'occuper lui-même de son mariage, c'étaient les propos de quelques-uns des pèlerins sur mademoiselle de la Roche-Odon ainsi que sur le capitaine de Gardilane, et surtout les confidences de l'abbé Colombe.

Les pèlerins lui avaient parlé du mariage du capitaine avec Bérengère comme d'une chose certaine : le comte était au mieux avec M. de Gardilane; ils se voyaient souvent; on disait que le comte avait entrepris sa conversion; ce n'était plus maintenant qu'une affaire de temps; enfin tout ce qu'on avait écrit à madame Prétavoine, et ce que celle-ci lui avait caché.

Pour l'abbé Colombe ç'avait été avec une inépuisable effusion qu'il lui avait parlé du capitaine de Gardilane : quel brave militaire ! quel bon cœur ! quelle belle âme !

Puis après cet éloge qui avait été long, le bon curé avait déclaré à Aurélien qu'il était poussé par un scrupule de conscience à lui faire un aveu.

— J'ai su par madame votre excellente mère quels étaient ses projets relativement à des espérances qu'elle avait conçues pour amener une union entre vous et mademoiselle de la Roche-Odon. Vous devez vous représenter quelle a été ma félicité quand j'ai pensé que je pourrais voir s'agenouiller devant l'autel, pour y recevoir le sacrement du mariage, un bon jeune homme tel que vous, et une jeune personne aussi accomplie, un miroir de perfection tel que mademoiselle de la Roche-Odon. Oh ! comme une telle union eût été agréable au Dieu d'Abraham et de Jacob. J'ai de tous mes efforts travaillé à incliner l'esprit du vénérable comte à cette idée. Mais, hélas ! mon bon ami, je suis un si pauvre homme !

Aurélien avait, bien entendu, protesté contre cette trop grande modestie, mais l'abbé Colombe ne s'était pas laissé convaincre.

— Un si pauvre homme, oui, mon ami, une infime créature qui n'a que ses prières à adresser au Seigneur, et encore ne sont-elles pas bien souvent exaucées. Ainsi, pour ce qui est de vous et de ce mariage, vous allez en avoir la preuve. Quand je travaillais dans la faible mesure de mes moyens (bien faible mesure, hélas !) à cette union, je pensais qu'il n'y avait que M. de la Roche-Odon seul à préparer à ce mariage, et que mademoiselle Bérengère serait heureuse de devenir la femme d'un bon jeune homme comme vous, qui possède toutes les vertus chrétiennes. C'est ainsi que vous avez dû remarquer que, même à table, par des insinuations légères et détournées, je travaillais à disposer les esprits et les cœurs à un mariage pieux, qui en même temps qu'il assurerait le bonheur sur cette terre et le salut en l'autre monde aux deux époux, pourrait par l'exemple qu'il donnerait, rendre d'insignes services à notre sainte religion. Vous avez vu cela, n'est-ce pas ?

— Assurément, et au fond du cœur je vous en étais profondément reconnaissant.

— Hélas ! mon excellent ami, mes efforts n'ont point été bénis de Dieu ; ce que j'espérais, ce que je croyais, n'existait pas.

— Que voulez-vous dire, monsieur le curé ?

— Cela est bien délicat, bien difficile pour un pauvre homme qui, comme moi, n'a pas la pratique des finesses du langage. Aussi j'ai hésité longtemps si je vous parlerais de cela, mais je me suis déterminé par cette raison que quand on cesse d'être l'allié d'un ami, on doit prévenir cet ami, car alors, cet abandon tacite deviendrait une trahison, et je n'ai pas besoin de vous dire, n'est-ce pas, que je suis incapable d'une trahison.

— Je sais que vous êtes le meilleur des amis, le plus zélé, le plus dévoué.

— Non, mon cher Aurélien, je veux dire mon cher comte, non, en cela comme en tout, je suis un pauvre homme, animé de bonnes intentions, cela est vrai, mais peu capable, pour mon malheur et celui des autres, de les réaliser.

— Et ce que vous avez à me dire ?...

— C'est que, — c'est un secret que je confie à votre discrétion, — c'est que les choses ne sont pas ce que j'avais espéré ; ainsi en ce qui touche la jeune personne, je crois qu'elle ne serait pas heureuse de ce mariage. Certainement on ne m'a pas fait de confidences, et vous devez le sentir puisque je vous parle de cela, mais j'ai cru remarquer (bien que je me tienne en garde contre la curiosité et l'indiscrétion), j'ai remarqué que la jeune personne n'était point dans les dispositions que je supposais, que je désirais ; bref, que son inclination était ailleurs.

A ce mot, Aurélien n'avait pas été maître de retenir un geste de colère.

— C'est là le malheur de ces sentiments charnels, ô mon jeune ami, qui trompent la créature et la laissent épuisée ; il n'y a de vrai, de bon, de doux que l'amour divin, tout le reste est désolation et misère ; mais vous êtes trop chrétien, votre âme est trop pieuse pour qu'il soit nécessaire de vous prêcher à ce sujet. Les chagrins que le Tout-Puissant nous envoie sont des marches qui nous rapprochent de son trône.

— Cette inclination...

— Cette inclination la détournait donc de ce mariage. D'autre part, j'ai su aussi que le comte de la Roche-Odon n'était pas éloigné d'accepter pour gendre une personne pour laquelle il avait une grande estime et beaucoup d'amitié, estime méritée d'ailleurs et amitié parfaitement justifiée.

— Cette personne ?

— Si vous le voulez bien, nous ne prononcerons pas de noms : ils sont inutiles.

Ils étaient d'autant plus inutiles qu'Aurélien savait bien à quoi s'en tenir sur ces noms.

— Les choses étant ainsi, ma position devenait délicate : d'un côté, j'aurais voulu continuer mes faibles efforts en votre faveur, et d'un autre je me trouvais gêné par ce que j'avais appris ; car de quel droit contrarier les sentiments d'une jeune personne, alors que le grand-père les approuvait, ne mettant à ce mariage qu'une condition, celle du retour à notre sainte religion de son futur gendre ?

— Ne me disiez-vous pas que ce futur gendre était digne d'estime ?

— Sous tous les rapports assurément, un seul excepté cependant, celui de la foi. Et c'est là précisément ce qui m'a inspiré mes scrupules. Le comte ne mettant à ce mariage qu'une condition, celle de la conversion, il est impossible que cette conversion ne s'opère pas. D'abord, parce que le comte l'a entreprise et qu'il ne négligera rien pour la mener à bien, et puis aussi parce que celui que M. de la Roche-Odon catéchise est un trop bon jeune homme pour n'être pas un parfait chrétien, quand on aura arraché de ses yeux les écailles qui l'empêchent de voir la vraie lumière. Puis-je combattre cette conversion, car ce serait la combattre que de m'opposer à un mariage qui doit l'amener inévitablement ? Moi, prêtre des saints autels, puis-je par mon intervention empêcher le retour au pied de ces autels d'une brebis égarée ? C'est du salut d'une âme qu'il s'agit.

— Mais je croyais que vous aviez promis votre concours à ma mère ?

— Certainement, mon bon ami, mon cher comte, et c'est bien là ce qui cause mon embarras et mon chagrin. D'un côté, mon amitié pour vous m'oblige à vous servir dans la faible mesure de mes moyens. Et d'un autre ma conscience me le défend.

— Je ne comprends pas cela.

— Comment, vous ne voyez pas quelle est la situation, vous si fin, si perspicace ! La personne dont nous parlons se marie avec la jeune demoiselle dont nous nous occupons, et alors certainement son salut est assuré, elle rentre dans le giron de l'Église, un miracle s'accomplit par le fait seul de ce mariage, c'est une âme sauvée, comme je vous le disais, et quelle âme ! Oh ! mon cher comte ! Au contraire, vous n'épousez point cette jeune personne, alors que se passe-t-il ?

— Je suis désespéré.

— Cela je le comprends, mais ce désespoir vous l'offrez au Seigneur ; votre âme n'est pas perdue ; bien loin de là, dans votre chagrin vous épouserez plus étroitement l'Église, et vous vous consacrerez à elle plus complétement ; c'est pour ainsi dire un vœu de renoncement à ces plaisirs charnels que vous prononcez, un vœu de chasteté comme celui du prêtre. Oh ! combien vous serez puissant alors, et quels services vous rendrez à la Foi et à l'Église, n'étant point retenu par ces empêchements terrestres où l'âme s'emprisonne !

Aurélien avait essayé de faire comprendre à l'abbé Colombe que, même marié, « son âme ne s'emprisonnerait point dans des empêchements terrestres », et, pour être le mari de la jeune personne dont ils s'occupaient, cela ne l'empêcherait pas « d'épouser étroitement l'Église; » mais tout avait été inutile, le curé de Bourlandais avait franchement déclaré que, dans une pareille situation, sa conscience ne lui permettait qu'une chose, la neutralité.

Aurélien connaissait son ancien maître, et sachant que lorsque celui-ci avait décidé une chose dans sa conscience il n'y avait pas à l'en faire revenir, il n'avait pas insisté, se réservant d'aviser à son retour, avec sa mère, à réparer cette fâcheuse défection.

C'était une grande affaire pour la ville de Condé que le retour du pèlerinage national du diocèse : après la grâce insigne que venait de lui faire Sa Sainteté, on ne pouvait pas le laisser rentrer en ville, tout simplement; il fallait une cérémonie; pour l'évêque surtout, il fallait une procession.

Les esprits avaient été travaillés dans ce sens, et madame Prétavoine, depuis qu'elle était revenue, n'avait épargné ni sa peine ni son adresse pour donner une grande pompe à cette pieuse manifestation; non pas qu'elle tînt à préparer un triomphe à Mgr Guillemittes, car le connaissant tel qu'elle le connaissait, elle savait qu'il ne serait que trop porté à la domination et à l'indépendance (ce qui pour elle était une mauvaise perspective); mais elle calculait que ce qui servirait la gloire de monseigneur de Condé servirait en même temps celle de M. le comte Prétavoine,

5

camérier de Sa Sainteté, si bien qu'avec un peu d'habileté on pourrait attribuer à celui-ci ce qui aurait été en réalité offert à celui-là.

Il y avait là de quoi activer son zèle. Une autre raison plus sérieuse encore se joignit à celle-là. Toutes les autorités de la ville devant se réunir à la procession qui irait au-devant de monseigneur et des pèlerins, elle manœuvra de manière à faire inviter le capitaine de Gardilane, espérant bien que celui-ci déclinerait cette invitation, et par ce refus se compromettrait aux yeux du comte de la Roche-Odon.

Cela était d'autant plus probable et même d'autant plus certain, que ce projet de manifestation cléricale avait soulevé une vive émotion dans la ville, qui, comme quelques mois auparavant, lors du tirage de la loterie de Saint-Pierre et de l'ouverture du bazar anglais, s'était divisée en deux camps : le camp catholique et le camp libéral.

Comme on était depuis longtemps habitué aux processions à Condé, on eût assez volontiers accepté celle-là, comme on avait accepté les autres, mais le drapeau blanc fleurdelysé d'or avait exaspéré les esprits.

— Vous irez à la procession ?
— Sans doute.
— Alors, vous vous enrôlez sous le drapeau blanc ?
— Pas du tout, j'accomplis un devoir religieux.
— Et une manifestation royaliste : la République est-elle le gouvernement du pays, oui ou non ?

Et la guerre était d'autant plus violente, que les souvenirs de la dernière lutte n'étaient point effacés.

On rappelait que dans les villes où il y a des catholiques et des protestants, la loi interdit toute manifestation publique, s'il n'y a point accord entre les deux cultes.

Et justement les protestants réclamaient, en faisant remarquer que l'endroit choisi par la procession pour attendre le cortège des pèlerins, était le rond-point sur lequel la chapelle évangélique ouvrait son porche.

Ce choix seul n'était-il pas une provocation?

— Nous sommes tolérants en principe, disaient les protestants, mais nous nous fâchons en grand quand on nous insulte.

— Vous n'avez ni tolérance ni loyauté, répondaient les catholiques; vous avez humblement demandé la permission d'entrer chez nous, vous faisant petits; un coin, un simple petit coin vous suffisait, et maintenant vous parlez en maîtres.

— En égaux, et nous sommes les vôtres.

Malgré cette guerre, ou plutôt à cause de cette guerre, tous les fonctionnaires s'étaient empressés de répondre qu'ils assisteraient à la procession : le sous-préfet, le maire, les adjoints, le tribunal, son président en tête, les juges de paix, le capitaine de gendarmerie, le receveur particulier, le receveur de l'enregistrement, le conservateur des hypothèques, l'ingénieur des ponts et chaussées, le garde général des forêts, l'inspecteur des écoles primaires, les agents-voyers, les sergents de ville, personne, du plus haut au plus bas, n'avait osé ne pas prendre part à une manifestation que plus d'un cependant blâmait tout bas.

— Puisque tout le monde y va, j'irai aussi.

Il avait été décidé parmi les organisateurs de cette cérémonie, que ce serait le sous-préfet qui inviterait le capitaine de Gardilane, non-seulement à assister en uniforme à la procession, mais encore à suspendre les travaux des casernes pour une demi-journée afin de permettre aux nombreux ouvriers placés sous ses ordres de se joindre au cortége.

M. de Mirevault, qui était lié assez intimement avec le capitaine, s'était volontiers chargé de cette commission, et il l'avait remplie, comme il faisait pour toutes choses, en plaisantant.

Mais aux premiers mots le capitaine l'avait arrêté :

— Vous allez à cette procession, vous !

— Mais sans doute.

— Vous, sous-préfet ?

— C'est justement parce que je suis sous-préfet et désire n'être pas destitué que j'y vais, sans quoi soyez assuré que je me dispenserais avec bonheur de cette pieuse corvée.

— Et le drapeau blanc fleurdelysé d'or ?

— Ils n'auront pas leur drapeau.

— Et s'ils l'ont ?

— Je ne le verrai pas, je suis myope.

— Mais moi je ne le suis pas.

— Avec un peu de bonne volonté...

— Cela me serait impossible.

— Comme vous me répondez sérieusement.

— C'est que la chose est sérieuse.

Et de fait elle l'était pour le capitaine, qui pensait à Bérengère et à M. de la Roche-Odon.

— Alors que me répondez-vous?

— Que votre procession est une manifestation politique et religieuse, et que l'armée ne doit pas prendre part aux manifestations.

— Comment, vous ne viendrez point?

— Non.

— Et vos chantiers?

— Mes chantiers travailleront; je n'ai pas le droit d'interrompre le travail des entrepreneurs qui ont des délais fixés.

— Il ne s'agit pas d'ordres à donner, une simple invitation suffirait.

— Cela ne serait que plus grave.

— Mais, mon cher ami...

— Obtenez cet ordre du général, et je m'y conformerai, pour moi comme pour le chantier, j'ajoute même que je m'y conformerai avec plaisir.

En parlant ainsi, le capitaine était pleinement sincère, car un ordre venant de ses supérieurs l'eût tiré de la mauvaise situation dans laquelle il se trouvait; commandé pour un service public, il eût obéi et M. de la Roche-Odon ainsi que Bérengère eussent été satisfaits.

— C'est parfait, s'écria M. de Mirevault qui trouva que le capitaine avait décidément le sens politique plus vivement développé qu'il ne l'avait cru; les choses vont s'arranger à la satisfaction générale, et franchement j'en suis heureux; vous n'avez déjà pas voulu paraître aux processions du Saint-Sacrement...

— C'est justement une des causes qui m'obligent à refuser aujourd'hui; n'ayant pas voulu me joindre à une cérémonie purement religieuse, comment voulez-vous que j'assiste à une manifestation? ce serait un démenti que je me donnerais à moi-même et dans des conditions où cela m'est impossible.

— Enfin le biais que vous avez trouvé sauve tout, et, je vous le répète, j'en suis très-heureux. Vous auriez fini par vous attirer des ennuis. Pourquoi résister à des gens qui ont de la rancune? Ils ont en ce moment la manie des processions, n'exaspérons pas cette manie; quand ils n'auront plus le pouvoir en main, nous leur dirons combien tout cela était puéril. A bientôt; vous me direz si j'ai du talent dans les rôles onctueux.

Mais, contrairement à ce que pensait le sous-préfet, on ne consentit pas à demander au général l'ordre, pour le capitaine, d'assister à la procession et de fermer les chantiers; on aurait été heureux d'un acte spontané d'adhésion, mais on n'acceptait rien d'officiel; par le fait seul de cette intervention, le caractère qu'on avait voulu donner à la manifestation se trouverait changé.

Ce que madame Prétavoine avait cherché se réalisa donc.

Le capitaine de Gardilane ne figura point dans cette procession, où se trouvèrent le comte de la Roche-Odon avec Bérengère.

Et Aurélien y parut enveloppé des rayons de la gloire de l'évêque.

En effet, par suite d'une disposition adoptée pour l'ordre et la marche de la procession, il se trouva venir immédiatement derrière Mgr Guillemittes, et l'attention publique se porta principalement sur ces deux illustres personnages : l'évêque du diocèse et le camérier de Sa Sainteté.

Dans la foule qui se pressait sur le passage du cortége, le long des maisons tendues de draps blancs enguirlandés de fleurs et de feuillages, il n'y avait d'yeux que pour l'évêque marchant gravement, la mitre en tête, sous le dais empanaché, et pour le camérier de Sa Sainteté s'avançant seul avec une attitude noble et recueillie.

— Ou est sa cape ? disaient les uns.

— Ou est son épée ? demandaient les autres.

Mais ces plaisanteries de mauvais goût n'empêchaient pas que pour un grand nombre de fidèles, ce jeune homme ne fût le représentant du Saint-Père. Quelle grâce pour le diocèse !

A la cathédrale où se rendit la procession, Aurélien eut aussi une place d'honneur bien en vue.

Et madame Prétavoine, qui s'était avec humilité mêlée au commun des fidèles, eut la satisfaction d'entendre une bonne dévote dire en parlant de son fils.

— C'est l'oint du Seigneur.

VII

Aurélien avait hâte de tenir conseil avec sa mère, non-seulement sur ce qu'on lui avait appris à propos de Bérengère et de M. de Gardilane, mais encore sur la confidence de l'abbé Colombe.

Bien que décidé à prendre lui-même en main la direction de son mariage, il reconnaissait qu'elle pouvait lui être utile.

Bien que comte, bien que camérier de Sa Sainteté, il se faisait un devoir de lui rendre justice : elle avait du bon, et en la laissant dans la coulisse, où son manque d'éducation et de manières la condamnait à rester, elle pouvait lui suggérer des idées ingénieuses.

Seulement elle avait besoin d'être maintenue à sa place ; c'était pour lui avoir laissé prendre une trop grande liberté, qu'elle avait gardé pour elle les renseignements qu'elle avait assurément reçus sur l'intimité de M. de Gardilane et de Bérengère : il ne fallait pas que cela se reproduisît ; il était donc opportun de lui adresser une bonne observation à ce sujet.

Et le plus tôt serait le mieux.

En rentrant de la cathédrale et après s'être débarrassé au plus vite de son chapeau et de ses rayons glorieux, il lui fit donc signe qu'il désirait l'entretenir.

Elle lui répondit de la même manière, c'est-à-dire en indiquant qu'elle avait, elle aussi, besoin de lui parler.

Ils furent bientôt en tête-à-tête dans le petit salon éloigné, où, pour la première fois, elle lui avait fait la confidence de ses projets matrimoniaux.

Devenu un personnage, il se croyait obligé par l'importance de sa position à ne rien précipiter ; mais pendant qu'il prenait son temps pour commencer son exorde, sa mère, habituée à aller au plus pressé, le prévint :

— J'ai fait ma demande au comte de la Roche-Odon, dit-elle.

— Si vite !

— Il y avait urgence à agir.

— Peut-être, en effet, l'urgence existait-elle ; je regrette cependant que vous ne m'ayez pas consulté.

Madame Prétavoine resta la bouche ouverte et les yeux écarquillés, stupéfaite de ces paroles et plus encore peut-être du ton et de l'attitude qui les accompagnaient.

— Et qu'a répondu le comte ? demanda Aurélien.

— Qu'il avait besoin de réfléchir.

— Alors il n'a ni accepté ni refusé ; c'est quelque chose.

— Assurément.

— Et votre impression ?

— Mon impression est qu'il refusera.

— Et c'est ainsi que vous me dites cela ! s'écria-t-il en perdant subitement sa superbe assurance.

— Qu'importe !

— Comment, qu'importe ?

— Vous étiez-vous donc imaginé que vous n'aviez qu'à être comte pour obtenir la main de Bérengère ?

Assurément non, il ne s'était pas imaginé cela, alors qu'il avait espéré que le Saint-Père lui conférerait ce titre, et cependant, par une bizarrerie assez peu explicable, il le croyait depuis que ce titre lui avait été conféré.

— Pour moi, continua madame Prétavoine, c'est un avantage important que le comte n'ait pas répondu non tout de suite ; à vrai dire, c'était même cette réponse que j'attendais.

— Alors pourquoi votre demande ?

— Pour prendre position.

Et alors elle lui raconta longuement comment les choses s'étaient passées entre elle et M. de la Roche-Odon, sans rien cacher, pas même le mouvement du vieux comte allant ouvrir la fenêtre pour ne pas se laisser entraîner à quelque acte de violence par l'indignation.

— Et c'est là ce que vous appelez un avantage ! s'écria Aurélien suffoqué.

— Sans doute, j'aurais mieux aimé qu'il me répondît : « Je vous donne ma fille avec bonheur »; mais, comme pareille réponse n'était pas probable, je me trouve satisfaite de celle que nous avons, en considérant qu'elle pouvait être pire. La porte est ouverte; il ne reste plus qu'à faire intervenir nos amis.

— Qui ? L'abbé Colombe peut-être ?...
— Lui et d'autres.
— Justement, il ne faut pas compter sur lui.

Et, à son tour, Aurélien entreprit le récit des confidences du curé de Bourlandais, et il le fit avec colère, en accablant le malheureux abbé Colombe de tout son mépris.

— Il est vrai que c'est un bien pauvre homme, dit madame Prétavoine.

— Je le savais pauvre homme, capable de toutes les niaiseries; mais je ne le croyais pas capable d'une traîtrise.

— Les imbéciles sont capables de tout.
— Et alors, qu'allons-nous faire ?

Autrefois Aurélien aurait dit : « Qu'allez-vous faire ? » Mais maintenant qu'il avait la prétention d'agir lui-même, il parlait en son nom.

— Cette défection n'a pas grande importance, répondit madame Prétavoine.

— Vous comptiez sur lui, puisque vous l'avez fait quitter Hannebault ?

— Je vais l'y renvoyer.
— Vous allez le renvoyer à Hannebault !
— Parfaitement.

— Il est curé de Bourlandais.

— Il sera doyen d'Hannebault ; trouvez-vous qu'il aura à se plaindre ?

— Il mérite bien que je m'inquiète de lui.

— Soyez tranquille, ce n'est point de ses intérêts que j'ai souci, c'est des vôtres. Ce serait de l'ingratitude cependant, de ne pas reconnaître que l'abbé Colombe nous a rendu des services à Bourlandais dans la position effacée et subalterne où je l'employais: personne n'aurait eu sa docilité et surtout sa simplicité ; tout autre à sa place aurait voulu comprendre ce qu'on lui faisait faire, et l'abbé Colombe, c'est une justice à lui rendre, ne s'est jamais inquiété de cela.

— Parce qu'il est trop niais.

— La niaiserie a quelquefois du bon; elle en avait dans ces circonstances. Mais maintenant elle nous serait nuisible. Ce qu'il nous faut auprès de M. de la Roche-Odon, c'est un homme énergique, déterminé, et même dur, qui ne soit sensible qu'au succès de la cause qu'il sert.

— Et vous avez cet homme?

— Je l'ai.

— C'est ?

— L'abbé Subileau.

— Le vicaire d'Hannebault ?

— Lui-même. Si Mgr Hyacinthe n'avait pas donné sa démission, j'avoue que la défection de l'abbé Colombe nous aurait mis dans un certain embarras, car nous n'aurions pas pu facilement lui faire quitter Bourlandais. Mais, grâce au ciel, Mgr Hyacinthe a été assez heureusement inspiré pour abandonner la partie. C'est maintenant Mgr Guillemittes qui le remplace, c'est-à-dire qui nomme les desservants et les curés de son diocèse, et Mgr Guillemittes ne me refusera pas d'envoyer l'abbé Subileau à Bourlandais, et l'abbé Colombe à Hannebault. Il sera même heureux de se faire remplacer dans l'église qu'il a construite par son ancien vicaire, d'abord, parce que l'abbé Colombe ne sera à Hannebault que son humble commis, et puis aussi parce que cette nomination sera approuvée dans tout le diocèse. Vous voyez donc qu'il n'y a pas à vous désoler comme vous le faisiez de la faiblesse de l'abbé Colombe.

— Et vous êtes sûre de l'abbé Subileau ?

— Sûre autant qu'on peut l'être d'un homme qu'on ne tient pas sous le coup d'une arme qui peut le tuer. A défaut de cette arme que je n'ai point, je le tiendrai par son intérêt.

— Il saura que c'est à vous qu'il doit sa nomination à Bourlandais.

— Assurément ; mais il ne faut pas trop compter là-dessus, c'est le passé ; et l'avenir vaut mieux ; il verra ce que j'ai fait pour l'abbé Colombe, et il saura qu'il peut compter sur moi pour quitter Bourlandais après y avoir fait un court séjour qui pour lui ne sera qu'un stage. Il est dévoré d'envie et d'ambition ; il me servira pour que je le serve ; cette association sera ma force. Et comme il est aussi austère que l'abbé Colombe est indulgent, aussi ferme, aussi fin que son confrère est mou et simple, M. de la Roche-Odon trouvera en lui un directeur avec lequel il faudra compter.

— Et qui vous dit que M. de la Roche-Odon ne gardera pas l'abbé Colombe pour directeur? il n'y a pas loin de la Rouvraye à Hannebault.

— Y eût-il encore beaucoup moins loin, que cela n'aurait pas d'importance pour M. de la Roche-Odon; parler comme vous venez de le faire prouve que vous ne connaissez pas le comte.

— Cependant... dit Aurélien avec hauteur.

— M. de la Roche-Odon est par excellence un homme de principe; c'est pour lui un devoir d'habiter sur ses terres au milieu de ses vassaux, c'en est un d'aller à la messe de sa paroisse, et c'en est un aussi d'avoir pour directeur le curé de cette paroisse. Jamais il n'a manqué à ce devoir, même quand Bourlandais avait pour desservant l'abbé Boissonnet, l'indigne prédécesseur de l'abbé Colombe. Si dure que soit pour lui la direction de l'abbé Subileau, soyez certain qu'il ne l'abandonnera pas pour prendre celle de l'abbé Colombe: l'abbé Subileau sera le curé de sa paroisse et cela suffira pour qu'il soit le confesseur du comte.

— Et de Bérengère ?

— Et de Bérengère aussi ; je vais dès ce soir même aller à l'évêché pour arranger cela avec monseigneur.

En voyant sa mère se tirer si facilement, si vivement et à l'improviste d'une complication qui lui avait paru désastreuse, Aurélien perdit un peu de son assurance et de sa confiance en soi; vraiment c'était une maîtresse femme, et l'admiration qu'il avait autrefois pour elle, lui revint comme s'il n'avait pas été comte et camérier de Sa Sainteté. D'ailleurs, en présence des difficultés, il se sentait moins comte que quand il était seul devant sa glace, se disant avec un sourire : « J'épouserai Bérengère. » Pour épouser Bérengère, il y avait encore bien des choses à arranger, bien des batailles à livrer et l'aide de sa mère lui était indispensable.

Cependant, comme il avait sur le cœur le secret qu'elle avait gardé à Rome et qu'il s'était promis de lui adresser une observation à ce sujet, il voulut se donner le courage de tenir l'engagement qu'il avait pris envers lui-même.

— Grâce à la promptitude avec laquelle vous savez vous retourner, dit-il, j'espère que nous sortirons heureusement de l'embarras dans lequel nous met la sottise de ce pauvre abbé Colombe. Cependant il n'en est pas moins vrai, que si vous m'aviez fait part, à Rome, de ce que vous appreniez sur les relations du capitaine de Gardilane et de Bérengère, nous aurions pu aviser plus tôt.

— Et qu'auriez-vous fait ?

— Je ne sais trop, mais enfin nous aurions vu.

— Il n'y avait qu'une chose à voir, surtout il n'y avait qu'une chose à faire, c'était d'obtenir du Saint-Père le titre de noblesse, et de madame de la Roche-Odon son consentement au mariage de sa fille ; tout devait être sacrifié à cela, au moins pour le moment ; nous avons réussi.

— Pendant que nous attendions, M. de Gardilane pouvait, lui aussi, réussir.

— Sans doute, bien que cela ne fût pas probable,

mais à quoi bon vous donner cette inquiétude, puisque vous ne pouviez rien pour l'empêcher?

— Il me semble que la chose me touchait d'assez près pour que je la connusse.

— J'ai cru vous épargner des chagrins en ne vous la disant point.

— Eh bien ! dorénavant, dites-moi tout, je vous prie, même ce qui peut me causer des chagrins ; je suis assez grand garçon pour connaître mes affaires et pour que vous n'en usiez plus avec moi comme vous l'avez fait si souvent ; ainsi pour cette Rosa Zampi, ainsi encore pour mon voyage à Naples.

Elle le regarda un moment sans parler.

Il avait repris son attitude froide et digne, celle qui, selon lui, convenait à M. le comte Prétavoine.

— Savez-vous à qui je pense en vous voyant ainsi ? lui dit sa mère.

— Non.

— A ces jeunes rois dont on parle dans l'histoire et qui, arrivés à leur majorité, sont mécontents du gouvernement de leur premier ministre.

— Je serais un ingrat si je n'étais pas content de votre gouvernement.

— En tous cas vous êtes impatient de le prendre en main ; eh bien ! si vous le voulez, je vous donne ma démission.

— Mais pas du tout, chère mère, je sais mieux que personne que je ne peux réussir que par votre aide et par vos conseils ; tout ce que je vous demande c'est de me dire ce que vous faites.

— Volontiers, non-seulement je vous dirai ce que

j'ai fait, mais encore ce que je veux faire; tant pis pour vous si l'odeur de la cuisine vous fait trouver votre dîner moins bon; vous l'aurez voulu.

— Je ne me plaindrai pas.

— Ainsi, pour commencer, je vous préviens que je vais aller ce soir à l'évêché, afin d'obtenir de monseigneur la nomination de l'abbé Subileau à Bourlandais; je vous prie même d'écrire à monseigneur pour lui demander à quelle heure il peut me recevoir aujourd'hui, attendu que l'affaire dont j'ai à l'entretenir est urgente; vous comprenez qu'il faut empêcher qu'il donne à un autre qu'à l'abbé Colombe, sa succession d'Hannebault.

— Et vous croyez réussir?

— Faut-il vous expliquer à l'avance ce que je dirai à monseigneur?

— Oh! chère mère, ne vous moquez pas de moi; ne voyez dans mon observation qu'un vif désir de devenir le mari de mademoiselle de la Roche-Odon.

— Vous le deviendrez, soyez sans crainte.

La réponse à la lettre d'Aurélien ne se fit pas attendre : monseigneur viendrait lui-même dans la soirée faire visite à madame Prétavoine.

Elle avait trop la fierté de son fils, pour prendre plaisir à triompher de lui orgueilleusement.

Cependant elle ne put pas éteindre le rayonnement de son regard, quand, par-dessus la table où ils dînaient, elle tendit cette lettre à Aurélien.

— Voici ce que monseigneur me répond, dit-elle.

Comme Angèle, la femme de chambre, allait et venait autour d'eux pour le service du dîner, ils n'échangèrent pas d'autres paroles, mais le regard et le ton de madame Prétavoine avaient suffi pour prouver à Aurélien que sa mère avait conscience de sa valeur et de sa puissance.

L'évêque venait chez elle, comme au temps où il n'était qu'un simple curé de canton.

— Voulez-vous assister à cette visite? demanda madame Prétavoine lorsqu'ils furent seuls.

Il hésita un moment avant de répondre.

Assurément oui il désirait assister à cet entretien.

Cependant il n'osa pas l'avouer.

— J'irai voir Dieudonné de la Fardouyère, ce soir, si vous le voulez bien, dit-il.

— Alors allez-y tout de suite, afin de ne pas paraître vous sauver quand monseigneur arrivera.

A huit heures et demie, la sonnette de la grille tinta : c'était monseigneur.

Madame Prétavoine n'était pas femme à abuser de son triomphe ; au lieu d'attendre l'évêque dans son salon, elle se leva, courut vivement dans le vestibule et s'avança au-devant de lui jusque dans la cour.

Les premières paroles, les portes closes, furent de part et d'autre des remerciements, mais bientôt l'évêque coupa court à ces politesses qui, entre eux, n'avaient pas grande importance; ils n'en étaient pas à compter les services qu'ils se rendaient.

— Vous avez à me parler? dit-il.

Madame Prétavoine inclina la tête.

— Est-ce que vous avez fait une démarche auprès de M. le comte de la Roche-Odon?

— Je lui ai demandé la main de sa fille pour Aurélien.

Mgr Guillemittes ne laissa paraître aucune surprise.

— Et qu'a répondu le comte? demanda-t-il avec un empressement qui toucha madame Prétavoine.

— Qu'il avait besoin de réfléchir.

— Alors vous avez bon espoir?

— Non, quant à cette réponse qui sera un refus, j'en suis certaine.

— Voulez-vous que je fasse une visite au comte, ou plutôt que je profite de celle que je dois lui faire prochainement, pour lui expliquer les raisons qui, au point de vue des intérêts religieux, rendent ce mariage désirable?

— Non, monseigneur.

Cette fois il laissa échapper un geste de surprise.

— Je vous remercie de tout cœur, continua madame Prétavoine: si je refuse, — avec gratitude, — votre généreuse intervention, c'est que, la jugeant d'un poids considérable dans cette affaire, je la réserve pour plus tard, quand le moment opportun sera arrivé, et il ne l'est pas; il faut, quand vous parlerez, monseigneur, que M. de la Roche-Odon ne puisse pas vous répondre évasivement; vous êtes ma dernière espérance, mon suprême appui et vous ne devez paraître que pour réussir.

Bien que l'évêque se fût rendu chez elle, comme au temps où il n'était qu'un simple curé, madame Prétavoine avait très-bien vu dans ses manières qu'on n'en était plus à ce temps-là; il y avait en lui quelque chose de ce qu'elle venait de remarquer dans Aurélien ; ce n'était plus assurément le même homme ; il était évêque ! Alors elle avait tenu à lui bien marquer qu'elle était disposée dans l'avenir à s'incliner humblement devant sa qualité et à lui rendre les hommages respectueux qui lui étaient dus.

Cela indiqué, elle continua :

— Ce n'était pas pour demander que je voulais me rendre à l'évêché, c'était pour offrir.

A ce mot, l'homme qui avait tant demandé dans sa vie de curé bâtisseur, tant quêté, tant de fois recouru à la piété, à la charité ou à la vanité des fidèles, reparut avec son sourire insinuant des temps anciens :

— Et que voulez-vous donc offrir à votre évêque ? demanda-t-il.

— Un bon curé pour Hannebault.

Il se redressa et la regarda du haut de sa grandeur.

— Voudrait-elle se mêler maintenant de me dicter le choix de mes curés ? se demanda-t-il tout bas.

Madame Prétavoine qui le connaissait mieux que personne, comprit ce qui se passait en lui :

— Vous me trouvez bien audacieuse, n'est-ce pas ? dit-elle ; avant de me juger, soyez assez indulgent, monseigneur, pour m'écouter. Depuis que vous avez été nommé au siège épiscopal de Condé, il y a une question que je me pose chaque jour : Qui vous succédera à Hannebault ? et à mes questions je n'ai jamais trouvé qu'une réponse, je veux dire qu'un nom, celui de M. l'abbé Colombe.

— Ah !

— Lui seul par ses vertus, par sa piété, par sa charité me paraît digne sinon de vous remplacer, (on ne vous remplacera jamais, monseigneur,) au moins de vous succéder. Il a été votre collaborateur zélé, vous l'avez associé à vos travaux, il a construit cette magnifique église avec vous, sous vos ordres, il la connaît pierre par pierre, il a reçu votre pensée, il la possède, enfin il est aimé, adoré dans la paroisse, et de plus il est vénéré dans tout le diocèse. Aucun choix ne pourrait être plus heureux pour votre église, pour vos fidèles ; aucun, il me semble, ne pourrait vous être plus agréable, enfin aucun ne serait mieux accueilli par le clergé et par les fidèles de votre diocèse, qui vous verraient user de votre autorité souveraine pour récompenser le vrai mérite, la vertu. A cette nomination il n'y a qu'un empêchement... je veux dire un obstacle, et il vient de moi. Sachant combien l'abbé Colombe peut m'être utile à Bourlandais, et quels services importants il peut me rendre dans cette affaire capitale, vous hésitez peut-être, dans votre bonté infinie, à me l'enlever au moment juste où son intervention peut être d'un grand poids. Eh bien, monseigneur, je viens vous dire que vous ne devez pas vous arrêter à une pareille considération ; je viens vous offrir l'abbé Colombe.

L'évêque, qui connaissait bien sa madame Prétavoine, fut cependant surpris ; il était loin de s'attendre à cette offre.

— Tout ce que vous venez d'expliquer est parfaitement vrai, dit-il, et l'abbé Colombe était désigné par moi pour Hannebault ; seulement, comme je ne voulais pas vous l'enlever, je l'aurais laissé à Bourlandais jusqu'au moment où le mariage d'Aurélien aurait été décidé.

— Je n'ai pas à vous dire n'est-ce pas, combien je vous suis reconnaissante, mais je ne puis accepter, c'est une affaire de conscience ; ce mariage peut ne pas se faire avant plusieurs mois, l'abbé Colombe ne doit pas attendre ; je vous l'offre donc de nouveau, et en échange, si vous le permettez, je vous demande pour Bourlandais un de vos prêtres qui puisse en le remplaçant me rendre le service de nous appuyer auprès du comte, j'ai pensé à M. l'abbé Subileau ; qu'en dites-vous ?

Une discussion s'engagea sur l'abbé Subileau, et l'évêque finit par reconnaître qu'avec l'abbé Colombe à Hannebault et l'abbé Subileau à Bourlandais, tout serait pour le mieux dans ces deux paroisses de son diocèse.

— Voulez-vous m'accorder encore une grâce ? demanda madame Prétavoine, c'est de ne pas taire à M. l'abbé Subileau la recommandation que je vous ai adressée en sa faveur.

— Soyez rassurée, il saura ce qu'il vous doit, et aussi ce qu'il doit faire pour vous prouver sa reconnaissance.

VIII

La haute position qu'occupait le comte de la Roche-Odon obligeait Mgr Guillemittes à lui faire part de la nomination de l'abbé Subileau.

Ce fut dans ce but que trois jours après son entretien avec madame Prétavoine, l'évêque de Condé se rendit au château de la Rouvraye.

Depuis qu'il avait échangé la cure d'Hannebault contre le siége épiscopal de Condé, Mgr Guillemittes avait aussi échangé la vieille guimbarde de commis voyageur avec laquelle il avait fait tant de courses dans les pays environnants pour quêter de l'argent, contre une belle calèche neuve, simple de forme, mais en même temps que de style sévère, tout à fait confortable; il n'était plus au temps où, plus jeune, il pouvait dans son cabriolet s'exposer aux intempéries des saisons, à la pluie, au froid, au soleil; et puis un évêque tel que lui devait représenter, car il avait maintenant une tâche à remplir, autrement sérieuse et difficile que de construire sans un sou de ressources une cathédrale à Hannebault, celle de prendre place à la tête de l'épiscopat français, et ce n'était point sur l'humilité, ni sur la pratique des simples vertus évangéliques que son ambition comptait pour en arriver là.

Quand le comte de la Roche-Odon, qui connaissait bien son intimité avec madame Prétavoine, entendit le valet de chambre qui le précédait annoncer « Monseigneur l'évêque de Condé, » il se promit de se tenir sur ses gardes, car bien certainement cette visite n'avait pas d'autre objet que de l'entretenir du projet de mariage du comte Prétavoine, « du bon jeune homme, » comme disait Bérengère.

Cependant il ne fut nullement question du bon jeune homme.

Mgr Guillemittes qui était déjà venu à la Rouvraye aussitôt après sa nomination, dit qu'il était chargé de lui apporter la bénédiction paternelle du Saint-Père, et qu'il profitait de cette visite pour le consulter sur une affaire importante.

Et tout de suite, en peu de mots, il expliqua qu'il avait jeté les yeux sur l'abbé Colombe pour le remplacer à Hannebault : l'abbé Colombe était son élève, il avait été son collaborateur, son associé dans la construction de son église, et à nul autre qu'à ce bon prêtre si méritant par ses saintes vertus, il ne voulait confier le troupeau qu'il avait dirigé jusqu'au jour où par la grâce du Saint-Esprit, il avait été appelé au siége de Condé, mais avant de signer cette nomination, il venait demander à M. le comte de la Roche-Odon si elle lui était agréable.

— A une pareille demande la réponse ne peut être que double, monseigneur. Si c'est à l'ami de l'abbé Colombe que vous vous adressez, il ne peut que vous remercier de la juste récompense que vous accordez à un prêtre qui, par ses vertus, est digne des plus hautes faveurs. Si c'est le paroissien que vous voulez bien consulter, il ne peut que vous dire, que ce sera avec un profond chagrin qu'il verra partir un curé si parfait sous tous les rapports, qu'assurément il ne sera jamais remplacé.

— C'est justement le paroissien de l'abbé Colombe que j'ai voulu consulter, car sa piété et les services qu'il a rendus à l'Église, ceux qu'il lui rend chaque jour et ceux qu'il lui rendra encore font un devoir à l'évêque de ce diocèse de ne pas lui enlever un prêtre auquel il tiendrait particulièrement.

M. de la Roche-Odon, si grandes que fussent son amitié et son estime pour l'abbé Colombe, et précisément même parce que cette estime et cette amitié étaient grandes, ne pouvait pas répondre qu'il demandait à garder son curé; n'eût-ce pas été le comble de l'égoïsme d'empêcher un pauvre desservant de devenir curé-doyen de la plus belle église du diocèse ?

— Alors, monsieur le comte, puisque vous donnez votre curé à Hannebault, continua Mgr Guillemittes, et c'est un cadeau inappréciable que vous faites à ma chère église, je vous demande d'annoncer vous-même cette nouvelle à notre excellent abbé à son retour; ce ne sera pas trop que votre influence pour le décider à accepter ce qu'il considérera bien plus comme une épreuve que comme une faveur.

— Vous le connaissez bien.

— Nous avons vécu ensemble, et le cher homme ne porte pas un masque sur son visage.

— Ni sur son cœur.

— Maintenant je dois vous consulter encore sur le choix du successeur de l'abbé Colombe.

— Sans doute vous avez quelqu'un en vue?

— Assurément; mais s'il était un prêtre de notre diocèse ou d'un autre diocèse qu'il vous fût agréable d'avoir à Bourlandais, je serais heureux de vous le donner.

— Je m'en rapporte à vos lumières, monseigneur.

— Alors le prêtre que j'ai en vue et que je vous propose m'est particulièrement connu; il a vécu près de moi, je l'ai vu à l'œuvre pendant plusieurs années, et j'ai pleine confiance en lui; il a remplacé l'abbé Colombe à Hannebault, et il le remplacerait ici comme desservant, si vous vouliez bien l'accepter.

— Il se nomme?

— L'abbé Subileau.

— Je l'ai entendu prêcher à Saint-Protais.

— Précisément.

— Il parle bien, il a du feu.

— Sa piété est ardente, sa foi est pleine de ferveur; il lui manque, il est vrai, jusqu'à un certain point, la douceur évangélique de Colombe, mais il n'y a qu'un abbé Colombe dans le diocèse.

— C'est un saint sur la terre.

Pendant assez longtemps, l'entretien roula sur l'abbé Subileau, dont l'évêque fit un portrait exact et détaillé, aussi bien pour les défauts que pour les qualités.

Tout en l'écoutant, M. de la Roche-Odon se demandait s'il ne serait pas enfin question de madame Prétavoine et de son fils, mais Mgr Guillemittes n'en dit pas un mot, et quand il eut épuisé tout ce qui touchait l'abbé Colombe et l'abbé Sulibeau, il se leva pour se retirer.

Alors M. de la Roche-Odon, qui en le voyant entrer avait eu peur qu'il lui parlât du mariage de sa petite-fille, regretta que ce sujet n'eût point été abordé.

Qu'y avait-il de vrai dans ce que madame Prétavoine lui avait dit de la faveur que le Saint-Père accordait à ce projet de mariage?

L'occasion était bonne pour s'éclairer sur ce point; il n'y avait qu'à interroger Mgr Guillemittes, qui, arrivant de Rome et ayant vu Sa Sainteté, savait assurément le vrai des choses.

De sa main levée il pria l'évêque de se rasseoir.

— Je pense que madame Prétavoine vous a fait part de son projet de mariage?

Prudemment l'évêque s'inclina en signe d'assentiment, sans vouloir s'engager.

M. de la Roche-Odon aurait cru s'abaisser s'il avait pris un chemin détourné pour marcher vers le but qu'il se proposait.

— Madame Prétavoine m'a dit que Sa Sainteté désirait ce mariage.

— C'est pour le faciliter, au moins dans une certaine mesure, si j'ose m'exprimer ainsi, qu'Elle a daignée conférer à Aurélien Prétavoine un titre de noblesse.

— Je croyais que le titre conféré au fils était une récompense accordée à la mère.

— Sans doute, mais la récompense eût été autre si le Saint-Père n'avait eu ce mariage en vue.

— Et qui lui a parlé de ce mariage ?

— Madame Prétavoine tout d'abord, assurément, mais aussi les personnes qui connaissent notre contrée, et qui savent combien la foi chancelante et menacée par toutes les mauvaises passions a besoin d'y être défendue d'une façon éclatante.

Mgr Guillemittes se trouvait dans une position assez délicate : d'une part, il ne voulait pas aller au-delà de ce que madame Prétavoine lui avait recommandé, et, d'autre part, il ne voulait pas abandonner Aurélien, alors que le comte n'abordait cette question de mariage que pour savoir évidemment quelles étaient les dispositions du Saint-Père. La conciliation entre ces deux extrêmes était difficile; car, se conformer aux désirs de madame Prétavoine, c'était sacrifier Aurélien! au contraire, soutenir franchement Aurélien, c'était contrarier les combinaisons de madame Prétavoine, qui certainement avait eu des raisons pour refuser une intervention immédiate.

Que faire? Que dire si M. de la Roche-Odon le pressait?

Mais, à sa grande surprise, M. de la Roche-Odon ne le pressa point, et, bien loin d'insister, il parut vouloir ne pas aller plus loin.

— Monseigneur, je vous remercie, dit-il.

Sans comprendre ce qui se passait dans l'esprit du comte et sans même se le demander, Mgr Guillemittes, heureux de voir la tournure que prenaient les choses, se leva vivement et prit congé de M. de la Roche-Odon qui cérémonieusement le reconduisit jusqu'à sa voiture.

Sans doute c'était couper court à l'éloge d'Aurélien, et ce n'était guère servir son mariage que déserter la lutte aussi rapidement. Mais, après tout, la faute en était à madame Prétavoine qui n'avait pas voulu que cette lutte s'engageât. Fine comme elle l'était, elle aurait bien dû deviner cependant que le comte voudrait savoir si réellement le Saint-Père s'intéressait à ce mariage, et aussi qu'à une interrogation franche sur ce point, il faudrait une franche réponse.

A elle donc la responsabilité de ce qui arrivait.

Et, au trot lent et majestueux de ses deux chevaux gris-pommelé, Mgr Guillemittes reprit la route de son palais épiscopal.

Quand M. de la Roche-Odon rentra dans le cabinet de travail où il avait reçu l'évêque, il trouva Bérengère qui l'attendait debout devant la cheminée dans une attitude impatiente et inquiète.

— Tu viens de recevoir la visite de monseigneur? dit-elle.

— Qui t'a dit cela?

— J'ai vu par hasard sa voiture arriver, et alors je suis restée derrière ma fenêtre à guetter son départ.

— Pourquoi n'es-tu pas descendue?

— Parce que je l'aurais gêné; mais je t'assure que ce n'est pas l'envie qui m'a manqué.

— Pourquoi et en quoi aurais-tu gêné monseigneur?

— Je l'aurais empêché de te faire l'éloge du « bon jeune homme. »

— Et qui t'a dit qu'il avait fait l'éloge du bon jeune homme ?

— Personne, et tu penses bien que je ne suis pas venue écouter à la porte, mais ce qu'il voulait n'est pas bien difficile à deviner.

— Et que voulait-il ?

— Appuyer auprès de toi la demande du « bon jeune homme. »

— Vraiment !

— N'est-il pas tout dévoué à madame Prétavoine ? C'est pour cela que tu me vois si inquiète, si tourmentée, et c'est pour cela aussi que je me permets de te demander ce que tu lui as répondu.

Le comte, la regardant, se mit à sourire doucement.

— Alors tu n'as pas répondu ? s'écria-t-elle se méprenant sur ce sourire.

— Comment voulais-tu que je ne lui répondisse pas ?

— Alors ?... demanda-t-elle.

— Alors je lui ai dit qu'à sa communication il n'y avait qu'une seule réponse possible.

— Tu as refusé ? s'écria-t-elle.

— Je ne pouvais pas refuser, j'ai accepté.

— Mon Dieu ! ah ! mon Dieu ! murmura-t-elle, et, en pâlissant, elle s'appuya sur la cheminée, défaillante.

Vivement M. de la Roche-Odon courut à elle et la prenant dans ses bras :

— Mon enfant, ma fille chérie, s'écria-t-il, ma mignonne !

— Oh ! grand-père.

— Mais il ne s'agit pas de ce que tu t'imagines, dit-il vivement; reviens à toi, ma chérie.

— Que veux-tu dire ?

— Je plaisantais.

— Tu plaisantais...

— Oui, j'ai eu tort, pardonne-moi, j'aurais dû penser que j'allais te faire souffrir.

— Tu m'as brisé le cœur.

— Ce n'est pas pour me parler de celui que tu appelles « le bon jeune homme » que monseigneur est venu.

— Alors comment m'as-tu laissée croire.

— Et toi, pourquoi m'as-tu dit qu'il n'était pas bien difficile de deviner que monseigneur venait appuyer la demande du « bon jeune homme? »

— Cela me paraissait obligé.

— Pour te punir de porter ainsi des jugements précipités, qui ne reposent sur rien, je t'ai fait cette réponse; mais j'ai eu tort, pardonne-moi, et surtout rassure-toi, mon enfant, ce n'était point pour me parler de madame Prétavoine que monseigneur me faisait cette visite, c'était pour m'annoncer la nomination de l'abbé Colombe à Hannebault en qualité de doyen.

— L'abbé Colombe nous quitte ?

— C'était justement pour me faire la politesse de me consulter sur ce changement que venait monseigneur. Il a eu la gracieuseté de me dire que si je tenais à l'abbé Colombe, il le laisserait à Bourlandais.

— Mais certainement, nous tenons à l'abbé Colombe.

— Que dirais-tu si, m'appuyant sur l'amour qui

nous unit, je répondais que je tiens à te garder et ne te marierai jamais? J'ai donc répondu que, bien que je tinsse beaucoup à notre excellent curé, je ne pouvais pas refuser de le laisser partir.

— Voilà ta réponse?

— Précisément; elle s'appliquait à l'abbé Colombe, et tu as cru...

— C'est que je n'ai qu'une pensée dans la tête et dans le cœur.

M. de la Roche-Odon ne voulut pas laisser l'entretien sur ce sujet.

— En même temps monseigneur m'a consulté sur le successeur qu'il désirait donner à l'abbé Colombe.

— Nous le connaissons?

— Nous l'avons entendu prêcher à Saint-Protais, l'abbé Subileau...

— Un petit noireau, au front carré, à l'air dur, au parler nasillard, chantant et psalmodiant; il ne me plaît point.

— Il a été le vicaire de Mgr Guillemittes à Hannebault et c'est, m'a dit monseigneur, un excellent prêtre; sa piété est ardente, sa foi est pleine de ferveur.

— Au surplus, cela nous est indifférent; il n'y a pas loin d'ici à Hannebault, et nous pourrons facilement aller trouver l'abbé Colombe.

— Mon enfant, tu feras à cet égard ce que tu voudras; il me plairait que tu eusses pour confesseur le curé de ta paroisse; mais c'est là une affaire de conscience dans laquelle je ne veux pas intervenir d'une façon souveraine; si tu veux garder l'abbé Colombe, tu iras à Hannebault; pour moi, qui obéis à des règles précises, je me confesserai au curé de ma paroisse.

— Mais, grand-père...

— Tu sais, mon enfant, que je ne transige jamais avec mes principes; il est certain que le départ de l'abbé Colombe me causera de vifs regrets; c'est un saint, et dans notre époque les saints, par malheur, ne courent point le monde; mais si grand que sera mon chagrin, il ne m'entraînera pas jusqu'à causer une injuste mortification au curé de ma paroisse, et c'en serait une, une très-cruelle, très-injuste que de ne pas le prendre pour confesseur. Que diraient nos paysans? Le comte de la Roche-Odon s'est toujours confessé aux curés de sa paroisse, pourquoi ne se confesse-t-il pas à celui-là? Entends-tu les propos que cela provoquerait? Ce serait le mettre en suspicion avant qu'il eût rien fait. Ce n'est point ainsi qu'on amène les indifférents ou les malveillants à respecter la religion. Encore une fois, mon enfant, pense à l'exemple.

— Si, pour l'exemple, il faut que nous ne fassions que ce qui nous est désagréable ou pénible, mieux vaut n'être que le plus humble des paysans.

— Je ne dis pas non; mais comme nous ne sommes point des paysans, nous devons régler notre conduite d'après notre position.

— Tu veux donc que je prenne M. l'abbé Subileau pour confesseur?

— Je le désire, mais, je te le répète, je n'exige rien; si tu veux garder l'abbé Colombe, tu es libre.

— Sais-tu qu'il est très-possible que l'abbé Colombe n'accepte pas Hannebault? Il a plus de timidité que de hardiesse, plus d'humilité que d'ambition ; il est capable de refuser, et nous le garderons.

— Il est possible en effet qu'il veuille se soustraire à la responsabilité dont on le chargera ; mais il n'osera pas résister à un ordre, il obéira.

— Pauvre abbé Colombe ! dit Bérengère en souriant, va-t-il être malheureux dans les grandeurs !

Puis tout de suite reprenant sa figure inquiète :

— Et monseigneur ne t'a parlé que de l'abbé Colombe et de l'abbé Subileau, dit-elle ; il n'a pas été question entre vous du « bon jeune homme ? »

— Qui te fait penser que nous nous sommes occupés « du bon jeune homme ? »

— La peur.

— Quelle peur, de quoi as-tu peur ?

— J'ai peur que madame Prétavoine n'emploie tous les moyens pour peser sur toi ; j'ai même peur, si tu veux que je te le dise, que ce remplacement de l'abbé Colombe par l'abbé Subileau, ne soit son ouvrage.

— Enfant !...

— Enfin, dis-moi si monseigneur ne t'a pas parlé de ce sot projet de mariage ?

— C'est moi qui lui en ai parlé.

— Tu vois bien.

— Madame Prétavoine m'avait dit que notre Saint-Père s'intéressait à ce mariage ; j'ai voulu savoir ce qu'il y avait de vrai là dedans, et j'ai interrogé monseigneur.

— Qui t'a répondu ?

— Que c'était pour faciliter ce mariage que Sa Saintoté avait conféré un titre de noblesse à M. Aurélien Prétavoine.

— Tu vois bien, tu vois bien !

— Je vois que j'ai parlé moi-même de madame Prétavoine et de son fils à monseigneur, mais monseigneur ne m'a pas parlé d'eux.

— C'est un homme habile, monseigneur, n'est-ce pas ?

— Certes !

— Et un homme habile peut facilement, n'est-ce pas, nous amener à dire ce qu'il veut ?

— C'est là encore une de tes imaginations. Monseigneur ne m'a rien fait dire de ce que je ne voulais pas dire, et après ma question relative au Saint-Père, j'ai coupé brusquement la conversation, parce que je ne voulais pas que monseigneur pût, étant mis sur ce chapitre, me parler des Prétavoine et s'acquitter des recommandations dont on l'avait peut-être chargé.

— Et il a consenti à ne rien ajouter ?

— Parfaitement.

— Alors c'est qu'il n'avait rien à dire et que les recommandations que tu supposais lui avoir été données n'existent pas.

— C'est possible.

— Et cependant j'ai peine à le croire ; s'il ne t'a rien dit aujourd'hui, c'est que sans doute le moment n'était pas favorable, ce sera pour plus tard. Aussi sais-tu ce que je ferais si j'étais toi ? J'empêcherais ce plus tard d'arriver jamais

— Comment cela ?

— Pour le mal que tu m'as fait tout à l'heure, tu

me dois une réparation, n'est-ce pas ? eh bien, je t'offre une occasion de me la donner. Tu as promis à madame Prétavoine de lui faire savoir ta réponse, quand tu aurais réfléchi à sa demande, et quand tu saurais ce que je pense du « bon jeune homme. » Tu as plus que réfléchi ; tu sais que je ne serai jamais la femme « du bon jeune homme » ; pourquoi ne lui écris-tu pas aujourd'hui, tout de suite, sur ce bureau, cette réponse ; c'est bien facile : « Madame, après
» avoir réfléchi à la demande que vous m'avez fait
» l'honneur de m'adresser, et après l'avoir communi-
» quée à ma petite-fille, j'ai le regret de vous répon-
» dre que nous ne pouvons l'accueillir favorablement ; »
et tu signes : « Bérenger Turold, comte de la Roche-Odon ; » c'est bien simple.

— Tu trouves ?...

Elle vint au bureau de son grand-père et faisant voler une feuille de papier à lettre devant lui, elle lui mit une plume dans la main.

Puis, s'accoudant sur le bureau et le regardant tendrement :

— Allons, un petit effort, dit-elle, pour un grand soulagement, — le tien et le mien.

— Une visite serait plus convenable, dit-il

— Vraiment oui, mais tu ne vas pas te mettre sur le pied de faire visite au premier venu qui te demanderas ta fille. Écris, allons.

Et le comte se mit à écrire.

Retenant sa respiration, elle suivait les mots à mesure qu'il les traçait.

— C'est mieux que moi, dit-elle, c'est beaucoup

plus poli, beaucoup plus convenable, mais ça m'est égal, le fond y est : nous n'acceptons pas.

Et prenant la tête de son grand-père elle l'embrassa à plusieurs reprises à pleines lèvres.

Puis se saisissant de la lettre, elle la plia et la mit dans une enveloppe qu'elle scella du cachet des la Roche-Odon.

— Tu es si bien en train d'écrire et de si bonnes choses, dit-elle tout en éclatant de rire, qu'à ta place j'écrirais encore, mais cette fois au lieu de dire: « Nous refusons, » je dirais : « Nous acceptons, » et j'adresserais une seconde lettre au capitaine Richard de Gardilane.

— Nous n'en sommes pas là, hélas ! et en refusant d'assister à la procession du pèlerinage, M. de Gardilane a fait une chose terriblement grave, qui ne le rapproche pas de toi.

— Mais cette procession était une manifestation, grand-père.

— Raison de plus ; l'occasion était excellente pour montrer qu'il s'associait à nous; au contraire il a tenu à prouver qu'il s'en séparait de plus en plus.

Sans répondre, Bérengère prit la lettre sur laquelle son grand-père avait fini d'écrire l'adresse de madame Prétavoine, et quand le domestique qu'elle avait sonné entra, elle la lui tendit.

— Qu'on porte tout de suite cette lettre chez madame Prétavoine, dit-elle ; il n'y a pas de réponse.

IX

C'était beaucoup pour Bérengère d'avoir fait écrire, et d'avoir envoyé cette lettre à madame Prétavoine.

Cependant elle n'était pas encore rassurée de ce côté, tant était vive la crainte que madame Prétavoine lui inspirait.

C'eût été folie de chanter victoire.

Il fallait au contraire se tenir sur ses gardes, et attendre un retour offensif.

Mais elle veillerait sur son grand-père.

C'était à elle de protéger Richard.

C'était à elle d'assurer leur mariage.

Dans la position où il se trouvait, Richard ne pouvait rien.

Tandis qu'elle dans la sienne pouvait beaucoup, pouvait tout.

Ce rôle lui plaisait : n'était-ce pas prouver son amour aux yeux de celui qu'elle aimait?

On ne l'aurait pas mariée comme tant de jeunes

filles qui ne sont que des poupées, elle se serait mariée elle-même avec celui qu'elle avait choisi.

Cependant, contrairement à son attente, madame Prétavoine ne donna pas signe de vie.

Pas de visite.

Pas de lettres.

Pas même d'ambassadeurs venant en son nom pour renouer les négociations.

C'était trop beau pour être rassurant.

Et, au lieu de ce calme, au lieu de cette résignation à accepter la défaite, Bérengère eût été plus tranquille si elle avait eu à se défendre contre quelque tentative nouvelle.

Au moins elle eût su d'où venait le danger, elle l'eût vu, tandis qu'elle l'attendait de tous les côtés et ne le voyant nulle part, elle avait le pressentiment qu'il était partout et qu'un jour il ferait explosion.

Il n'était pas possible que madame Prétavoine renonçât ainsi à un mariage pour lequel elle avait déjà fait tant de sacrifices.

Ce calme assurément n'était pas la paix; c'était le recueillement d'un ennemi qui se prépare.

Elle préparait ses armes, elle cherchait des alliés; elle les attendait peut-être.

Quels seraient-ils? L'abbé Colombe, l'abbé Subileau, Mgr Guillemittes?

Et Bérengère allait ainsi d'une personne à une autre, d'une idée à une idée, et d'autant plus inquiète, d'autant plus effrayée, qu'elle ne trouvait rien de précis.

En rentrant d'Italie, l'abbé Colombe se rendit, à

peine arrivé, à la Rouvraye, car il avait trouvé une lettre du comte de la Roche-Odon qui le priait de passer au château, aussitôt que possible, pour une affaire importante et pressante.

Une affaire importante et pressante ? Assurément ce ne pouvait être que du mariage de mademoiselle Bérengère qu'il s'agissait : on l'avait attendu pour la publication des bans.

Avec quelle félicité il monterait en chaire pour annoncer qu'il y avait « promesse de mariage entre le capitaine de Gardilane et mademoiselle Bérengère de la Roche-Odon de cette paroisse. »

Ses prières avait été exaucées, l'âme de cet excellent jeune homme serait sauvée.

Oh! quelle joie bienheureuse pour tous, causerait cette miraculeuse conversion!

Pour tous, cela n'était pas exact; il y aurait une personne que ce mariage affligerait,— ce pauvre Aurélien.

Mais un chagrin charnel peut-il être mis en comparaison avec la céleste félicité qui résulte du salut d'un pécheur : c'était la brebis retrouvée, pour laquelle il y a beaucoup de joie.

Il faudrait que dans l'allocution qu'il adresserait aux deux jeunes époux agenouillés à la limite du sanctuaire, il glissât quelque délicate allusion à cette félicité.

Et tout en gravissant la côte qui de Bourlandais conduit à la Rouvraye, il se mit à penser à cette allocution, à la préparer ; en une circonstance aussi solennelle ce n'était pas trop tôt; il faudrait quelque chose d'achevé, et il était un si pauvre homme!

« Mes chers enfants, de même que Notre-Seigneur
» Jésus-Christ se maria avec son Église et se donna
» à elle pour la sanctifier et la purifier, de même... »

Tout à coup il s'interrompit.

Le chemin par lequel il montait à la Rouvraye était une cavée caillouteuse, étroite, et un obstacle se dressait devant lui, barrant le passage.

Il leva la tête : cet obstacle était un homme, et cet homme était le capitaine de Gardilane qui, après avoir passé comme tous les jours devant le château afin que Bérengère le vît au cas où il ne pourrait pas la voir lui-même, rentrait à Condé par une route autre que celle par laquelle il était sorti de la ville.

— Vous, capitaine ! s'écria l'abbé Colombe ; c'est vraiment l'aimable Providence qui vous offre à ma vue au moment même où je pensais à vous.

— Ah ! vous pensiez à moi, monsieur le curé !

— Avec félicité.

Et l'abbé Colombe lui prit les deux mains.

— Recevez mes compliments, mon cher capitaine ; vous voyez un homme bien heureux, vraiment plein de gratitude pour l'aimable Providence que nous devons remercier.

Le capitaine fixa sur lui des yeux si étonnés que le bon curé fut interloqué.

— J'ai été indiscret, se dit-il, je dois paraître ne rien savoir.

Et alors changeant le sujet de son discours :

— Ainsi vous vous êtes bien porté pendant mon absence, dit-il. C'est un grand bonheur que la santé corporelle.

— Et vous, monsieur le curé? répondit le capitaine, se demandant ce que pouvait signifier l'incohérence de ces paroles.

— Oh! mon cher monsieur, depuis mon départ, j'ai nagé dans une mer de joies spirituelles ; j'ai baisé de mes lèvres mortelles le *Sacro Catino*, j'ai adoré les écuelles dans lesquelles la Sainte-Famille prenait sa nourriture, j'ai reçu la paternelle bénédiction de notre Saint-Père.

— Enchanté que vous ayez fait bon voyage, monsieur le curé.

— Le paradis sur cette terre de larmes, mon capitaine.

Et de nouveau l'abbé Colombe lui serra les mains chaleureusement.

Puis ils se séparèrent, le capitaine descendant vers Condé, l'abbé Colombe montant vers la Rouvraye.

Mais l'abbé ne reprit pas son allocution où le capitaine l'avait interrompue; avant de penser à ce qu'il dirait aux jeunes époux, il était sage de préparer le compliment qu'il devait adresser au grand-père, afin de n'être pas pris à l'improviste; et il se mit à chercher quelques paroles bien senties, qui ne fussent pas seulement un cri du cœur, mais qui eussent encore une forme choisie.

« C'est pour un père un heureux jour que celui où... »

Et il parvint sans trop de peine, tant la joie l'inspirait heureusement, à tourner un compliment, dont il fut assez satisfait; un peu long il est vrai, mais il faut bien dire l'indispensable.

A sa grande surprise, le comte ne lui laissa pas le temps de débiter son compliment, et au moment où il commençait : « C'est un heureux jour... », M. de la Roche-Odon lui coupa la parole.

— Ma lettre a dû vous apprendre...

— Je ne voulais pas que grand-père excitât ainsi votre curiosité et peut-être votre inquiétude, dit Bérengère.

— Je n'ai pas été inquiet, dit l'abbé, j'ai été bien heureux.

— On vous a donc fait part des intentions de monseigneur? interrompit le comte.

— Monseigneur... c'est donc de monseigneur qu'il s'agit, et non du...

Il allait ajouter : et non du mariage de mademoiselle Bérengère... mais heureusement il put se retenir à temps..

Alors M. de la Roche-Odon, prenant la parole, lui raconta la visite de Mgr Guillemittes, ainsi que ce qui s'était passé et s'était dit dans cette visite.

A mesure qu'il parlait, la figure joyeuse de l'abbé se rembrunit ; elle montrait les marques de la plus profonde affliction quand le comte se tut.

— Ah ! monsieur le comte, et vous, mademoiselle, s'écria l'abbé Colombe, je vous en prie, intercédez auprès de monseigneur pour qu'il me décharge d'un pareil fardeau ; est-ce possible, moi curé d'Hannebault ! Non, non, *Domine, non sum dignus*.

— Monseigneur vous connaît mieux que personne, mon cher curé.

— Ni capable d'une telle fonction, ni digne d'une

telle grâce ; un pauvre homme, un bien pauvre homme je suis, voilà la vérité. Quelle responsabilité ! Et puis, je ne veux pas vous quitter, mon cher seigneur, ni vous, ma douce demoiselle.

La visite se passa ainsi.

L'abbé Colombe se défendant d'accepter Hannebault.

Le comte et Bérengère lui prouvant qu'il ne pouvait pas refuser.

— S'il faut obéir, certainement je n'entrerai point en révolte contre mon évêque vénéré, mais jamais, non jamais je n'accepterai volontairement.

Et il quitta la Rouvraye, pour aller à l'évêché plaider sa cause auprès de Mgr Guillemittes lui-même.

Dans tout cet entretien, le nom de madame Prétavoine ni celui du « bon jeune homme » ne furent pas même prononcés.

Bérengère avait donc eu tort de s'inquiéter de ce côté.

Mais une des probabilités qu'elle redoutait étant écartée, il n'en résultait pas qu'elle ne devait pas craindre les autres.

Qui pouvait savoir si ce n'était pas justement parce que madame Prétavoine ne pouvait pas se servir de l'abbé Colombe, comme elle le voulait, que celui-ci avait été envoyé à Hannebault ?

Si cela était, il fallait donc se défier de l'abbé Subileau, qu'on faisait venir à Bourlandais ; c'était peut-être lui qui allait être l'instrument de madame Prétavoine. Comment ? Dans quel but ? Auprès de qui ?

Elle ne le voyait pas. Mais quoi d'étonnant à ce qu'elle ne pût résoudre ces questions, elle ne connaissait ni le monde, ni la vie.

Le lendemain même, l'abbé Subileau se présenta au château pour faire sa visite à M. le comte de la Roche-Odon, et pendant cette visite elle ne quitta pas son grand-père.

Mais l'abbé Subileau ne parla pas plus de madame Prétavoine que l'abbé Colombe n'en avait parlé.

Il se contenta de s'étendre longuement sur la faveur qui lui était faite d'être envoyé à Bourlandais, faveur qu'il fit remonter au comte par un compliment bien tourné, et tel que l'abbé Colombe n'en eût jamais trouvé un pareil, même en le travaillant longtemps à l'avance; puis après avoir demandé au comte quelques renseignements sur l'esprit de sa nouvelle paroisse, il se retira sans qu'il fût possible de porter un jugement sur lui. Était-il bon? Était-il dur? Était-il faux? Il n'avait rien livré de son caractère ni de sa nature, rien si ce n'est une chose cependant, à savoir qu'il était capable de ne dire comme de ne laisser paraître que ce qu'il voulait bien qui fût connu. Esprit, caractère, manières, tout était étudié, enveloppé.

Cependant, si bien enveloppé que fût ce prêtre, et justement même parce qu'il l'était si soigneusement, il inspira à Bérengère un sentiment de répulsion et de défiance, comme si elle sentait en lui un ennemi.

Ils allaient l'avoir à leur table le jeudi, car son grand-père l'inviterait comme il avait invité l'abbé Colombe, et d'avance elle le voyait assis à sa place, la regardant de ses yeux insaisissables, lorsqu'elle parlerait à Richard, la troublant, la paralysant.

Mais, chose autrement sérieuse, autrement terrible, il allait être le confesseur de son grand-père. Quelle influence prendrait-il sur lui, et dans quel sens ; au profit de qui se servirait-il de cette influence ? Elle ne pourrait pas se mettre en tiers dans ce tête-à-tête du confessionnal. Et le vœu qu'elle avait fait de défendre Richard resterait impuissant au seuil de l'église.

Que faire ?

Tout bien examiné, il n'y avait qu'un moyen d'échapper aux dangers plus ou moins certains qu'elle pressentait : c'était de hâter le moment de son mariage, et d'arracher ainsi de force son grand-père aux influences et aux intrigues dont on allait l'envelopper.

Mais ce moyen, hélas ! n'était pas réalisable en ce moment.

Bien que la résistance de son grand-père eût faibli et faiblît encore chaque jour, les choses n'en étaient pas encore au point cependant où l'on pouvait espérer qu'il dît le oui définitif.

D'ailleurs, alors même qu'il consentirait à le dire le lendemain, ce oui si impatiemment attendu, tout ne serait pas encore fini, il resterait à obtenir le consentement de sa mère.

Elle ne pouvait plus maintenant se flatter de l'idée qu'il n'y aurait qu'à envoyer Richard à Rome pour qu'il le rapportât au bout de trois jours.

Comme elle parlait justement de ce consentement

à son grand-père (car maintenant ce qui se rapportait à son mariage faisait le sujet ordinaire de leurs entretiens), celui-ci lui avait expliqué combien c'était chose délicate de le demander et plus encore de l'obtenir.

— Je ne sais si tu pourras jamais être la femme de M. de Gardilane, lui avait-il dit, mais votre mariage fût-il décidé, qu'il ne pourrait pas se faire aussi vite que tu te l'imagines. Il nous faut, en effet, le consentement de ta mère, et ta mère ne le donnera pas, elle le vendra.

— Oh ! je t'en prie...

— Il faut bien dire les choses telles quelles sont, quand il n'y a pas moyen de les arranger. Voici comment ta mère raisonne : si je mourais demain, elle reprendrait sur toi la direction que la justice lui a enlevée, tu irais vivre près d'elle, ou bien elle viendrait vivre près de toi ; en tous cas, elle aurait l'administration de ta fortune, et elle s'arrangerait, tu penses bien, pour la garder le plus longtemps possible ; elle a donc grand intérêt, tu le vois, à ne pas consentir à ton mariage, puisque ce mariage, t'enlevant à son autorité lui enlèverait en même temps tes revenus. Il n'est donc pas possible de lui demander ce consentement à ton mariage, il faut le lui acheter.

Bérengère avait baissé la tête, pour cacher sa honte.

— Mais pour acheter il faut avoir de l'argent ; or je n'ai pas cet argent en ce moment, mais comme depuis que le bonhomme Painel m'a prouvé qu'il n'y avait que ce moyen possible pour obtenir ce consentement, je n'ai pensé qu'à réunir la somme nécessaire à son rachat ; mes mesures sont prises : j'ai signé des traités avec les frères Ventillard, et dans trois mois nous serons en état de dire à ta mère : « Donnant, donnant ; vous perdez la chance à telle somme en mariant votre fille, voilà cette somme. » Seulement il faut attendre encore trois mois, et c'est pour cela que je n'ai aucune hâte à me décider en faveur de Richard ou contre lui ; il y a une question qui prime cette décision à prendre, c'est la question d'argent ; j'aurais voulu abréger ces trois mois, car d'ici-là je peux mourir, mais cela m'a été impossible.

Trois mois ! Il fallait attendre trois mois. Et pendant ce temps, madame Prétavoine pouvait agir.

Sans cette crainte, elle eût facilement accepté ce délai, car au lieu d'être une gêne pour elle, il lui eût permis d'amener doucement son grand-père à accepter Richard tel que celui-ci était, et sans lui rien demander.

Mais pendant ces trois mois que ne ferait pas madame Prétavoine pour tourmenter, pour harceler son pauvre grand-père, et peut-être même pour le tuer?

Ses pressentiments ne tardèrent pas à recevoir une confirmation, qui, si elle ne frappa pas son grand-père, l'atteignit elle-même en plein cœur et à un endroit où elle se croyait invulnérable, dans son amour pour Richard.

Un mercredi, en rentrant d'une promenade qu'elle avait faite en voiture avec son grand-père et miss Armagh, elle trouva en belle place sur sa table à ouvrage une enveloppe dont l'adresse portait son nom.

Elle l'ouvrit.

Dans cette enveloppe se trouvaient plusieurs lettres couvertes d'une écriture fine, — évidemment une écriture de femme.

Machinalement elle les tourna et les retourna dans ses mains, se demandant ce que pouvait signifier cet envoi.

Le papier de ces lettres était froissé, les plis en étaient usés, et il était certain qu'elles étaient écrites depuis longtemps.

— C'est quelque invention de madame Prétavoine, se dit-elle.

Et elle les jeta au loin.

Mais bientôt la réflexion lui fit comprendre qu'il fallait savoir ce qu'était cette invention, afin de s'en défendre : peut-être s'agissait-il de sauver Richard d'un danger ?

Elle prit une de ces lettres et commença à la lire :

« C'est pour prolonger les heures trop courtes de
» notre rendez-vous que je t'écris, mon Richard
» adoré, mon beau lieutenant si tendre, si passionné. »

Cette fois, elle ne jeta pas la lettre au loin, mais elle la laissa glisser entre ses doigts inertes ; son cœur avait cessé de battre, la vie s'était arrêtée, un étourdissement, un engourdissement général l'avait saisie de la tête aux pieds, comme si elle allait mourir.

« Mon Richard adoré. »

Quand son cœur avait repris ses mouvements, c'étaient ces trois mots qui avaient résonné en elle à coups sourds qui la frappaient cruellement.

Ce n'avait été que longtemps après, par la réflexion,

qu'elle s'était dit que cela s'appliquait au passé, c'est-à-dire au temps où il ne la connaissait pas ; autrefois ; il y avait plusieurs années. Mais qu'importait ? une femme lui avait dit : « Mon Richard adoré. »

Et un abîme s'était ouvert devant elle, tout un monde d'idées, auquel elle n'avait jamais songé avant de lire ces quatre lignes, s'était révélé à son ignorance. La réalité avait abattu sa main brutale sur le voile virginal qui l'enveloppait et l'avait déchiré.

Honteuse pour lui, plus honteuse pour elle-même, il lui semblait qu'elle se trouvait jetée nue au milieu de la vie, car c'était la vie vraie dans laquelle elle venait d'entrer.

Elle ne poussa pas sa lecture plus loin.

Et le lendemain, à l'heure où elle devait rencontrer Richard chez Sophie, elle mit le paquet de lettres dans sa poche.

Quand Richard la vit entrer, il lut sur son visage convulsé que quelque chose de grave s'était passé en elle.

Il lui fit un signe ; de la même manière elle lui dit qu'elle avait à lui parler ! bientôt ils eurent quelques minutes de tête.

Elle lui tendit les lettres :

— Voici un poison avec lequel on a voulu me tuer, dit-elle tristement.

Il prit les lettres et resta atterré.

Ce fut elle qui la première reprit la parole pour expliquer comment elle avait trouvé ce paquet de lettres sur sa table.

— Qui a pu le placer là, je l'ignore, dit-elle; mais comment a-t-on pu le prendre chez vous?

Il l'ignorait aussi; il se croyait sûr de son domestique, mais des ouvriers menuisiers avaient travaillé dans son bureau.

— Nous sommes entourés d'ennemis qui ne reculent devant rien, dit-elle désespérément.

— Pas même devant votre pureté.

Et tirant un papier de sa poche, il le lui présenta.

Pour son bien et l'intérêt de son avenir, on avertissait M. de Gardilane que, s'il voulait faire une enquête dans l'île de Wight, à Newport, dans les hôtels *Bugle* et *Green Dragon*, il apprendrait des choses intéressantes sur le compte d'une jeune fille qu'il aimait, et par là, il comprendrait comment elle était si habile à donner des rendez-vous dans les sauts-de-loup et ailleurs.

— J'avais quatorze ans.

— Oh! ne vous défendez pas, chère ange; je ne vous ai montré cette lettre ignoble et bête que pour que vous compreniez ce que sont ces ennemis dont vous parlez. Mais ce n'est pas tout. Nous ne nous verrons plus ici, si vous le voulez bien. On fait courir des bruits que je ne peux pas vous répéter et qui me défendent de venir chez cette pauvre fille; elle n'a pas besoin de moi, d'ailleurs, puisqu'elle vous a. Ces bruits ne sont pas les seuls dont on me poursuive, et je suis maintenant un objet de mépris ou de méfiance pour une partie de la ville; de plus, on m'a dénoncé au général et au ministère, et il faut que je sois solidement établi pour n'avoir pas été poussé dehors ; mais cela viendra.

Trois jours après, ce fut M. de la Roche-Odon qui reçut une lettre d'un notaire du Midi ; on s'adressait à lui, à son honneur, à sa charité pour avoir des renseignements sur la position du capitaine de Gardilane. Et ces renseignements, bien entendu, on les lui donnait. Comment le capitaine ne payait-il pas les dettes de la succession de son père? Et l'on faisait l'énumération de ces dettes. Cela était d'autant plus incroyable qu'il avait touché de cette succession plus de huit cent mille francs. Tout avait-il été déjà dissipé?

M. de la Roche-Odon était dans une position où, malgré son estime et son amitié pour le capitaine, il ne pouvait pas résister à la tentation de l'interroger, il lui communiqua donc cette lettre.

— Dans huit jours, dit le capitaine, vous saurez la vérité avec preuves à l'appui, et vous verrez pourquoi je vous l'avais cachée.

Cette vérité, c'était que ces huit cent mille francs avaient été employés à une restitution que le père n'avait pas faite, mais que le fils, portant l'honneur et la probité plus haut que le père, avait voulu faire ; quant aux dettes de cette succession, il les avait payées chaque année, et ce qui restait serait éteint dans l'année courante.

— Vous avez des ennemis, mon cher enfant, dit le comte en lui serrant la main.

X

Ainsi rata l'effet attendu par ceux qui avaient dicté cette lettre au bon notaire du Midi : au lieu de s'éloigner du capitaine, M. de la Roche-Odon s'en rapprocha.

Quant à la lettre qui engageait Richard à aller faire une enquête dans l'île de Wight, elle ne pouvait avoir aucun résultat; il connaissait trop bien Bérengère, il l'aimait trop pour être sensible à de pareilles accusations; il fallait être réduit vraiment à une complète impuissance pour recourir à des inventions de ce genre.

Il n'y eut donc que le paquet de lettres volées chez le capitaine qui porta coup; mais encore ce coup ne fut-il pas ce qu'avaient dû espérer ceux qui l'avaient lancé.

Bérengère souffrit cruellement d'avoir lu les quatre lignes de ces lettres, mais elle ne rendit pas Richard responsable de cette souffrance.

S'il l'avait connue plus tôt, il n'eût aimé qu'elle, et il n'eût été aimé que par elle.

Pouvait-elle loyalement lui faire un crime de ce qui n'était pas sa faute?

Il avait expliqué comment les lettres avaient été conservées avec d'autres papiers de cette époque, et elle n'avait pas eu besoin de serments pour croire que cette liaison était brisée depuis longtemps, — elle savait bien, elle sentait qu'il n'aimait qu'elle.

Et cependant...

Cependant elle ne pouvait pas penser à ces quatre lignes sans que son cœur s'arrêtât de battre et sans qu'un frisson courût dans ses veines.

Elle fermait les yeux, mais cela n'empêchait pas qu'elle *le* vît, qu'elle *la* vît.

« Mon Richard adoré. »

Combien de temps l'avait-il aimée?

Avait-il vraiment été aimé par *elle?*

— Non, s'écria-t-elle dans le silence de la nuit, elle ne l'a pas aimé comme je l'aime.

Avait-il dans ses souvenirs de ce temps une journée qui valût l'heure qu'ils avaient passée aux ruines du temple?

Elle ne le croyait pas, elle ne l'imaginait pas.

Et cependant...

Cependant, après cette question, d'autres lui revenaient, puis après celles-là d'autres encore, et toujours, l'accablant, la ramenant, la maintenant à terre dans les sentiers fangeux de la réalité, l'empêchant de s'envoler sur les sommets radieux où elle planait avant cette fatale lecture.

Heureusement on s'était trompé de date dans l'envoi de ces lettres; quelques semaines plus tôt elles lui eussent causé des angoisses encore plus douloureuses que celles qu'elle endurait en ce moment; car alors, pleine de confiance dans l'avenir et de tranquillité dans le présent, elle n'avait qu'à penser à Richard, à vivre avec lui, continuellement, exclusivement, sans que rien vînt la préoccuper ou la distraire.

Ces lettres lui parvenant au milieu de ce bonheur, elles eussent été sans cesse ouvertes devant ses yeux, qui toujours eussent lu et relu les lignes fatales :

« C'est pour prolonger les heures trop courtes de
» notre rendez-vous que je t'écris, mon Richard
» adoré. »

Mais cette tranquillité du présent, elle n'en jouissait plus à cette heure, et si comme autrefois elle pensait continuellement à Richard, ce n'était plus comme autrefois, exclusivement.

Maintenant une personne venait se placer entre eux, — la terrible madame Prétavoine, dont elle avait si grande peur.

Et par elle son esprit se trouvait entraîné et distrait : si elle pensait toujours à Richard, ce n'était pas à Richard aimé par une autre, mais à Richard persécuté, menacé.

De là une sorte de soulagement.

Il est vrai que ce soulagement ne l'arrachait à un tourment que pour la jeter dans un autre.

Qu'inventerait maintenant madame Prétavoine ?

De quel côté les attaquerait-elle ?

Par quels moyens continuerait-elle l'exécution de son plan ?

Les jours, les semaines s'écoulèrent, sans que les dangers dont elle se sentait enveloppée et menacée, se manifestassent d'une façon ostensible et directe.

Mille petites choses lui révélaient que ces dangers étaient imminents, et cependant lorsqu'elle marchait dessus hardiment, ils échappaient à sa main qui voulait les saisir comme un feu follet.

Après ces lettres envoyées à son grand-père, à Richard et à elle-même, la première attaque qu'elle eut à subir et qui lui révélât bien nettement que ses pressentiments ne la trompaient pas, lui vint de l'abbé Colombe.

Les changements annoncés par Mgr Guillemittes s'étaient accomplis.

L'abbé Colombe avait quitté Bourlandais pour Hannebault.

Et l'abbé Subileau était venu d'Hannebault à Bourlandais.

L'évêque avait voulu lui-même présider à ces deux cérémonies, — à l'une par amour pour l'église qu'il avait construite, à l'autre par considération pour le comte de la Roche-Odon; et le seul fait de sa présence leur avait donné une pompe extraordinaire. Venant officiellement à Bourlandais, il ne pouvait être reçu qu'au château de la Rouvraye, et un grand dîner avait réuni à la table du comte les deux curés, celui qui partait et celui qui arrivait, ainsi que les personnes les plus illustres du diocèse, soit par la naissance, soit par la position, les préfets et les députés bien pensants du département, les hautes autorités de Condé, le général commandant la circonscription, et, bien entendu, le capitaine de Gardilane que Bérengère avait tenu à faire inviter, se promettant de le traiter de telle sorte que tout le monde le reconnût pour son futur mari.

La présence du capitaine et l'absence de madame Prétavoine ainsi que celle du camérier de Sa Sainteté avaient été l'événement de ce dîner. Cela avait paru si extraordinaire aux amis de madame Prétavoine (et c'était le plus grand nombre de ceux qui composaient cette assemblée), que jusqu'au moment où l'on était passé des salons dans la salle à manger, ils avaient regardé vers la porte pour voir si cette bonne madame Prétavoine et son fils n'entraient pas. Le général s'était fait l'écho de cette surprise en interrogeant franchement Mgr Guillemittes.

— Est-ce que nous n'aurons pas le plaisir de voir madame Prétavoine? J'aurais été heureux de lui présenter mes compliments à l'occasion de la faveur que notre Saint-Père vient d'accorder à son fils, qui est vraiment un charmant jeune homme.

— Je ne crois pas, avait répondu l'évêque, qui savait à quoi s'en tenir.

— C'est dommage.

— Elle sera très-sensible à votre souvenir, je le lui transmettrai.

Bien que la qualité des convives n'eût pas permis à Bérengère de placer Richard près d'elle comme aux dîners du jeudi, elle s'était adressée à lui si souvent, et elle lui avait si souvent témoigné sa préférence, que

8.

ceux-là même qui ne se doutaient de rien, s'étaient demandés si ce n'était pas à un dîner de fiançailles qu'ils assistaient.

— Est-ce que le mariage de mademoiselle Bérengère et de M. de Gardilane est arrêté?

— Je ne l'ai pas entendu dire, mais je le croirais volontiers.

— Vous savez que mademoiselle de la Roche-Odon adore le capitaine de Gardilane?

— Elle ne s'en cache pas.

Non-seulement elle ne s'en était pas cachée, mais encore elle avait affecté de le montrer, faisant violence à ses sentiments de retenue et de discrétion.

Plusieurs fois elle avait remarqué les yeux de son grand-père fixés sur elle avec inquiétude et chagrin, mais elle avait feint de ne pas les voir ou de ne pas comprendre leur expression.

Quelques jours après ce dîner, qui avait produit une si vive émotion dans la société de Condé, arrivait une des grandes fêtes religieuses de l'année, que Bérengère avait coutume de célébrer en accomplissant ses devoirs religieux.

Et, à cette occasion, elle avait écrit à l'abbé Colombe pour lui demander s'il pourrait l'entendre à son confessionnal la veille de cette fête, en le priant de lui dire l'heure à laquelle elle pourrait s'y présenter.

Le lendemain, au lieu de recevoir une réponse du doyen d'Hannebault, elle avait vu l'abbé Colombe arriver avec une figure plus embarrassée et une attitude plus contrainte que jamais.

Comme il avait remplacé sa soutane de drap roussi

par une belle soutane neuve, et ses gros souliers à cordons de laine par des escarpins à boucles d'argent, elle se dit qu'il était sans doute gêné par cette luxueuse tenue qui exhalait comme un diabolique parfum de coquetterie.

Et de fait il restait debout, sans savoir comment se débarrasser du beau chapeau lustré qu'il portait dans ses deux mains, comme il l'eût fait du Saint-Sacrement.

Elle le lui prit, et l'ayant posé sur une console avec tout le respect dû à une si belle chose, elle l'obligea enfin à s'asseoir.

— Vous m'avez fait l'honneur de m'écrire, ma bien chère demoiselle, et je vous apporte ma réponse.

— Que ne me l'avez-vous envoyée par la poste, monsieur le doyen, au lieu de prendre la peine de me l'apporter vous-même ; il ne s'agit plus soulemen de monter la côte.

— C'est vrai, s'écria l'abbé Colombe avec volubilité comme si elle venait de lui tendre la perche qui devait le sauver du trou dans lequel il était tombé ; c'est vrai, la distance est longue de la Rouvraye à Hannebault, et c'était ce que je venais vous représenter.

— Pourquoi cela, monsieur le doyen ?

— Dame... pour que vous réfléchissiez si vous pourrez faire cette course toutes les fois que vous voudrez vous approcher du saint tribunal de la pénitence.

— Mais ce seront mes poneys qui la feront, et cela leur sera agréable, je vous assure ; je ne les promène pas assez.

— Sans doute, mais enfin, cependant, je veux dire...
Bérengère fut fixée.

Elle interrompit l'abbé Colombe :

— Monsieur le doyen, vous venez me demander de ne pas me confesser à vous.

Il fut positivement décontenancé, et il la regarda avec une stupéfaction qui en toute autre circonstance eût bien fait rire Bérengère.

— Comme ces personnes du sexe ont de la malice, se disait-il, positivement il y a quelque chose de diabolique dans la femme, même dans la meilleure.

Comme il ne répondait rien à l'exclamation de Bérengère, celle-ci continua :

— Et en même temps vous venez me demander de prendre M. l'abbé Subileau pour confesseur.

Le bon doyen fit un saut sur son fauteuil.

— Elle lit donc dans ma tête? se dit-il.

Et il resta à la regarder de plus en plus nterdit.

— Est-ce vrai? demanda Bérengère.

L'abbé Colombe était incapable de ne pas répondre nettement et franchement à une question nettement posée.

Il avait voulu être habile, mais il n'avait pas réussi; quoi d'étonnant à cela, il était un si pauvre homme et les personnes du sexe sont si fines !

— Certainement, dit-il, c'est pour moi un grand chagrin d'abandonner la direction d'une conscience telle que la vôtre. Mais avant de penser à nos chagrins ou à nos satisfactions, il faut penser aux chagrins des autres. Vous n'avez pas réfléchi, n'est-ce pas, mon enfant, au chagrin que vous pouviez causer à M. l'abbé Subileau.

Les choses étaient bien ainsi que Bérengère les avait prévues.

— Songez quelle mortification ce serait pour lui; songez à l'exemple !

— Monsieur le doyen, interrompit Bérengère, refuserez-vous de m'entendre, si je vais m'agenouiller à votre confessionnal ?

— Je ne puis refuser personne.

— Alors, je vous en prie, restons-en là ; vous avez fait en faveur de M. l'abbé Subileau tout ce que vous pouviez, mais vous vous heurtez à une volonté arrêtée, à un entêtement, si vous voulez, et vous me connaissez assez pour savoir que je ne céderai point ; je me confesserai à vous, monsieur le doyen, comme je me suis toujours confessée, ou je ne me confesserai pas du tout.

— Pouvez-vous parler ainsi, mon enfant, vous si pieuse...

— Je ne crois pas commettre un péché en affirmant nettement ma volonté de me confesser à vous ; si je me trompe, mon père, vous me ferez comprendre mon erreur.

Bérengère avait grande envie de questionner l'abbé Colombe, de le confesser, pour savoir qui lui avait inspiré cette démarche ; mais elle ne se sentit pas assez maîtresse d'elle-même pour risquer un entretien sur un pareil sujet ; et puis, d'autre part, un sentiment de respect pour ce bon prêtre qu'elle aimait, la retint.

L'abbé Colombe s'en alla désolé de n'avoir rien pu

obtenir, et de plus en plus convaincu qu'il n'était qu'un pauvre homme tout à fait indigne des hautes fonctions dont on l'avait chargé. Ah! qu'il eût été plus heureux dans un pauvre village, le plus humble du diocèse, n'ayant affaire qu'à des âmes simples et à des esprits incultes ; c'était là sa vraie place.

Bien que Bérengère n'eût point osé le questionner, elle était certaine qu'il avait obéi à une suggestion de l'abbé Subileau, lequel avait obéi lui-même à l'inspiration de madame Prétavoine.

Ainsi s'affirmait le plan qu'elle avait deviné.

On voulait la diriger comme on dirigeait déjà son grand-père, et cela pour le plus grand bien de l'Église dont « le bon jeune homme » était le champion, et Richard l'ennemi.

Le soir même, son grand-père lui apporta la confirmation de ses soupçons.

— J'espère que tu penses à ta confession, mon enfant?

— Oui, grand-père.

— Et j'espère aussi que tu ne persistes pas dans ton idée de te confesser à l'abbé Colombe.

— Au contraire, grand-papa, j'y persiste de plus en plus.

— Songe, mon enfant, au chagrin que tu vas causer à M. l'abbé Subileau ; songe quelle mortification ce serait pour lui : tu le connais maintenant, tu sais que c'est un excellent prêtre...

Elle leva la main pour interrompre.

— J'ai reçu aujourd'hui la visite de M. l'abbé Colombe, dit-elle, à qui j'avais écrit pour lui demander quand je pourrais m'agenouiller à son confessionnal ; sais-tu ce qu'il m'a dit ?

— Qu'il ne pouvait t'entendre.

— Il m'a dit ce que tu viens de me dire toi-même.

— Cela prouve que j'ai raison.

— Et il me l'a dit dans les mêmes termes que tu viens d'employer, que je devais songer au chagrin que je causerais à M. l'abbé Subileau et quelle mortification ce serait pour lui.

— Eh bien, cela ne t'a pas convaincue.

— Au contraire, grand-père, cela me détermine de plus en plus à n'avoir pas d'autre directeur que l'abbé Colombe.

M. de la Roche-Odon la regarda longuement, jusqu'au fond de l'âme.

— Sais-tu que cette obstination à ne pas vouloir changer de confesseur, dit-il enfin d'une voix lente, qui hésitait et par moment tremblait, sais-tu que cette obstination à ne vouloir te confesser qu'à un prêtre auquel tu te confesses depuis longtemps, peut susciter de mauvaises pensées et d'étranges interprétations ?

Elle resta interdite, se demandant évidemment ce que signifiaient ces paroles et ce qu'elle devait comprendre.

Puis, tout à coup, elle s'approcha de son grand-père et à son tour elle le regarda longuement, comme il l'avait regardée, au fond de l'âme.

Mais devant ce regard limpide, le vieillard, qui connaissait la vie, fit ce que n'avait pas fait l'enfant ignorante et innocente.

Alors elle recula de deux pas, le visage empourpré par la honte, et d'une voix brisée :

— Toi ! s'écria-t-elle, toi qui me connais ! toi mon grand-père ! c'est toi qui viens de parler ainsi ! qui viens de me soupçonner, de m'accuser ! toi !

Et pendant quelques secondes elle le regarda la tête haute.

Il n'avait pas relevé les yeux et il avait gardé son attitude accablée, comme s'il était confondu par la justesse de ces paroles.

Alors elle sentit s'élever dans son cœur un sentiment de pitoyable tendresse, et aussitôt, revenant à lui, elle le prit dans ses deux bras :

— Non, s'écria-t-elle, ce n'est pas toi qui as parlé ; non, ces soupçons ne sont pas nés là.

Elle lui posa la main sur le cœur.

— Pardonne-moi, cher grand-papa, d'avoir pu le croire.

Puis se jetant à genoux afin de pouvoir rencontrer ses yeux, car il tenait toujours sa tête baissée :

— Dis-moi que tu me pardonnes, répéta-t-elle, les paroles qui viennent de m'échapper ; je te jure que je ne crois pas que ces soupçons soient de toi.

Leurs yeux se rencontrèrent.

Alors ce fut l'accusateur qui se reconnut coupable.

— Ce n'est pas à moi, dit-il, c'est à toi de pardonner.

Et à son tour, la prenant dans ses bras, il l'embrassa ; elle sentit ses joues mouillées par les larmes.

Elle eût pu profiter de cette faiblesse pour l'interroger et le faire parler ; mais elle portait trop haut le sentiment de la dignité paternelle pour vouloir qu'il s'accusât, qu'il s'humiliât.

Doucement elle se dégagea :

— Qu'il ne soit plus question de cela, dit-elle, oublions les paroles qui nous ont échappé.

Et elle se dirigea vers la porte.

— Tu me quittes! s'écria-t-il.

— On va sonner le dîner; donne-moi le temps de m'arranger un peu.

Et elle sortit.

Ce n'était point s'arranger qu'elle voulait, c'était laisser à son grand-père le temps de se remettre, c'était surtout couper court à des explications qui pour lui ne pouvaient être que pénibles et humiliantes.

Que lui eussent-elles appris ces explications, douloureuses pour lui aussi bien que pour elle?

Rien qu'elle ne sût déjà tout aussi bien, qu'elle ne crût tout aussi fermement que si son grand-père lui en avait fait l'aveu.

C'est-à-dire que la pression qu'on exerçait sur elle pour l'amener à prendre l'abbé Subileau pour confesseur était l'œuvre de l'abbé Subileau lui-même.

Et aussi que les infâmes soupçons qu'on avait semés dans l'esprit de son grand-père venaient de la main de ce même abbé Subileau.

Ce qui s'était dit entre eux, elle n'avait pas besoin qu'on le lui répétât, elle le savait.

— Si votre fille ne veut pas changer de confesseur, n'est-ce pas parce qu'elle a fait à l'abbé Colombe un aveu qu'elle n'ose pas répéter à un second prêtre, pour s'épargner une honte nouvelle?

Si cela n'avait pas été dit en ces termes précis, cela au moins avait été habilement insinué.

Et l'on avait si bien manœuvré, que son grand-père en était arrivé à admettre la possibilité d'un pareil soupçon et à oser le formuler lui-même.

Jusqu'où n'irait-il pas maintenant, ce prêtre qui, la première fois qu'elle l'avait vu, lui avait inspiré un sentiment d'antipathie et de répulsion?

Bien qu'il ne fût que depuis peu de temps le confesseur du comte, il avait déjà pris une influence qui se manifestait dans mille petites choses de la vie et qui bientôt sans doute s'affirmerait dans les grandes.

Ainsi à table, le jeudi, le comte lui témoignait une déférence qu'il n'avait jamais eue pour l'abbé Colombe; car si plein de respect qu'il eût toujours été pour la sainteté du bon abbé, il n'avait jamais éprouvé aucun scrupule à le contredire; tandis que de l'abbé Subileau, il acceptait sans discussion des idées et des opinions contraires à celles de toute sa vie; et si parfois il se permettait une légère objection à ces idées, il le faisait avec une sorte de timidité, comme s'il lui demandait pardon de la liberté grande qu'il osait prendre.

Cela était d'autant plus frappant que l'abbé Subileau procédait d'une façon complétement opposée, déployant en toute occasion son drapeau d'une main ferme, sans accorder la plus légère concession, sans faire un seul pas en arrière, comme s'il avait conscience de son infaillibilité.

Et toujours dans ses discussions il s'arrangeait habilement pour y mêler Richard, et pour l'obliger à se prononcer d'une manière qui devait peiner le comte et le blesser dans ses convictions les plus chères.

Richard se défendait, employait tous les moyens pour se dérober, mais enfin arrivait le moment où sous peine de lâcheté, il fallait bien qu'il parlât avec franchise et lâchât précisément le mot grave pour lequel l'abbé Subileau avait engagé l'entretien.

Jusqu'où iraient les choses ainsi?

C'était ce qu'elle se demandait avec angoisse, — non pour elle, car si l'on pouvait la faire souffrir on ne pouvait changer ses sentiments, — mais pour son grand-père.

X

Elle était désormais préparée à tous les coups.

Mais c'était de madame Prétavoine qu'elle les attendait, ou tout au moins de ceux qui étaient les instruments de madame Prétavoine.

De ce côté rien ne l'étonnerait, le passé ne lui laissant que trop facilement deviner l'avenir.

Mais elle n'avait pas prévu, elle n'avait pas pensé qu'il lui en viendrait du côté même de Richard ; ce fut cependant ce qui arriva.

Les travaux de la cartoucherie s'ajoutant à ceux des casernes, le personnel militaire placé sous les ordres du capitaine pour le service de la surveillance et des bureaux avaient été augmenté, et dans le nombre des employés s'était trouvé un maréchal des logis nommé Dupin, dont le capitaine avait fait son homme de confiance.

C'était un Parisien, à l'intelligence vive et déliée ; bon enfant, gai, spirituel, et qui eût été aimé de tous si son caractère frondeur et volontaire ne lui avait attiré trop souvent des réprimandes de la part de ses supérieurs et des querelles avec ses égaux; mais ce caractère entier s'étant plié à la façon de commander du capitaine, un attachement réciproque s'était établi entre eux; Dupin était toujours prêt à tout faire pour son capitaine, et celui-ci témoignait en toute occasion à son maréchal des logis une entière confiance ainsi qu'une reconnaissante affection.

Un jeudi que Dupin assistait au levage d'une ferme en fer, un cordage qui soulevait cette ferme avait cassé, et deux des charpentiers qui travaillaient à cette opération s'étaient trouvés en danger d'être écrasés; Dupin s'était élancé à leur secours, sans se laisser retenir par la considération du péril auquel il s'exposait, mais à ce moment le second cordage avait cassé à son tour, et Dupin avait eu les deux jambes broyées.

Quand on l'avait retiré de dessous la ferme, il était sans connaissance; mais bientôt il était revenu à lui, et son premier mot avait été pour demander son capitaine.

Précisément, celui-ci arrivait en courant.

— Mon pauvre Dupin !

— C'est ma faute, mon capitaine; n'accusez personne.

— On va vous amener un médecin.

— Ce n'est pas la peine, j'ai mon compte, et c'est pour ça que je vous ai appelé; il faut que vous me promettiez qu'on me laissera mourir tranquille.

— Est-ce qu'il est question de mourir?

Le blessé secoua la tête.

— Je sais ce qui en est : dans quelques heures ça sera fini ; ah ! pour sûr, c'est dommage, mais il faut se faire une raison ; et si vous me promettez, mon capitaine, qu'on ne me tourmentera pas, cela m'adoucira les dernières heures qui me restent à vivre.

— Et qui voulez-vous qui vous tourmente, mon pauvre garçon ?

— L'aumônier, les curés, est-ce que je sais ? Je n'en veux pas.

— Mais mon pauvre Dupin !...

— Mon capitaine, je sais ce que je dis, vous voyez bien que j'ai ma raison ; bientôt peut-être je ne l'aurai plus, mais pendant que je l'ai, je vous dis ce que je veux, pour que vous me défendiez, car je ne pourrais pas me défendre tout seul.

— Mais ce que vous me demandez là est très-grave.

— J'ai bien réfléchi à cela depuis longtemps, je sais ce que je demande ; mon grand-père est mort comme je veux mourir, mon père mourra comme ça ; je veux mourir comme eux, sans prêtres à mon lit, sans prêtres à mon enterrement. Vous écrirez cela à mon père ; si ça ne le console pas, ça lui sera cependant un soulagement.

Le capitaine ne répondit pas.

— Si mon père était là, continua le blessé, il me défendrait, lui ; mais je serai mort avant qu'il arrive ; ne remplacez-vous pas mon père auprès de moi, mon capitaine ; vous qui représentez le régiment qui était ma famille, m'abandonnerez-vous ?

Le brancard et le matelas qu'on avait été chercher étaient arrivés ; on prit le blessé pour le transporter dans le bureau des travaux; et cela interrompit sa prière.

Mais en route, comme le capitaine marchait près de lui, il la reprit.

Puis quand on l'eut installé dans le bureau, il la continua.

Et comme le capitaine hésitait encore à lui faire cette promesse, Dupin demanda une plume et du papier.

— Si j'écris ma dernière volonté vous la ferez exécuter, n'est-ce pas, mon capitaine ?

Le capitaine avait le respect de la liberté, de toutes les libertés, aussi bien de la liberté religieuse que de la liberté irréligieuse, et il trouvait tout aussi légitime qu'on voulût les prières de l'Église qu'on les refusât; c'était affaire de conscience qui ne regardait personne, excepté celui qui affirmait sa volonté. S'il n'avait pas fait à Dupin la promesse que celui-ci réclamait, ce n'était donc point parce qu'il blâmait cette demande, car il ne se reconnaissait pas plus le droit de la blâmer que de l'approuver. Dupin était un homme intelligent, jusqu'à un certain point instruit, assez en tout cas pour savoir ce qu'il faisait; — c'était parce qu'il pensait à Bérengère et surtout à M. de la Roche-Odon, qu'il hésitait.

Que dirait le comte quand il apprendrait que son futur gendre avait empêché un prêtre d'assister un soldat mourant?

Que répondrait-il aux clameurs qui allaient s'élever dans la ville, poussées par madame Prétavoine et ses puissants amis ?

Alors même qu'on pourrait faire comprendre au comte pour quelles raisons la volonté de ce soldat avait été respectée, serait-il possible de le soustraire aux pieuses influences qui allaient l'envelopper, — celles-ci indignées, celles-là éplorées ?

Il voyait, il sentait combien facile il serait d'exploiter contre lui le concours que ce pauvre Dupin implorait.

De là ses hésitations en face de ce danger.

Mais il arrive un moment où l'hésitation en face du danger, devient de la lâcheté.

A Borny, à Rezonville, à Saint-Privat, il avait aussi vu le danger très-nettement au milieu des obus qui le couvraient, le mitraillaient, et il n'avait pas hésité à faire son devoir.

N'avait-il pas maintenant un devoir à remplir envers cet homme qui était son soldat ?

C'était à son officier qu'il s'adressait ce pauvre mourant :

« Mon capitaine, vous qui représentez le régiment, qui était ma famille. »

Ces mots l'avaient bouleversé.

Pouvait-il lui répondre :

— Il a danger pour moi à faire ce que vous me demandez, je ne le ferai point, bien que ma conscience reconnaisse que vous avez le droit d'affirmer votre volonté; en toute autre circonstance je vous défendrais, mais aujourd'hui cela me compromettrait.

Était-ce là le langage d'un officier auquel un soldat mourant adresse sa dernière prière, était-ce la réponse d'un homme de cœur, d'un homme d'honneur?

S'il avait demandé une chose à Dupin, celui-ci ne lui eût pas répondu : « Il y a du danger, mon capitaine »; il l'eût faite sans hésiter.

Comme Dupin allait prendre la plume qu'on lui tendait, le capitaine lui arrêta la main :

— N'écrivez pas, dit-il, il sera fait ainsi que vous désirez.

— Ah ! mon capitaine...

L'arrivée du docteur Evette arrêta les remerciements du blessé.

— Eh bien ? demanda le capitaine lorsque l'examen du médecin et le pansement furent terminés.

— Le pauvre garçon est perdu; il est inutile de le transporter à l'hôpital, il mourrait en chemin; le médecin est inutile ; c'est un prêtre qu'il lui faut

Le capitaine reçut le coup sans broncher.

— Il ne veut pas de prêtre, dit-il.

— Mais c'est abominable! s'écria le docteur Evette, je vais doucement le préparer à cette idée.

— Il m'a demandé de lui promettre que je lui épargnerais toute lutte à ce sujet; et je dois tenir ma promesse.

— Mais capitaine...

Le docteur Evette, médecin du clergé, ne pouvait être que profondément scandalisé par une pareille parole, et son premier mouvement fut de se lancer dans un discours qui persuaderait le capitaine qu'il était impossible, que lui, officier de ce misérable soldat, n'usât pas de son autorité pour l'obliger à recevoir un prêtre; mais après les deux premiers mots, il s'arrêta brusquement.

9.

— Je vais vous envoyer un prêtre, dit-il.

— Je lui ferai la même réponse qu'à vous, docteur.

— Ma responsabilité sera dégagée et la vôtre commencera, capitaine.

Le docteur Evette parti, le capitaine retourna auprès du blessé.

— Vous voyez, mon capitaine, dit celui-ci, que je ne me trompais pas, le médecin ne m'a pas coupé les jambes, il n'y a rien à faire.

— Voulez-vous voir votre père ? demanda le capitaine qui ne pouvait pas répondre au moribond qu'il se trompait.

— Oh ! oui, je le voudrais bien ; mais le pauvre père n'arriverait-il pas trop tard ? et puis, mon capitaine, je ne sais vraiment pas s'il aura l'argent du voyage.

— Je vais lui expédier une dépêche pour le prévenir et pour qu'il touche la somme qui lui sera nécessaire ; par ce moyen il pourra être ici dans la nuit.

— Mon capitaine, dit Dupin d'une voix que l'émotion faisait trembler, voulez-vous me donner votre main ?

Le père du pauvre Dupin arriverait-il en temps pour trouver son fils vivant ?

Pour le capitaine, la question était capitale, car par le fait seul de cette arrivée sa responsabilité se trouvait dégagée : c'était le père qui défendrait son fils.

Mais, avant cette arrivée, le prêtre envoyé par le docteur Evette se présenta et ce fut le capitaine qui le reçut ; l'entretien fut long ; le capitaine ne céda pas. Avec calme, mais avec fermeté, il expliqua qu'il exécutait un engagement qui lui avait été demandé et qu'il avait dû prendre.

De guerre lasse, le prêtre se retira.

S'attendant à de nouvelles visites, le capitaine ne voulut pas quitter son mourant et il écrivit à M. de la Roche-Odon pour s'excuser de ne pas aller dîner à la Rouvraye.

Cependant ces visites sur lesquelles il comptait ne se produisirent point.

Au commencement de la soirée, le blessé mourut.

Et dans la nuit seulement son père arriva.

Le capitaine croyait sa tâche finie, mais elle ne l'était point.

C'était le père du maréchal des logis qui s'était chargé des formalités à remplir pour l'enterrement, mais la fabrique de la paroisse Saint-Protais, sur le territoire de laquelle la mort avait eu lieu, refusa le matériel dont elle était propriétaire pour procéder à l'*enfouissement* civil d'un homme qui avait refusé les secours de l'Église.

Il fallut que le capitaine intervînt, mais partout il fut éconduit ou repoussé ; le sous-préfet l'abandonna ; le maire lui suscita des embarras de toutes sortes.

Ce furent des hommes du chantier qui le matin, à six heures, portèrent le mort au cimetière, sur des bâtons qu'ils avaient façonnés eux-mêmes.

Derrière le cercueil, auprès du père, marchait le capitaine en grand uniforme, et derrière lui venaient les soldats placés sous ses ordres; puis ensuite un cortège d'une centaine d'habitants de Condé qui avaient eu le courage d'assister à un *enfouissement*.

Quel scandale !

XII

Quelle joie pour madame Prétavoine quand elle apprit l'accident des casernes.

Ce fut le docteur Evette qui lui en apporta la nouvelle.

Sans être le confident de madame Prétavoine, le médecin était trop de son entourage pour ne pas savoir quel but elle poursuivait; car, si ce but avait été longtemps caché dans une obscurité protectrice, il s'était peu à peu dégagé aux yeux des curieux, et depuis qu'Aurélien avait été créé comte du pape, tout le monde savait que « le bon jeune homme » avait l'ambition d'épouser mademoiselle de la Roche-Odon. De même on savait encore que le plus sérieux obstacle à ce mariage était le capitaine de Gardilane qui, disaient les bonnes âmes, avait eu l'adresse diabolique de se faire aimer par cette pauvre petite Bérengère ; si ce capitaine n'avait pas été un sacripant dont l'impiété effrayait le vieux comte, il serait devenu depuis longtemps déjà le mari de cette innocente Bérengère, plus aveugle que coupable.

C'étaient ces considérations qui avaient arrêté le docteur Evette dans le discours qu'il allait adresser au capitaine, pour lui démontrer qu'il était impossible de laisser mourir sans confession un pauvre soldat, dont l'intelligence, abêtie par les mauvaises lectures et les sales journaux, ne savait pas ce qu'elle voulait.

Empêcher un pareil scandale n'était-ce pas faire acte d'hostilité contre madame Prétavoine?

En effet, si le capitaine de Gardilane s'opposait à ce qu'un prêtre arrivât jusqu'au moribond, il était bien certain qu'une action aussi abominable indisposerait fortement M. de la Roche-Odon contre lui et très-probablement même le fâcherait.

Et le docteur, en homme avisé, en ami dévoué de madame Prétavoine, à qui il devait sa position à Condé, s'en était tenu aux deux premiers mots de son discours, qui avaient échappé à l'inconséquence d'un premier mouvement, toujours imprudent et par là toujours mauvais.

En sortant des casernes, il s'était rendu chez le curé de Saint-Protais pour le prévenir du malheur arrivé dans sa paroisse, puis, bien vite, il avait couru chez cette bonne madame Prétavoine qui, par bonheur, s'était trouvée chez elle.

Mais il n'était pas assez naïf pour lui dire franchement les raisons qui l'avaient déterminé à la prévenir de ce qui se passait : elle eût pu trouver, elle eût certainement trouvé mauvais qu'on se permît de deviner ainsi ses affaires. D'ailleurs elle était femme à comprendre à demi-mot. En tout cas il était bien certain qu'elle serait plus touchée, et partant plus reconnaissante d'un service rendu discrètement, que grossièrement et bêtement.

— Je viens vous apprendre un affreux malheur arrivé aux casernes, dit-il.

— Est-ce que le capitaine serait tué? pensa madame Prétavoine; la Providence me devait bien cela.

— Un soldat, un simple sous-officier a été écrasé.

Un soldat, un sous-officier, qu'est-ce que cela faisait à madame Prétavoine ?

Cependant, après le premier moment de déception, et il fut amer, elle redevint attentive à ce que lui disait le docteur, car elle savait qu'il n'était point un bavard, parlant pour le plaisir bête de raconter des nouvelles.

— Le pauvre malheureux, continuait le docteur, n'est pas mort sur le coup, mais il n'a que quelques heures à vivre. Dans ces conditions, j'ai averti son chef, M. le capitaine de Gardilane, que ce n'était point un médecin qu'il fallait à ce moribond, mais un prêtre.

— C'est là le devoir du médecin chrétien.

— Mais il paraît que cet infortuné jeune homme, qui est un Parisien, a été élevé dans de détestables principes, et il ne veut pas recevoir les secours suprêmes de notre sainte religion.

— Ah! mon Dieu! s'écria madame Prétavoine en levant au ciel ses mains indignées.

— Il a fait promettre à son capitaine que celui-ci empêcherait un prêtre d'approcher de son lit de mort ; et M. de Gardilane, se croyant lié par cette promesse, veut la faire exécuter.

— Ah ! vraiment ! s'écria madame Prétavoine qui commençait à comprendre, et qui dans sa surprise ne fut pas maîtresse de retenir cette exclamation peu congruente à un sujet aussi grave.

— J'ai néanmoins averti M. le curé de Saint-Protais, puis je suis accouru ici pour vous prévenir.

Le docteur fit une pause pour juger de l'effet de ses paroles.

— Me prévenir, moi ! dit madame Prétavoine.

— Sachant que vous vous rencontriez souvent avec le capitaine de Gardilane chez M. de la Roche-Odon, et concluant de là que vous portiez intérêt à ce jeune officier ; d'autre part, sachant quel est votre zèle pour notre sainte religion menacée par un scandale abominable, j'ai cru que je devais vous avertir de ce qui se passait.

Madame Prétavoine regardait le docteur de ses yeux perçants, cherchant à démêler ce qu'il y avait dans ces paroles, qu'elle n'était pas assez simple pour prendre au pied de la lettre.

— Je vous remercie, dit-elle enfin pour dire quelque chose.

— J'ai pensé, continua le docteur, que vos relations vous permettraient d'agir, soit par vous-même, soit par le comte de la Roche-Odon, sur le capitaine de Gardilane, de façon à faire comprendre à cet officier combien était grave la responsabilité qu'il assume, et que par vous, par vous seule, si zélée, ce scandale pouvait être empêché ; enfin j'ai voulu que vous fussiez la première prévenue, convaincu que vous sauriez aviser et agir... pour le mieux.

Si les paroles étaient entortillées, le ton et le geste qui les accompagnaient en les soulignant étaient parfaitement clairs pour un esprit pénétrant comme celui de madame Prétavoine.

Aussi ne se trompa-t-elle pas sur l'intention et le but du docteur.

— Décidément il est fin et discret, se dit-elle.

Puis comme il se levait, pour la laisser libre d'agir au plus vite, elle le retint un moment.

— Mon cher doctuer, dit-elle, soyez certain que je n'oublierai jamais le service que vous venez de rendre à... notre sainte religion. Je n'attendais pas moins de vous.

— Ç'a été une inspiration, dit-il.

— De la divine Providence, ajouta-t-elle ; aussi je ne doute pas que l'avertissement que vous venez de me donner ne produise les effets que vous espérez, et ce sera à vous qu'on en fera remonter la gloire et la reconnaissance.

Il était inutile de préciser davantage.

Le docteur Evette quitta madame Prétavoine avec la douce satisfaction de ne pas avoir perdu sa journée.

A peine était-il sorti, que madame Prétavoine se jeta sur son châle et son chapeau, et courut chez le curé de Saint-Protais.

Bien entendu elle se garda de parler de l'accident

des casernes; son système n'était pas d'aborder ainsi les choses.

Mais elle avait des affaires à traiter avec le curé de Saint-Protais, comme avec les autres curés de la ville, et ce fut d'une de ces affaires qu'elle commença par l'entretenir.

Seulement l'entretien n'alla pas bien loin, car le curé de Saint-Protais laissa paraître une distraction qui permit à madame Prétavoine de lui demander si elle ne le dérangeait pas.

A cette question, le curé répondit par le récit de ce qui se passait aux casernes : un soldat mourant, qui refusait les derniers sacrements et qui, dans cette résistance, était soutenu par son officier.

— Est-ce possible ?

Le curé avait envoyé son premier vicaire, l'abbé Louison, et il attendait son retour avec angoisse.

— Quel est donc ce soldat ?

— Un Parisien, dit-on.

— Alors tout s'explique. Mais l'officier...

— Le capitaine de Gardilane.

— On a dû vous tromper, monsieur le curé; je connais M. de Gardilane. Il est vrai que ce n'est point un homme pieux; mais je n'admettrai jamais qu'il soit capable d'une action aussi abominable.

— J'attends le retour de l'abbé Louison; nous verrons alors.

— En présence de vos doutes, je comprends que vous ayez chargé M. l'abbé Louison de cette mission; avec son caractère sage et prudent, il n'est pas homme à se laisser entraîner trop loin, si, comme vous le prévoyez, il rencontre une résistance. Et dans les conditions où nous sommes placés maintenant à Condé, un zèle trop ardent serait dangereux; les protestants, les libéraux ne manqueraient pas de pousser les hauts cris, et nous sommes dans un temps où nous devons nous garder de tout excès, même de ceux du bien. C'est ce que monseigneur me disait encore hier. Je suis certaine qu'un prêtre qui se serait laissé entraîner trop loin aurait été désavoué par monseigneur.

— Qu'appelez-vous trop loin? demanda le curé de Saint-Protais, qui était un caractère hésitant et timide.

— J'entends, par exemple, s'il avait forcé la porte, ou bien s'il ne s'était pas retiré devant la résistance qu'on lui aurait opposée, si on lui en oppose une.

— L'abbé Louison n'irait pas jusque-là.

— Voilà justement pourquoi il est heureux que ce soit lui qui ait été chargé de cette mission; mais encore une fois il me paraît impossible que cette résistance se produise.

— Je ne suis pas tranquille comme vous.

— Enfin si elle se produisait, que feriez-vous, monsieur le curé? Forceriez-vous la porte du mourant pour l'administrer malgré lui et malgré ceux qui l'entourent?

— Certes non; en tous cas, avant d'en venir là, je consulterais monseigneur.

C'était là ce que madame Prétavoine voulait.

Si on consultait monseigneur, elle pouvait se rassurer: le soldat mourrait sans confession, et ce serait le capitaine de Gardilane qui porterait le poids de ce crime.

Elle n'eut garde d'attendre le retour de l'abbé Louison, et, aussi vite que ses jambes purent la porter, elle courut à l'évêché.

Et tout en rasant les maisons, elle répétait une petite prière qu'elle venait de composer :

— « Mon Dieu, faites-moi la grâce que ce soldat
» meure bien vite et qu'il ne reçoive pas les derniers
» sacrements; ce ne sera pas sa faute, et je ferai dire
» une messe toutes les semaines pour le salut de son
» âme. »

Devant la bonne madame Prétavoine, qui rendait chaque jour tant de services à la religion, les portes de l'évêché s'ouvraient toutes grandes.

Elle n'eut que quelques minutes à attendre pour être introduite auprès de Mgr Guillemittes.

Avec l'évêque elle ne pouvait pas procéder comme avec le curé de Saint-Protais, ce qui ne veut pas dire qu'elle avait l'intention de se confesser en toute sincérité et de lui demander franchement ce qu'elle attendait de lui : elle l'eût voulu que sa nature et l'habitude ne le lui eussent pas permis; il ne faut pas exiger des boiteux qu'ils marchent droit, des louches qu'ils regardent en face.

— Ah! monseigneur! monseigneur! s'écria-t-elle dans une explosion de joie qui manifestement l'entraînait malgré elle, nous sommes sauvés, et Dieu vient de faire un miracle en notre faveur.

— M. le comte de la Roche-Odon vous accorde sa petite-fille?

— Le capitaine de Gardilane est perdu.

— Comment cela? demanda l'évêque, s'imaginant qu'il allait entendre le récit d'une habile machination qui venait de réussir.

— J'étais par hasard allée chez M. le curé de Saint-Protais pour l'Œuvre de Sainte-Claire, et M. le curé m'a appris qu'un soldat venait d'être écrasé aux casernes; ce soldat, qui est l'homme de confiance de M. de Gardilane, refuse de recevoir les derniers sacrements, et c'est M. de Gardilane lui-même qui s'est chargé de renvoyer le saint prêtre que M. le curé de Saint-Protais lui a envoyé, ce bon abbé Louison.

— M. de Gardilane a-t-il, comme vous le dites, renvoyé M. l'abbé Louison?

— Il l'aura certainement renvoyé.

— Il l'aura?

— Ne voyez-vous pas la main de Dieu dans tout cela? s'écria madame Prétavoine. C'est Dieu qui a écrasé ce soldat. C'est Dieu qui a voulu que ce soldat fût un Parisien impie. C'est Dieu qui l'a placé auprès de M. de Gardilane pour perdre celui-ci dans l'esprit de M. de la Roche-Odon; car il est impossible, n'est-ce pas, que le comte donne sa petite-fille à un homme coupable d'un pareil sacrilége!

— Il est vrai que si M. de Gardilane empêche l'abbé Louison d'administrer ce moribond, c'est là un fait bien grave.

— Dites miraculeux, monseigneur; aussi est-ce parce que ce miracle est évident, que je dis que M. de Gardilane ne laissera pas M. l'abbé Louison arriver auprès de ce malheureux soldat. Dieu ne se donne pas des démentis. Dieu ne se dédit pas. Ce qu'il a voulu s'accomplit du commencement à la fin. Et ce qu'il a voulu est bien clair, c'est la confusion de l'impie et le triomphe de la justice; je veux dire la perte de M. de Gardilane et le succès de mon fils.

C'était assurément chose curieuse d'entendre madame Prétavoine expliquer à son évêque les desseins de Dieu; cependant Mgr Guillemittes ne l'interrompit pas.

— Vous me direz, continua-t-elle, que c'est une bien triste pensée que celle qui se reporte sur la damnation de ce pauvre soldat : mais si l'âme de cet impie est perdue, celle de mademoiselle de la Roche-Odon sera sauvée; et de quel poids doit être dans la main de Dieu le sort de ce soldat obscur, mis en balance avec celui de cette chère jeune fille ! C'est là qu'éclate en traits éblouissants la volonté de Dieu : perdre le méchant, sauver l'innocence, récompenser la piété et assurer la gloire de l'Église. Qui oserait s'opposer à cet ordre vraiment divin?

L'évêque ne répondit pas.

Madame Prétavoine, bien que rassurée, voulut cependant préciser les choses.

— Maintenant que je vous ai fait part de notre bonheur, dit-elle, je me retire, car il est possible que M. le curé de Saint-Protais veuille consulter Votre Grandeur...

— Me consulter, et sur quoi?

C'était là le mot qu'elle attendait; elle respira.

— Mais sur ce qu'il y a à faire auprès de ce malheureux.

— L'abbé Louison aura fait le possible, j'en suis certain.

— Assurément; mais enfin pour le cas où M. le curé de Saint-Protais voudrait prendre conseil de Votre Éminence, il vaut mieux qu'il ne me trouve pas à l'évêché, de peur qu'il s'imagine que je suis venue pour vous entretenir de cette affaire quand, en réalité, je n'ai voulu que vous annoncer ce triomphe miraculeux.

Et elle se retira pleinement rassurée : l'abbé Louison avait fait le possible; elle était bien certaine maintenant que le moribond ne serait pas exposé à de nouvelles tentatives, et que M. de Gardilane porterait la responsabilité de cette mort scandaleuse.

Comment s'en débarrasserait-il aux yeux de M. de la Roche-Odon; il était perdu, et, succès inespéré, perdu par sa propre faute.

Cependant la tâche de madame Prétavoine n'était pas encore terminée, car Dieu si évidemment bon et miséricordieux pour elle, ne lui avait pas accordé une grâce complète; pour cela il eût fallu que l'accident eût lieu un lundi, un mardi, un mercredi, un vendredi, un samedi ou un dimanche, et non justement un jeudi, car le jeudi étant le jour du comte, on ne manquerait pas au dîner de parler de cet accident, et il importait pour elle, qui ne serait pas là, de savoir ce qui se dirait, comment les choses seraient racontées, comment le comte les accepterait, et comment le capitaine s'en défendrait.

En sortant de l'évêché elle alla donc chez l'abbé Armand qui, mieux que personne, pouvait lui rendre d'une façon intelligente et complète le service qu'elle désirait.

Elle le trouva étendu sur un canapé, non pour dormir, mais, selon son expression, pour digérer plus commodément et avec moins de douleur, « parce que dans la position horizontale les aliments ne pèsent pas de tout leur poids sur le pylore. »

Elle lui parla de dix affaires plus utiles les unes que les autres, et ce fut seulement au moment de se retirer qu'elle l'entretint de l'accident arrivé aux casernes, et qu'elle le lui raconta tout au long.

— Cela va bien attrister votre dîner, dit-elle, car je ne crois pas que le comte puisse accepter qu'un de ses amis ou tout au moins qu'une personne qu'il admet à sa table se conduise avec impiété, et cause un pareil scandale dans une contrée chrétienne comme la nôtre. Enfin comme je dois vous revoir demain, vous me direz ce qui s'est passé, et quelle figure le comte aura faite au capitaine.

Mais le chanoine n'eut pas à étudier cette figure, attendu qu'en arrivant à la Rouvraye, M. de la Roche-Odon lui raconta à son tour l'accident des casernes, et lui dit qu'ils seraient privés du plaisir d'avoir le capitaine, parce que celui-ci restait auprès de son pauvre maréchal des logis mourant.

Seulement dans son récit le comte ne parla pas de la visite de l'abbé Louison, et aucun des convives qui étaient là, le comte et la comtesse O'Donoghue, le baron M'Combie, le marquis de la Villeperdrix n'en souffla mot; le comte, la comtesse et le baron parce qu'ils étaient les partisans du capitaine, malgré son irréligion; le marquis parce qu'il ne savait rien

Le chanoine se dit que l'occasion était belle pour rendre un fameux service à madame Prétavoine, mais comme il fallait se mettre en avant et faire acte d'hostilité devant Bérengère, il garda un silence prudent. Après tout ne valait-il pas mieux que le comte apprît l'impiété de M. de Gardilane par quelqu'un qui, comme lui, ne serait pas de l'intimité de madame Prétavoine; et puis d'autre part était-il sage à lui de se lancer dans une aventure qui pouvait troubler sa digestion?

Mais l'abbé Subileau, qui possédait un bon estomac et qui d'ailleurs avait pour madame Prétavoine un dévouement de néophyte, n'imita pas cette réserve.

Arrivant en retard et quand on était déjà à table, il raconta à son tour l'accident des casernes.

— Nous savons cela, dit M. de la Roche-Odon, et c'est même pour garder ce pauvre garçon que M. le capitaine de Gardilane nous manque aujourd'hui.

— Garder est bien le mot, dit l'abbé Subileau, et dans le sens propre de faire bonne garde.

Et tout de suite il raconta comment l'abbé Louison, prévenu par le docteur Evelte, n'avait pu arriver jusqu'au mourant, arrêté, repoussé par M. de Gardilane.

— Cela n'est pas possible, s'écria le comte.

— C'est l'abbé Louison lui-même qui m'a fait ce récit, répliqua l'abbé Subileau d'un ton tranchant, et l'abbé Louison est incapable de se tromper aussi bien que de tromper.

Bérengère, qui observait son grand-père, le vit

changer de visage, et malgré l'émotion qui l'avait saisie en recevant ce coup inattendu, elle voulut venir au secours de Richard.

— Il me semble, dit-elle, que le rôle de M. de Gardilane en tout ceci est bien secondaire ; ce n'était pas M. de Gardilane que M. l'abbé Louison venait assister, c'était ce pauvre soldat; ce n'est donc pas M. de Gardilane qui n'a pas reçu M. l'abbé Louison, c'est ce soldat.

— C'est M. de Gardilane qui a répondu à l'abbé Louison, insista l'abbé Subileau.

— C'est-à-dire que M. de Gardilane a transmis à M. l'abbé Louison les paroles dont ce soldat l'avait chargé.

Le comte n'avait pas l'habitude d'interrompre sa petite-fille, et à table comme partout il lui laissait dire tout ce qu'elle voulait et comme elle le voulait; mais brusquement il lui coupa la parole d'un ton qui ne permettait pas la réplique.

— Assez sur ce sujet, dit-il ; des choses aussi sacrées ne sont point de celles qu'on traite à table.

Bérengère ne répliqua point ; mais elle avait gagné cela au moins qu'on ne pourrait plus accuser Richard, l'observation de son grand-père s'adressant à l'abbé Subileau aussi bien qu'à elle.

Lorsqu'on se leva de table son grand-père lui fit signe qu'il avait à l'entretenir, et elle le suivit dans son cabinet.

— Tu vas me remplacer auprès de nos convives, dit-il.

— Es-tu souffrant ? s'écria-t-elle.

— Non, je vais à Condé; il faut que je voie M. de Gardilane.

— Oh! ne fais pas cela, grand-père, je t'en prie, je te le demande en grâce.

— Tu ne sens donc pas combien est grave sa position?

— C'est justement pour cela qu'il faut le laisser libre; il n'est pas un enfant, il sait ce qu'il fait; laisse-lui la responsabilité de son action.

Le comte réfléchit un moment.

— C'est impossible, il ne s'agit pas seulement de M. de Gardilane; il s'agit encore du salut de ce malheureux soldat.

Ce que Bérengère voulait, c'était empêcher que son grand-père fût accueilli par un refus et qu'une discussion s'engageât entre lui et Richard, car si grave que fût la responsabilité dont Richard se trouvait chargé par le fait de la mort sans confession de ce soldat, elle le serait encore moins qu'une discussion qui aboutirait à un refus.

Voyant que tout serait inutile pour retenir son grand-père, sa résolution fut prise.

— C'est aussi de moi qu'il s'agit, dit-elle, j'irai avec toi.

— Nous ne pouvons pas partir ainsi tous les deux.

— Nous partirons quand tout le monde aura quitté le château.

Mais ils ne partirent point; dans la soirée, M. de Mirevault, qui venait en visite chez le comte, annonça que le soldat blessé était mort.

— Sans confession? demanda l'abbé Subileau.
— Sans confession.

Bérengère vit son grand-père pâlir et tourner vers elle un regard attristé et irrité.

XII

Ce que madame Prétavoine avait fait pour la mort du maréchal des logis, elle le répéta pour son enterrement.

Partout où le père de Dupin se présenta seul tout d'abord, et ensuite avec le capitaine de Gardilane, le terrain avait été préparé par madame Prétavoine ou par les amis de madame Prétavoine.

Le refus du matériel des pompes funèbres, la désignation du cimetière des suicidés pour y creuser la fosse du soldat, la fixation de l'heure matinale, — tout cela fut l'œuvre de madame Prétavoine.

Une seule chose manqua à son bonheur ; il n'y eut point de discours prononcé sur la tombe du soldat, et le rédacteur de l'*Étoile* qu'elle avait fait envoyer là, pour recueillir sténographiquement ce discours, revint sans avoir usé les nombreux crayons qu'il avait eu l'imprudence de tailler à l'avance.

Ce fut une déception.

Mais les avantages qu'avait obtenue madame Prétavoine étaient assez grands pour qu'elle la supportât sans se plaindre ; — il faut savoir se contenter.

Aurélien fut moins sage qu'elle et il se plaignit amèrement de ce qu'il appelait la reculade du capitaine : « il aurait dû parler sur le *trou* de ce coquin ; il a eu peur, c'est une lâcheté. »

Il est vrai que cette lâcheté dérangeait ses plans et lui faisait perdre un travail qu'il avait préparé pendant deux jours.

Depuis qu'il était revenu de Rome, M. le comte Aurélien Prétavoine avait débuté avec un zèle infatigable dans le rôle de champion de l'Église.

Plusieurs fois par semaine il faisait des conférences sur des sujets religieux ou moraux, soit à Condé, soit dans les villes environnantes ; il parlait dans les églises, il parlait dans les sacristies, il parlait dans les cercles catholiques, il parlait dans les salles de patronage, il parlait partout, il parlait toujours ; c'était un véritable missionnaire laïque, infatigable, inépuisable, inspiré par la grâce, disaient ses amis.

Ses conférences ou ses sermons étaient annoncés par l'*Étoile* et aussi par des circulaires envoyées à domicile : « M. le comte Prétavoine, camérier de cape
» et d'épée de Notre Saint-Père Pie IX, passera à...
» la journée du......, il parlera dans la sacristie de...
» (ou dans l'église) à deux heures. Monseigneur (ou
» M. le doyen, ou M. le curé), présidera l'assemblée ;
» vous êtes invité à vous rendre à cette réunion. »

Partout retentissaient le nom et aussi la parole du camérier de Sa Sainteté.

10.

Il avait déjà parlé sur le développement de l'Œuvre de l'adoration nocturne du Très-Saint-Sacrement, sur l'Œuvre du Saint-Viatique, sur les Comités catholiques, sur les Pèlerinages, sur l'Œuvre des Vieux Papiers, sur les Œuvres ouvrières rurales, sur la fondation des Messes dans le voisinage des gares, sur l'Œuvre des employés, sur les Hommes d'œuvres, sur les Œuvres spéciales aux classes dirigeantes, sur la Ligue du Cœur de Jésus, sur les Bibliothèques catholiques, etc., etc.

Et il l'avait fait avec une aimable faconde, que les bonnes âmes prenaient pour de l'éloquence.

— Il parle bien, le comte Prétavoine.

— Le Saint-Esprit lui a ouvert la bouche.

— Ce que j'admire en lui, c'est qu'il ne crache pas, qu'il ne se mouche pas, et que du commencement à la fin, il va toujours sans s'arrêter, même pour respirer.

— Pourquoi dit-il des choses qu'un prêtre dirait aussi bien que lui, et avec plus d'autorité?

Ce n'étaient pas seulement des succès platoniques qu'il avait obtenus; déjà sa parole avait produit des résultats pratiques : ainsi depuis qu'il avait commencé à parler sur l'*Œuvre des vieux papiers*, qui avait pour but de détruire les mauvais livres en consacrant au profit du denier de Saint-Pierre, les sommes provenant de la vente au poids de ces livres déchiquetés et lacérés, il avait vu arriver chez sa mère un assez grand nombre de ballots renfermant des ouvrages de Voltaire, de Rousseau, de George Sand, d'Eugène Sue, de Victor Hugo, et d'autres malheureux de la même clique. Quel triomphe ! Sans doute le produit n'était pas considérable encore, mais il le deviendrait bientôt; et puis combien utile était cette sainte croisade entreprise contre cet ennemi mortel de l'Église, qu'on appelle le livre ! Si les bouquinistes et les regrattiers de la rue aux Hardes prétendaient que cette croisade faisait marcher leur commerce, il n'y avait pas à en prendre souci. De même il fallait dédaigner aussi ces incrédules et ces mauvais plaisants qui n'appelaient plus le camérier de Sa Sainteté, que le chiffonnier du pape.

Bien que le comte Prétavoine ne fût pas à court de sujets pour ses conférences, la mort impie du soldat et son *enfouissement* civil lui apportaient une trop précieuse matière à mettre en homélie pour qu'il ne se fût pas jeté dessus.

Du moment où il avait appris par sa mère ce qui se passait, il s'était enfermé dans son austère cabinet, et devant son grand christ en ivoire il s'était mis au travail.

Comptant sur le discours que le capitaine ne manquerait pas de prononcer, il avait facilement imaginé ce que serait ce discours, — les idées de ces libres-penseurs sont si vides et si creuses ! — et il avait préparé son homélie en conséquence, laissant seulement en blanc les passages qu'il citerait pour les réfuter.

N'était-ce pas un vol, dans de pareilles conditions, que de n'avoir pas prononcé ce discours ?

Comme il aurait pris plaisir à terrasser son rival, à le railler, à le bafouer, à lui reprocher ses crimes, et, finalement, à lui pardonner au nom de la charité chrétienne.

Mais au lieu de prononcer ce discours, que le rédacteur de l'*Étoile* eût fidèlement recueilli, cet officier, plus prudent que brave, et plus avisé que généreux, s'était contenté d'assister au convoi de son soldat comme les cent autres imbéciles qui l'avaient suivi, puis, cette petite fête finie, il s'en était allé à la Rouvraye pour se vanter sans doute auprès du comte de son hypocrite modération.

Si fin que se crût le comte Prétavoine, il se trompait cependant en s'imaginant que le capitaine allait à la Rouvraye pour se vanter de sa modération.

D'abord le capitaine ne se doutait pas qu'il avait fait acte de modération, pas plus qu'il ne croyait avoir commis une lâcheté. S'il n'avait pas prononcé de discours sur la tombe de Dupin, ce n'était ni par prudence, ni par calcul, mais tout simplement parce qu'il ne trouvait pas que cette cérémonie comportât un discours. Qu'eût-il dit? Dupin était-il un homme qu'on pouvait offrir en exemple? Devait-il le louer d'avoir refusé les prières et les sacrements de l'Église? Nullement. Dupin avait été un bon soldat, comme il y en avait tant d'autres dans son régiment. Et quant à le louer, il n'y pensait pas plus qu'à le blâmer, attendu que pour lui il n'y avait rien là de blâmable ou de louable : il eût suivi son enterrement derrière le clergé, il l'avait suivi sans clergé, car la présence ou l'absence du clergé ne changeait rien au devoir qu'il avait à remplir envers son soldat.

Ce n'était donc pas pour se vanter qu'il se rendait à la Rouvraye, c'était pour s'expliquer avec M. de la Roche-Odon et lui faire comprendre, si cela était possible, les raisons auxquelles il avait obéi en toute cette affaire, depuis le refus opposé à l'abbé Louison, jusqu'à l'enterrement.

Son attitude était donc plutôt celle d'un coupable que d'un vainqueur.

Comment le comte accueillerait-il ses explications ?

A cette pensée, il ne se sentait nullement rassuré.

Toutes les idées qui avaient traversé son esprit au moment où Dupin réclamait de lui la promesse de faire respecter sa dernière volonté s'étaient précisées dans le calme de la réflexion, et ce qui alors lui avait paru inquiétant avait pris un caractère de plus en plus grave.

Ce n'était pas seulement avec M. de la Roche-Odon qu'il allait avoir à compter, ce serait encore avec les amis de madame Prétavoine, qui depuis deux jours avaient assurément agi sur lui, sur son esprit et sur sa conscience.

Vingt fois pendant la journée du vendredi il était parti pour venir à la Rouvraye, afin de prendre les devants, et s'il n'avait point persévéré dans son idée, ç'avait été pour ne pas avoir à refuser au comte, qui assurément lui en ferait la demande, d'assister à l'enterrement de son pauvre Dupin.

Ainsi par une de ces rencontres d'idées qui n'ont rien que de naturel entre deux êtres qui s'aiment, il n'avait pas voulu avoir d'entretien avec le comte, alors que Bérengère, de son côté, ne voulait pas que son grand-père en eût un avec lui.

Mais maintenant il devait s'expliquer, franchement,

en toute loyauté, et c'était pour cela qu'il venait à la Rouvraye.

Le domestique auquel il s'adressa lui répondit que le comte n'était point au château; mais comme il était descendu à Bourlandais pour entendre la messe, il ne tarderait sans doute pas à revenir.

Le capitaine hésita s'il irait à Bourlandais.

Mais la pensée qu'il pouvait rencontrer le comte avec l'abbé Subileau le retint : un tiers, et celui-là surtout, rendrait leur entretien impossible.

Et puis, en restant, il pouvait apercevoir Bérengère derrière sa fenêtre, et c'était une bonne fortune qu'il ne voulait pas perdre.

— Je vais attendre en me promenant dans les jardins, dit-il.

Sa promenade, bien entendu, le conduisit dans une allée découverte qui faisait face aux fenêtres de Bérengère, et il resta là à se promener lentement, comme s'il prenait grand intérêt aux plantes et aux fleurs de la plate-bande, mais sans quitter des yeux la façade du château.

Est-ce qu'une communication sympathique ne s'établirait pas de lui à elle?

Ne devinerait-elle pas, ne sentirait-elle pas qu'il était là?

Comme il se posait ces questions, il la vit apparaître derrière une de ses fenêtres.

En l'apercevant, elle leva les deux bras par un geste de surprise.

Il crut qu'elle allait ouvrir la fenêtre et lui envoyer de la main le bonjour du matin.

Mais il n'en fut rien.

La fenêtre ne s'ouvrit point, et le geste qu'elle lui adressa ne ressemblait en rien à un joyeux salut.

La distance ne lui permettait pas de distinguer les mouvements de sa physionomie, mais il n'y avait pas à se tromper sur l'expression de son geste : elle lui disait de s'en aller.

S'en aller !

L'émotion lui serra le cœur ; était-il possible que Bérengère eût subi, elle aussi, les influences qui avaient été mises en jeu ?

Mais il ne s'arrêta pas à cette idée ; non, assurément non, cela n'était pas possible.

Il continua donc de regarder.

Au geste qui lui disait de s'en aller s'en était joint un autre indiquant une direction.

Il ne se trompa pas sur le sens de cette pantomime :

— Ne restez pas où vous êtes, disait Bérengère, allez dans la charmille qui est là-bas, attendez-moi, je vais vous rejoindre.

Il se dirigea aussitôt vers cette charmille, et en se retournant, il vit un dernier mouvement de bras lui dire qu'il avait bien compris.

Pourquoi donc toutes ces précautions ?

Ce fut la question qu'il agita en attendant, mais sans lui trouver de réponses satisfaisantes ; aussi l'attente lui parut-elle longue.

Au bout de dix minutes à peu près, Bérengère arriva, mais par où il ne l'attendait pas, c'est-à-dire du côté opposé au château, si bien que de son pied léger elle fut sur ses épaules sans qu'il l'eût vue venir.

— J'ai fait un détour, dit-elle.

— Pourquoi donc ?

— Pour que miss Armagh ne vienne pas nous déranger ; nous avons à causer.

Heureusement le ton était plus rassurant que ne l'étaient les paroles.

En même temps elle lui tendit les deux mains, et ils restèrent ainsi les yeux dans les yeux.

Elle se dégagea la première.

— Qui vous amène si matin ? dit-elle.

— Je viens expliquer à votre grand-père ce qui s'est passé depuis jeudi.

— Quelle chose terrible, mon ami !

Depuis qu'elle avait lu les quatre lignes des lettres de celle qui écrivait « mon Richard adoré », elle n'osait plus prononcer ce nom de Richard, qui naguère était si doux pour elle.

— Vous avez su ?

— Depuis jeudi soir grand-père est accablé de récits de toutes sortes.

— C'est justement pour établir la vérité...

— Oh ! vous pouvez dire rétablir la vérité.

— C'est dans ce but que je viens ; mais on m'a dit que le comte était à la messe et j'attendais son retour en me promenant devant vos fenêtres, dans l'espérance de vous apercevoir.

— Il est heureux que grand-père ne se **soit** pas trouvé là.

— Sans doute, puisque nous avons quelques instants à nous.

— Ce n'était pas cela que je voulais dire, car il me

semble que nous n'avons pas besoin de nous dire que nous sommes heureux quand nous pouvons avoir une minute de tête-à-tête ; notre bonheur se voit et se sent.

De nouveau ils restèrent silencieux, se regardant tendrement.

Mais l'inquiétude que les paroles de Bérengère avaient jetée dans l'esprit de Richard, déjà si tourmenté, ne lui permettaient pas de s'oublier dans ce délicieux abandon.

— Et que vouliez-vous donc dire ? demanda-t-il.

— Que grand-père est dans un état... (elle hésita un moment) affreux, et que dans ces conditions un entretien entre vous et lui est impossible en ce moment.

— Cependant il faut que je lui explique...

Elle l'interrompit :

— Nous ne sommes guère en sûreté dans cette allée pour causer librement ; voulez-vous venir dans la salle de verdure, nous y serons mieux cachés.

Cette salle de verdure, formés d'ifs taillés en muraille, s'ouvrait au bout de l'allée ; au centre se trouvait une statue de Flore, et de chaque côté étaient placés des bancs en bois.

Bérengère, tenant Richard par la main, le fit asseoir sur celui de ces bancs qui se trouvait vis-à-vis l'entrée de la salle et prit place près de lui.

— Avant que je vous parle de grand-père, dit-elle, voulez-vous me raconter comment les choses se sont passées, afin que je sache la vérité.

Il lui fit ce récit exact, en aussi peu de mots que

possible, mais cependant complet, aussi bien pour la mort de Dupin et la promesse que celui-ci avait réclamée de lui, que pour l'enterrement.

— Ah! je savais bien, s'écria-t-elle, que vous aviez été dominé par une raison toute-puissante.

— Aviez-vous donc pu supposer que j'avais agi de mon propre mouvement?

— Soyez sûr que je n'ai pas douté de vous une minute, et que si je vous ai mal défendu, c'était parce que je ne savais rien, mais que cependant je vous ai défendu comme j'ai pu, tant que j'ai pu, contre grand-père et contre tout le monde.

— Alors vous ne me blâmez point?

— Vous blâmer, moi! mais je ne vous blâmerais pas quand vous auriez eu tort, et vous n'avez pas eu tort puisque... vous avez obéi au devoir... ou tout au moins à ce que vous avez cru le devoir.

Il lui prit les deux mains et la contempla longuement :

— Oh! chère Bérengère, dit-il, quelles angoisses terribles vos paroles m'enlèvent.

— Alors vous avez donc douté de moi?

— J'ai craint que vous ne doutiez de mon amour.

— Oh! cela, jamais. Soyez sûr que je sens le poids de la responsabilité que vous avez été obligé de prendre, et combien elle vous a été lourde, car c'est notre bonheur que vous avez engagé.

— Pouvais-je reculer?

— Non... puisque vous n'avez pas pensé que vous le pouviez; c'est la fatalité de notre situation qu'il faille que nos blessures nous soient faites de vos propres mains. Je ne vous ai pas blâmé de n'avoir pas répondu à mon grand-père : « Je crois », quand vous ne croyiez pas ; je ne vous blâme pas davantage aujourd'hui. Le dernier mot que je vous ai dit aux ruines du temple, je vous le répète encore et vous le répéterai toujours : « Loyalement, franchement ». Est-ce qu'un homme comme vous peut mentir ? est-ce qu'il peut faiblir ? Nous souffrirons. Eh bien ! nous souffrirons. Est-ce qu'il n'y a pas du bonheur à souffrir ensemble, vous par moi, moi par vous, pour notre amour ?

— Que ne suis-je venu hier ! Comme ma journée eût été moins cruelle et ma nuit moins longue !

— Et pourquoi n'êtes-vous pas venu ?

Il lui expliqua les raisons qui l'avaient retenu.

— Ah ! comme notre amour éclate dans tout ! s'écria-t-elle. Ce qui vous retenait, c'est justement ce qui m'a fait retenir mon grand-père.

Et, à son tour, elle lui expliqua ce qu'elle avait fait pour empêcher le comte de l'aller trouver.

— Il est certain, dit-il, que je n'aurais pas pu accorder à M. le comte ce qu'il m'aurait demandé.

— Et il se serait échangé entre vous des paroles qui ne doivent pas être prononcées ! Et c'est pour qu'elles ne le soient pas aujourd'hui, que je vous prie de renoncer à voir grand-père.

— Il faut qu'il sache la vérité, la vraie.

— Je la lui dirai, moi. De votre bouche, il ne l'entendrait pas. Avant que vous ayez pu faire votre récit, tel que je viens de l'entendre, grand-père vous aurait dressé de questions qui vous auraient enlevé toute liberté. Non, il vaut mieux, il faut que vous ne le voyiez pas. Confiez-moi votre défense qui est aussi la mienne. Tout à l'heure, je voulais qu'on ne sût pas que nous nous étions vus ; mais les choses ne sont plus ce qu'elles étaient tout à l'heure. Je dirai à grand-père que vous étiez venu pour lui rendre compte de votre conduite, et que c'est moi qui vous ai demandé de ne pas attendre son retour, non par peur de vous, mais par peur de lui. Puis doucement, à propos, dans des conditions favorables qui n'existeraient pas pour vous, je lui expliquerai la vérité, petit à petit; car, je dois vous l'avouer, il n'est pas présentement dans des dispositions à l'entendre ou tout au moins à l'accueillir. Ce n'est pas la première fois que je vous défends, et toujours, dites-vous-le pour prendre confiance, je l'ai fait heureusement.

Précisément parce qu'elle parlait de son grand-père avec les ménagements de la tendresse et du respect, le capitaine comprenait qu'il serait imprudent à lui de persister dans son dessein d'entretenir le comte.

Évidemment il supporterait de sa fille ce qu'il ne supporterait de personne autre ; il était plus prudent et plus sage de laisser plaider sa cause par cet avocat que de tenter de la plaider soi-même.

— Quels chagrins, dit-il, quelles inquiétudes je vous donne, chère Bérengère.

— Ne me plaignez pas trop ; je suis heureuse de travailler pour vous... pour mon mari.

Il la prit dans ses bras et elle se serra contre lui, où elle resta appuyée, ne parlant plus, frissonnant sous le souffle chaud qui passait dans ses cheveux.

C'était par leurs mains unies, par leurs bras enlacés, par tout leur être frémissant que s'échangeaient leurs sensations, qui passaient de lui en elle et d'elle en lui.

Mais ils ne pouvaient ainsi s'abandonner à leur bonheur ; l'horloge du château rappela Bérengère à la réalité et aux difficultés du présent.

Doucement elle se dégagea.

— Grand-père va rentrer, dit-elle ; peut-être même est-il déjà revenu : il faut nous séparer.

— Et vous revoir ? demanda-t-il avec angoisse, car il sentait qu'elle n'avait pas tout dit.

— Je vous écrirai ce soir ou demain.

— Mais nous voir ? insista-t-il, sans oser cependant poser la question qui l'oppressait.

— Ma lettre vous répondra : je ne voudrais rien vous dire avant d'avoir vu mon grand-père ; pour vous, si nous ne pouvons nous voir... bientôt, vous déposerez votre lettre dans notre arbre.

— Ah ! Bérengère, Bérengère !

Elle s'efforça de sourire, bien que son cœur fût navré.

— Pensez à l'avenir, qui est à nous.

Puis s'éloignant de deux pas :

— Pensez à votre femme.

XIV

Elle ne s'était pas trompée.

Quand elle rentra au château, on lui dit que son grand-père était revenu depuis quelques instants et qu'il était dans son cabinet.

Aussitôt elle alla le rejoindre.

Elle le trouva assis sur un fauteuil, dans une attitude affaissée, le visage sombre, les traits contractés, montrant dans toute sa personne les signes d'une douloureuse préoccupation.

Comme il était parti le matin de bonne heure sans qu'elle l'eût vu, elle alla à lui pour lui donner son baiser habituel et s'informer tendrement de sa santé.

Mais il répondit à peine à ses caresses, à ses affectueuses questions.

— Tu es souffrant? dit-elle.
— Non, je suis préoccupé.
— Et je te gêne?
— Tu ne me gênes pas, mais j'ai besoin d'être seul.

— C'est parce que tu attends quelqu'un que tu veux être seul ?

Il la regarda pour deviner ce qu'elle voulait dire.

— M. de Gardilane s'est présenté ce matin pour te voir ; on lui a répondu que tu étais à la messe à Bourlandais. Il a voulu t'attendre et il s'est promené dans le jardin ; de ma fenêtre je l'ai aperçu et je suis descendue pour le rejoindre.

Il était bien rare que M. de la Roche-Odon se laissât entraîner par la colère, et cela ne lui était même jamais arrivé avec sa petite-fille, mais en entendant ces paroles, il ne fut pas maître de lui.

Du plat de sa main il frappa fortement le bras de son fauteuil.

— Comment as-tu pu te permettre une pareille action ! s'écria-t-il.

— Écoute-moi d'abord, grand-père, tu me blâmeras, tu me condamneras après, si j'ai eu tort.

Elle était debout devant lui, elle garda cette position, ne le quittant pas des yeux.

— M. de Gardilane voulait t'expliquer ce qui s'est passé depuis deux jours.

— Je n'ai pas besoin de son récit, je sais ce qui s'est passé.

— Tu sais ce qu'on t'a dit ; et ce qu'on t'a rapporté ne ressemble pas à ce que M. de Gardilane raconte.

— Alors, où est la vérité ?

— Dans la bouche de M. de Gardilane. Il ne trompe pas, lui. Il y a longtemps que tu l'aurais accepté pour mon mari, s'il avait consenti à mentir ; s'il n'a pas menti alors en vue d'assurer le bonheur de notre vie, il ne ment pas davantage aujourd'hui.

— Eh bien, M. de Gardilane me fera son récit.

— Non, il ne te le fera point.

— Parce que?

— Parce que je lui ai demandé de renoncer à te voir, et de retourner tout de suite à Condé; et il est parti.

Elle parlait d'une voix douce et calme, mais en même temps avec fermeté.

— Suis-je en enfance ! s'écria le comte.

— Accuse-moi de tout ce qui te paraîtra juste, grand-père, mais non de te manquer de respect : tu es dans un état violent d'exaspération contre M. de Gardilane...

— D'indignation.

— C'est même chose quant aux sentiments que tu éprouves pour lui en ce moment; j'ai pensé qu'un entretien entre vous était dangereux, et j'ai voulu l'éviter, voilà ma faute; condamne-moi si j'ai mal fait.

Il ne répondit point.

— D'ailleurs, tu me sais incapable d'altérer la vérité, n'est-ce pas, continua-t-elle; quand tu voudras apprendre la vérité, la vraie, sur ce qui s'est passé, je te la répéterai fidèlement, telle que je l'ai reçue de la bouche de M. de Gardilane; j'ai bonne mémoire; et tu dois bien penser que ce n'est pas dans de pareilles circonstances qu'on est distraite ou qu'on peut oublier.

— Alors, je t'écoute.

— Mais, grand-père...

— Tout de suite; tu ne sais pas quelle est mon anxiété.

Ce mot la décida; si son grand-père éprouvait de l'anxiété, c'était donc que ses idées n'étaient point arrêtées, et qu'il balançait sa résolution; elle ne devait donc pas hésiter; et sans attendre une occasion plus favorable, sans s'avancer pas à pas comme elle l'avait dit à Richard, il fallait que tout de suite et franchement elle commençât sa défense.

Elle répéta donc mot à mot ce que Richard lui avait dit, sans rien changer à son récit, insistant seulement par le ton sur la promesse réclamée, exigée pour ainsi dire par Dupin s'adressant à son officier, à celui qui devait le protéger, au chef de sa famille.

— Eh bien? demanda le comte quand elle se tut.

— C'est tout.

— A peu de chose près, c'est ce qu'on m'avait rapporté.

— Sans doute; cependant la responsabilité de M. de Gardilane est dans ce peu de chose. C'est parce qu'il y a été contraint qu'il a fait cette promesse à ce soldat, promesse qu'il ne pouvait refuser sous peine de lâcheté, et c'est parce que son devoir l'y obligeait qu'il a assisté à cet enterrement.

— Enfin tu conviens toi-même, n'est-ce pas, que M. de Gardilane a repoussé l'abbé Louison?

— Il a exécuté la promesse qu'il avait donnée.

— Et tu conviens aussi qu'il a assisté à cet enterrement.

— Était-il l'officier de ce malheureux?

— Nous ne discutons pas.

— Grand-père, quand, il y a quatre ans, Baudit, qui était ton garde, est devenu enragé après avoir été mordu par un chien et t'a demandé si tu voulais l'embrasser avant qu'il mourût, ce n'est pas de gaieté de cœur, n'est-ce pas, que tu t'es penché sur son lit, car c'était peut-être la mort que tu embrassais ; cependant tu n'as pas hésité.

— Il était mon serviteur.

— Et Dupin était le soldat de M. de Gardilane. Ce n'est pas de gaieté de cœur non plus que M. de Gardilane a pris l'engagement que ce pauvre malheureux réclamait de son officier. Mais pas plus que toi il n'a hésité devant un devoir à remplir, si périlleux que fût ce devoir. En te penchant sur le lit de Baudit tu savais que tu t'exposais à la mort. En repoussant l'abbé Louison, M. de Gardilane savait qu'il s'exposait à me perdre. Toute la question est donc maintenant de savoir s'il pouvait reculer devant le suprême service qu'un de ses soldats mourant lui demandait.

— Mais...

— Oh ! je t'en supplie, grand-père, ne réponds pas ainsi ; pèse le pour et le contre avant de rendre ton jugement, puisque tu es notre juge, à lui, et à moi.

Puis sans en dire davantage elle sortit, ne voulant pas que son grand-père lui répondît et engageât une discussion.

Il valait mieux qu'il restât livré à ses réflexions, car avec son esprit de loyauté et de justice il était impossible, — si personne ne pesait sur sa conscience, — qu'il ne fût pas touché par les explications qu'elle venait de lui donner.

Mais cette conscience serait-elle libre, et ne cherchait-on pas à la dominer, à l'entraîner ?

Bien qu'elle se fût constituée la gardienne de son grand-père, assistant autant que possible à toutes les visites qu'il recevait ou qu'il faisait et l'accompagnant partout, elle ne pouvait pas cependant toujours être près de lui ; il y avait des heures où elle était obligée de l'abandonner, de même qu'il y avait certaines affaires qu'il devait traiter seul.

Ainsi dans ce jour du samedi où ils se trouvaient, il irait dans l'après-midi, comme tous les samedis, se confesser à Bourlandais, et si elle l'accompagnait jusqu'à l'église, ce qu'elle se promettait bien de faire, elle ne pourrait pas cependant s'agenouiller près de lui, dans le confessionnal de l'abbé Subileau.

Il y aurait donc un moment où, par la seule force des choses, il échapperait à sa surveillance, pour tomber sous une influence qu'elle redoutait plus que toutes les autres, celle de ce prêtre, l'ami, la créature, l'obligé de madame Prétavoine.

Elle savait ce qu'il pensait de la mort de Dupin et de l'attitude du capitaine, — il ne s'était pas fait scrupule de le dire tout haut.

Et elle savait aussi quel pouvoir il avait pris sur l'esprit, et plus encore sur la conscience de son grand-père.

Dans ces circonstances, comment allait-il se servir de ce pouvoir ?

Tout était à craindre.

Elle passa la journée tristement, auprès de son grand-père, qui lui-même était sombre et ne disait rien, répondant à peine et par monosyllabes aux quelques paroles qu'elle lui adressait de temps en temps.

Lorsqu'arriva l'heure à laquelle il devait descendre à Bourlandais, elle monta à sa chambre et revint bientôt habillée.

— Sors-tu avec miss Armagh? demanda-t-il.

— Avec toi, si tu veux bien de moi?

— J'ai affaire avec l'abbé Subileau.

— Je le pense bien, mais je ne te gênerai pas; je te conduirai à l'église et je t'y reprendrai; cependant si tu ne veux pas de moi, je reste.

Disant cela, elle fit un geste pour ôter son chapeau.

Mais son grand-père était trop heureux de sortir avec elle pour renoncer à ce plaisir.

— Pourquoi me gênerais-tu? dit-il; partons, mon enfant.

Et ils descendirent la côte, causant de choses indifférentes, mais ne parlant pas du capitaine.

En arrivant à Bourlandais, ils allèrent sonner à la porte du presbytère, et le comte dit à la vieille servante qui vint lui ouvrir, qu'il se rendait à l'église où il attendrait M. le curé.

Quand c'était l'abbé Colombe qui était curé de Bourlandais, le comte procédait de la même manière et toujours l'abbé Colombe le rejoignait en chemin, tant il mettait d'empressement à descendre son escalier et à courir après le comte.

Mais les manières de l'abbé Subileau étaient plus dignes : il ne courait pas après ses paroissiens, même quand celui de ses paroissiens qui réclamait son ministère était le comte de la Roche-Odon, et toujours il se faisait attendre un certain temps pour bien marquer son rang.

Il y avait donc plusieurs minutes que le comte et Bérengère se promenaient en long et en large devant le porche de l'église, quand il arriva, marchant d'un pas lent, tout à fait sacerdotal, en balançant au bout de son doigt la grosse clef de l'église.

Bérengère n'entra point dans l'église, elle quitta son grand-père sous le porche et se mit à se promener dans le cimetière en lisant machinalement les inscriptions peintes en lettres blanches sur les croix enfoncées à la tête des tombes.

Elle eût voulu s'absorber dans cette lecture; mais elle lisait les lettres et non les mots, car son esprit était ailleurs; il était dans l'église, dans le confessionnal; elle voyait son grand-père agenouillé et l'abbé Subileau la tête collée contre le guichet grillé, sa main arrondie devant son oreille pour s'en faire une sorte de cornet acoustique.

Ce que disait son grand-père, elle n'y pensait pas, et elle n'eût point écouté ses paroles, alors même qu'elle eût pu les entendre : ses péchés ! c'eût été plutôt de bonnes actions qu'il eût pu parler.

Ce qui l'inquiétait, c'était ce que l'abbé Subileau disait.

Elle s'imagina au bout d'un certain temps que c'était lui qui parlait.

Que disait-il?

Mais ses yeux ne pouvaient pas percer les murailles verdies de l'église, et cependant elle le voyait.

Il s'était à demi tourné vers le comte toujours agenouillé, il avait abaissé sa main gauche et maintenant c'était sa main droite qu'il tenait levée placée sur le côté de sa bouche, afin que ses paroles ne se perdissent point dans le confessionnal; et il parlait d'une voix pressée dont il éteignait soigneusement les éclats.

Que disait-il?

Elle n'entendait que le murmure monotone de sa voix qui ne s'élevait pas, qui ne s'abaissait pas, et il lui était impossible de saisir, de deviner un seul mot.

Il parlait toujours, et les phrases s'enchaînaient aux phrases, sans s'interrompre.

Au temps de l'abbé Colombe la confession du comte était très-courte, et c'était à peine si elle prenait plus de sept ou huit minutes.

Mais depuis que l'abbé Subileau était curé de Bourlandais, les minutes s'étaient ajoutées les unes aux autres, et les confessions du comte ou plutôt les exhortations du curé étaient devenues de plus en plus longues.

Cependant jamais elle n'avait pris autant de temps qu'en ce moment.

Assurément c'était de Richard que parlait l'abbé Subileau.

Il n'y avait pas à exhorter si longuement un homme tel que son grand-père, un si bon, un si parfait chrétien.

Elle ne pouvait plus lire les inscriptions des tombes et fiévreusement elle se promenait devant le porche, jetant un coup d'œil dans les profondeurs sombres de la vieille église chaque fois qu'elle passait devant la porte ouverte.

Ce qu'elle avait si ardemment voulu empêcher s'accomplissait en ce moment, son grand-père sans défense subissait l'influence de l'allié de madame Prétavoine, qui lui parlait avec l'autorité sacrée du vicaire de Dieu, au nom de Dieu même.

Et son grand père écoutait.

Par une sorte de pressentiment fatidique elle avait conscience que c'était sa vie qui se décidait derrière ce mur, dans l'ombre du confessionnal.

Et le temps s'écoulait toujours; les minutes, les quarts d'heure se succédaient.

Invinciblement poussée, elle venait jusqu'au seuil de l'église, puis elle reculait, car c'eût été un sacrilége d'écouter, un crime d'entendre.

Enfin un bruit de pas retentit sur les dalles.

Vivement elle s'avança, croyant que son grand-père allait sortir; mais il remonta l'église, et elle le vit s'agenouiller devant l'autel de la Vierge, puis bientôt après l'abbé Subileau vint s'agenouiller sur la même marche que lui, mais du côté opposé.

Au bout de quelques instants, le comte se leva et se dirigea vers la sortie.

Quand il arriva dans la lumière, elle fut effrayée de voir son visage bouleversé; un cri allait s'échapper de ses lèvres pour l'interroger, mais elle le retint.

— Tu as été bien longtemps, dit-elle.
— Oui.

Et ce fut sa seule réponse.

Il marchait la tête penchée en avant, comme s'il portait un poids écrasant, et ils firent toute la route sans échanger un seul mot; Bérengère respectant ce recueillement, et pour la première fois depuis qu'elle vivait près de son grand-père, n'osant pas l'interroger.

Le dîner fut morne ; le comte mangea à peine, et il ne parla point.

En se levant de table, il embrassa Bérengère, et se retira dans sa chambre.

Bérengère passa sa soirée à écrire à Richard, lui racontant ce qu'elle avait fait, mais elle ne put pas répondre à la question qu'il lui avait posée avec tant d'anxiété : « Quand nous verrons-nous ? »

L'horizon ne s'était point éclairci ainsi qu'elle l'avait espéré ; tout au contraire, il s'était chargé de nouveaux nuages plus sombres ; et il fallait attendre encore pour voir ce qu'ils portaient dans leurs flancs gros d'orages menaçants.

Pour le rassurer, elle ne put lui dire qu'une chose, qu'elle l'aimait, qu'elle l'adorait et qu'elle défendrait leur amour sans faiblesse comme sans peur.

Le dimanche était un grand jour à la Rouvraye ; car, se conformant aux instructions que saint François de Sales donne dans sa *Philothée*, M. de la Roche-Odon communiait tous les huit jours, et pour donner plus de pompe à cet acte de piété, il avait adopté la grand'messe du dimanche.

Tous les dimanches il s'habillait en grande toilette, habit noir et cravate blanche ; il mettait ses décorations, son cordon de Saint-Grégoire le Grand, et dans sa vieille calèche de gala, conduite par son cocher à perruque poudrée, il descendait avec Bérengère à l'église de Bourlandais.

Mieux que les cloches de l'église, le passage de la calèche par les rues du village annonçait que la messe allait commencer, et ceux qui étaient en retard se hâtaient derrière la calèche, à laquelle les gamins faisaient cortége, en admirant avec un ébahissement toujours nouveau la perruque du cocher et les mollets des valets de pied, qui, debout sur le siége de derrière, faisaient belle jambe.

C'était toujours au milieu d'un cercle de curieux, qu'il saluait affectueusement, que le comte descendait de voiture; puis marchant à côté de Bérengère, en redressant sa grande taille voûtée, il se dirigeait vers la tribune que de temps immémorial les La Roche-Odon occupaient dans le chœur de l'église, et où se trouvaient arrivés avant lui, et placés selon leur rang, tous les serviteurs de sa maison : hommes, femmes, enfants, les domestiques intimes, aussi bien que les valets de ferme et les gardes forestiers, tout le monde, par ordre, devait assister à la grand'messe; et c'était à la tête de ce personnel, sur le premier banc, bien en vue de tous les fidèles de sa paroisse, que le comte de la Roche-Odon se plaçait avec Bérengère, donnant à tous, tant que durait l'office divin, l'exemple édifiant de la piété et du recueillement.

Puis au moment de la communion, seul les dimanches ordinaires, suivi de Bérengère et de toute sa maison aux grandes fêtes de l'année, il sortait de son banc et allait s'agenouiller à l'autel.

Ainsi là comme partout, plus que partout même, il se conformait à ce principe de sa vie que ceux qui occupent une haute position ont pour devoir de donner l'exemple à ceux qui sont placés au-dessous d'eux.

Quand le matin du dimanche qui suivit cette confession, Bérengère descendit de sa chambre pour monter en voiture, elle fut surprise de ne pas trouver son grand-père en toilette comme à l'ordinaire : l'habit était remplacé par une redingote noire, pas de cravate blanche, pas de décorations.

Elle ouvrit les lèvres pour lui demander ce que signifiait ce changement à une règle qui, depuis qu'elle habitait la Rouvraye, avait toujours été scrupuleusement observée, mais la réflexion lui fit retenir sa question.

Elle monta donc en voiture sans rien dire, et pendant le trajet elle garda le silence, suivant sa pensée intérieure comme son grand-père paraissait suivre la sienne.

Tous les dimanches le comte disait l'office de la messe avec une piété parfaite, mais jamais elle ne l'avait vu prier avec cette ardeur, et une profonde émotion la troublait.

— Cher grand-papa, se disait-elle, c'est pour moi qu'il prie ; il demande à Dieu de l'éclairer.

Et s'unissant à sa prière en toute ferveur, elle disait :

— O mon Dieu, je vous en prie, donnez-lui la tranquillité de la conscience et le repos !

Lorsqu'arriva le moment de la communion, elle s'effaça un peu comme de coutume pour le laisser passer, car elle se trouvait sur son passage.

Mais à sa grande surprise il ne quitta pas sa place.

Il était agenouillé et les coudes appuyés sur la barre

supérieure de son prie-Dieu, il se tenait la tête cachée dans ses deux mains.

Est-ce que, plongé dans sa prière, il ne savait pas que le moment était venu d'aller recevoir la communion?

Elle lui toucha le bras.

Mais sans relever la tête il lui répondit un seul mot d'une voix étouffée :

— Non.

Non ! Il ne communiait point ! Un éclair sinistre lui montra la terrible vérité : l'abbé Subileau avait refusé l'absolution à son grand-père ; ainsi s'expliquaient cette longue confession et ce morne désespoir.

Lui, l'homme saint par-dessus tous, n'avait pas trouvé grâce devant son confesseur, était-ce possible !

Cependant c'était chose si bien réglée, cette communion du comte de la Roche-Odon, que les chantres s'étaient rangés comme à l'ordinaire pour le laisser passer : et dans l'assistance tous les yeux fixés sur lui, se demandaient pourquoi il ne quittait pas son banc.

Mais le prêtre à l'autel avait continué le saint sacrifice de la messe.

Et dans l'assistance la vérité s'était faite comme pour Bérengère quelques secondes auparavant.

— Le comte de la Roche-Odon ne communiait point !

Ce fut le mot que chacun se répéta à la sortie de la messe et qui courut les groupes qui s'étaient formés dans le cimetière et sur la place de l'église.

— Ah çà ! il a donc commis quelque crime, le vieux comte ? dit une voix.

XV

Si le trajet en venant du château à l'église avait été pénible pour Bérengère, le retour de l'église au château le fut bien plus encore.

En venant, elle n'avait qu'à respecter une préoccupation dont elle ne connaissait pas précisément la cause.

Mais en retournant elle se trouvait en présence d'une grande douleur, et elle n'ignorait plus ce qui l'avait provoquée.

Que devait-elle faire?

Son premier mouvement en montant en voiture avait été de se jeter dans les bras de son grand-père; mais n'était-ce point provoquer une scène d'épanchement qui pouvait devenir dangereuse? Elle n'avait pas à penser seulement à son grand-père; elle devait aussi ne pas oublier qu'elle s'était chargée de défendre Richard. Que répondrait-elle si son grand-père lui disait : « C'est lui qui est cause de tout; » devait-elle en un pareil moment risquer une explication ?

De là des hésitations et de cruelles angoisses.

Cependant tandis qu'elle réfléchissait ainsi, le comte, appuyé dans son coin, restait immobile, la tête inclinée sur la poitrine, les mains posées sur ses cuisses, dans une attitude accablée.

De temps en temps seulement, un gros soupir, — seul signe de vie, — s'échappait de sa poitrine.

Elle fut prise d'une profonde pitié et dans un élan de tendresse, se penchant en avant, elle lui saisit la main et la soulevant un peu, elle l'embrassa.

Dans les dispositions où se trouvait le comte, la tendresse enfantine de sa petite-fille, qu'il aimait passionnément, devait l'émouvoir jusqu'au fond du cœur.

Il la prit dans ses bras.

— Oh ! mon enfant, dit-il, ma fille chérie !

— Grand-père !

Mais la calèche arrivait devant le perron ; Bérengère se dégagea doucement.

Et quand le valet de pied, qui était descendu lentement de son siége pour abaisser le marchepied, s'approcha de la portière, il ne put pas surprendre le grand-père et la petite-fille dans les bras l'un de l'autre.

Ordinairement le comte, en revenant de la messe, montait à son appartement pour remplacer son habit par un vêtement plus simple, car c'était seulement pour Dieu qu'il se mettait en grande tenue ; mais ce jour-là il n'avait pas à revêtir une autre toilette ; et l'espérance que Bérengère avait de pouvoir échanger quelques franches paroles avec lui, dans sa chambre, alors qu'il était encore sous l'impression de son effusion de tendresse, ne se réalisa point. Au lieu de monter à sa chambre, où ils auraient été seuls, le comte entra dans la salle à manger, où déjà se trouvaient les domestiques prêts à servir, car, montant par ce qu'on appelait le *raidillon* au lieu de suivre le grand chemin, ils arrivaient toujours au château avant la calèche.

Ce n'était pas la faim qui avait fait entrer le comte si vivement dans la salle à manger, car il toucha à peine au petit morceau de pain qu'on lui servit et il ne but qu'une petite tasse de thé.

Devant les domestiques qui circulaient autour d'eux, Bérengère ne pouvait rien dire, et quand le déjeuner fut terminé, ce qui ne prit pas beaucoup de temps, l'heure des épanchements était passée.

Comme elle voulait suivre son grand-père, qui se dirigeait vers son cabinet, celui-ci l'arrêta.

— J'ai des lettres à écrire, dit-il.

Évidemment il voulait être seul, et sans doute éviter une explication ou une discussion ; elle ne pouvait donc pas insister, car en lui faisant une sorte de violence, elle supprimait les circonstances favorables dont elle devait préalablement s'entourer.

Il fallait attendre.

Le soir, avant de se séparer, il lui annonça qu'ils partiraient le lendemain pour Paris, et il la pria de faire ses préparatifs pour une absence de huit ou dix jours.

A tout autre moment une pareille nouvelle l'eût

chagrinée, et dans cette absence de dix jours elle n'eût vu qu'un éloignement de Richard et partant une douloureuse séparation.

Mais ce ne fut pas à Richard qu'elle pensa tout d'abord, ce fut à son grand-père.

— Au moins il échappera à l'influence de l'abbé Subileau, se dit-elle, et dimanche prochain, à l'humiliation qu'il a subie aujourd'hui.

C'était de son grand-père seul, de sa santé, de son repos qu'elle devait avoir présentement souci ; c'était de soulager la douleur qui venait de le frapper qu'elle devait s'inquiéter.

Ce fut seulement par la réflexion qu'elle comprit combien fortement ce voyage atteignait Richard et par suite l'atteignait elle-même.

Si en partant son grand-père échappait à la messe du prochain dimanche, il supprimait en même temps le dîner du prochain jeudi.

Richard ne viendrait donc pas au château, comme il était de règle depuis longtemps.

C'était donc une habitude qui se trouvait interrompue par le fait seul de cette absence.

Ne serait-elle pas rompue ?

Et n'était-ce pas cela que son grand-père aurait cherché à obtenir par ce voyage à Paris ?

Ne voulant pas écrire franchement à Richard, n'avait-il recouru à un moyen détourné pour l'empêcher de venir ?

Si les choses étaient ainsi, et il y avait des probabilités pour qu'elles fussent telles, combien grave devenait la situation !

Et cependant, après ce premier mouvement de crainte, elle se dit qu'elle ne devait pas dans sa juste appréhension aller jusqu'au pire, car il était bien certain que si son grand-père avait été fermement décidé à rompre avec Richard, il ne se serait pas vu refuser l'absolution par l'abbé Subileau.

Il y avait donc de l'hésitation dans l'esprit comme dans le cœur de son grand-père.

De là, pour lui, ces angoisses qui le tourmentaient si misérablement.

Et, d'autre part, de là pour eux des raisons de ne pas désespérer.

Elle passa une partie de la nuit à écrire à Richard, pour lui expliquer les incidents de la journée, lui apprendre son départ et lui exposer aussi clairement qu'il lui fut possible, la situation telle qu'elle la comprenait.

Elle termina en lui promettant de lui écrire de Paris aussi souvent que possible, de manière à ce qu'il ne souffrît pas trop de leur séparation.

Pour elle, elle ne pourrait pas recevoir de lettres, et ce lui serait un vif chagrin que ce silence ; mais elle tâcherait de l'adoucir en pensant constamment à leur amour ; qu'il fût tranquille, elle serait avec lui à Condé, toujours près de lui, d'esprit et de cœur.

Ce fut seulement à Paris, dans la boîte de l'hôtel, qu'elle put jeter cette lettre à la poste.

Une de leurs premières sorties à Paris fut pour aller chez Carbonneau, que le comte voulait consulter.

Mais cette fois le célèbre médecin se montra moins rassuré que lorsqu'ils l'avaient vu immédiatement après l'attaque d'apoplexie, ou tout au moins il adressa à son malade une série de questions qui prouvèrent à Bérengère que l'état de son grand-père n'était pas satisfaisant.

— Vous ne vous êtes pas conformé à ce que je vous avais recommandé, dit-il.

— J'ai scrupuleusement pris tous vos médicaments.

— Ce n'est pas des médicaments que je parle; je veux dire que vous n'avez pas dû apporter dans votre vie quotidienne le calme et la tranquillité sans lesquels tous les remèdes du monde ne sont rien; votre teint, votre pouls me font votre confession; vous avez été agité; vous avez eu des inquiétudes, des chagrins.

— Il est vrai, mais...

— Ah! je ne vous demande pas d'explication, j'aime mieux une promesse.

— Une promesse ?

— Puisque vous êtes à Paris prenez des distractions; voici une charmante enfant, — il sourit à Bérengère — qui, j'en suis certain, me servira volontiers d'aide; c'est à elle que je veux confier l'application de mes remèdes : ce soir elle vous conduira à l'Opéra, où Faure chante *Don Juan;* demain elle recommencera le remède en vous menant au Théâtre-Français, où Got joue le *Légataire universel;* dans la journée elle vous fera faire des promenades qui vous distrairont, sans vous fatiguer; un de ces jours j'irai vous faire une visite pour voir comment vous vous trouvez de ce traitement.

M. de la Roche-Odon n'était pas en dispositions

d'aller au théâtre, et Bérengère qui en toute autre circonstance eût été follement heureuse de ces plaisirs dont elle avait été si rigoureusement privée, ne pensait guère en ce moment à s'envoler sur les ailes de la musique de Mozart où à rire avec Crispin ; cependant ils se conformèrent aux prescriptions de Carbonneau.

Si le théâtre et la promenade n'étaient point des distractions souveraines pour le comte, ils étaient au moins des occupations.

Un matin que Bérengère était restée à l'hôtel avec miss Armagh, tandis que son grand-père était à la messe, une femme de service lui apporta dans sa chambre la carte de Carbonneau.

Surprise et inquiète, elle demanda à miss Armagh d'aller recevoir le médecin et de le prier de monter.

Presque aussitôt Carbonneau arriva.

La figure troublée avec laquelle elle le reçut, apprit à celui-ci combien elle était effrayée.

— Depuis deux jours je viens chaque matin à votre hôtel pour vous voir seule, dit-il, mais M. votre grand-père s'est toujours trouvé là, et ce n'est pas devant lui que je puis m'entretenir avec vous.

— Mon Dieu ! murmura-t-elle.

— Il ne faut pas vous effrayer ainsi, mon enfant ; je ne vois pas de danger immédiat dans sa position.

— Immédiat !

— Je veux dire qu'avec des précautions et des soins, le danger peut être écarté ; c'est pour cela que j'ai voulu vous voir en particulier, ce qui n'était pas très-facile, c'est pour appeler votre attention sur ces deux points : les précautions et les soins, surtout, et par-dessus tout, les précautions ; évitez-lui tout ce qui peut le troubler, l'inquiéter, agiter son sommeil, lui donner la fièvre.

— Je n'ai pas ce pouvoir, hélas !

— Il faut le prendre ; si l'intelligence de votre grand-père est restée intacte, son énergie et sa volonté ont faibli ; substituer votre volonté à la sienne, vouloir pour lui : voilà quel doit être votre rôle.

— Mais...

— Vous êtes bien jeune, cela est vrai ; mais la tendresse et l'amour nous donnent bien souvent des forces qui ne sont pas de notre âge ; voyez les miracles qu'accomplissent ces filles aînées qui, par la mort de leur mère, se trouvent mères de famille ; du jour au lendemain elles cessent d'être enfants.

— Ce n'est pas le courage qui me manque.

— Votre grand-père vous adore, et il subit votre influence d'une façon absolue ; dirigez-le au lieu de vous laisser diriger par lui. Voilà mon conseil. Suivez-le autant que possible ; et vous aurez la joie d'avoir sauvé votre grand-père et de vous l'être conservé vous-même.

Si miss Armagh n'avait point été présente, Bérengère aurait confessé la vérité entière au docteur Carbonneau qui lui inspirait autant de sympathie que de confiance ; mais cette confession, elle ne pouvait pas la faire devant son institutrice ; comment dire devant elle tout ce qu'elle avait à dire de son grand-père et des influences qui pesaient sur lui ? comment parler d'elle-même et de son mariage ?

Et puis, d'ailleurs, quel résultat aurait amené cette confession ?

Carbonneau pouvait bien envoyer son grand-père à l'Opéra et au Théâtre-Français.

Mais pouvait-il l'envoyer se confesser à l'abbé Colombe au lieu de se confesser à l'abbé Subileau ?

Avait-il des remèdes pour guérir les scrupules que son grand-père éprouvait à l'égard des croyances de Richard ?

En avait-il pour le guérir de la peur de la mort, dont justement il mourait ?

En avait-il pour panser la plaie saignante que le refus de l'absolution avait faite à sa conscience ?

Que pouvait le médecin sur toutes ces causes de troubles, d'inquiétudes, de tourments et de fièvres ?

Si son grand-père avait foi en Carbonneau pour tout ce qui était maladie du corps, il n'avait aucune confiance dans ce médecin matérialiste pour tout ce qui était maladie de l'âme.

Et c'était précisément dans l'âme, Carbonneau le disait lui-même, qu'était le mal qui minait sa santé.

C'était seulement le médecin de l'âme qui pouvait le guérir en le débarrassant des doutes qui le torturaient, et non le médecin du corps.

Elle n'avait donc rien dit, et docilement, bien que sans grande confiance, elle avait écouté les conseils que Carbonneau lui donnait avec une sollicitude toute paternelle.

Elle ferait ce qu'il ordonnait.

Ou plutôt elle ferait ce qu'elle pourrait.

Mais elle pourrait, elle pouvait si peu !

Et quand Carbonneau fut parti, elle resta livrée aux plus cruelles angoisses qu'elle eût jamais endurées.

— Il faut nous appliquer à distraire M. le comte, disait miss Armagh ; je vous promets que pour ma part, je vais m'y employer de tout mon cœur. Que pensez-vous de l'idée qui m'est venue de lui lire Burns en le lui traduisant ; il ne le connaît point, et je suppose que la sensibilité naïve de ce grand poëte le toucherait doucement au cœur, en choisissant, bien entendu.

Non, ce n'était point la lecture des poëmes de Robert Burns, même choisis, qui pouvait guérir M. de la Roche-Odon.

Deux choses seules pouvaient amener cette guérison :.

Le mariage de sa fille.

Et sa réconciliation avec Dieu.

Mais justement, ne s'excluaient-elles pas l'une l'autre ?

Marier sa fille avec un impie tel que Richard, n'était-ce pas rendre sa rupture avec Dieu irréparable et pour jamais ?

Tandis que cette réconciliation devenait toute naturelle et facile, si, au lieu de prendre Richard de Gardilane pour gendre, il prenait Aurélien Prétavoine.

En sentant cette idée se former dans son esprit bouleversé, Bérengère poussa une exclamation et étendit les deux bras en avant instinctivement, pour se défendre, comme si Aurélien eût été là devant elle.

— Qu'avez-vous donc, mon enfant ? demanda miss

Armagh, arrivant effrayée de la chambre voisine.

— Rien, je vous remercie ; une mauvaise pensée qui m'a traversé l'esprit.

Était-ce possible ?

Est-ce que vraiment il était en son pouvoir de sauver son grand-père ?

Est-ce que vraiment elle n'avait qu'un mot à dire ?

— J'accepte le comte Prétavoine.

Si elle ne disait pas ce mot, c'était donc elle qui tuait son grand-père ?

Non, non, cela était impossible, monstrueux, fou, criminel envers Richard, infâme envers elle-même.

Et un cri s'éleva du fond de son cœur contre madame Prétavoine et contre l'abbé Subileau.

Si elle avait commis la faute d'aimer Richard, n'était-ce pas eux, cette femme et ce prêtre, qui devaient porter la juste responsabilité de la situation présente, si pleine de douleurs et de menaces ?

Si l'abbé Colombe était resté le confesseur de son grand-père, la plus grande de ces douleurs eût été évitée.

Sans doute il n'y avait pas à espérer que son grand-père retournât jamais à l'abbé Colombe, ce qui serait la négation même de ses principes, mais il n'était pas impossible qu'il abandonnât l'abbé Subileau momentanément ; pour cela il fallait tout simplement que leur séjour à Paris se prolongeât. Dans ce cas, il ne resterait pas assurément tout le temps que durerait cette absence sans se confesser, et le prêtre auquel il s'adresserait à Paris n'aurait pas les mêmes raisons que l'abbé Subileau à Bourlandais pour lui refuser l'absolution : la réconciliation avec Dieu s'opérerait donc tout simplement, tout naturellement, et la cause principale de ses tourments se trouverait supprimée, au moins pour le moment.

Ce fut un grand soulagement pour elle que d'arriver à cette conclusion, car il lui parut impossible que, si elle manœuvrait avec un peu d'adresse, son grand-père lui refusât de rester à Paris plus longtemps qu'il n'en avait eu l'intention tout d'abord.

N'était-ce pas obéir à Carbonneau ?

Mais les choses ne s'arrangèrent point ainsi.

Trois jours après cette visite de Carbonneau, le comte reçut une lettre du notaire Griolet qui lui annonçait que les frères Ventillard venaient de suspendre leurs paiements; or c'était sur les sommes qui lui étaient dues par les Ventillard que M. de la Roche-Odon comptait pour acheter à la vicomtesse son consentement au mariage de Bérengère, et aussi pour rembourser à madame Prétavoine l'annuité de cent mille francs, qui allait devenir exigible; toutes ses combinaisons, toutes ses mesures reposaient sur cette créance, qui se composait de deux cent cinquante mille francs qui lui étaient dus d'anciens temps, et de quatre cent mille francs de coupes de bois qu'il leur avait vendues en devançant les aménagements réguliers.

Si les Ventillard faisaient faillite, c'était pour lui un désastre irréparable qui le mettait dans le plus grand embarras non-seulement à l'égard de la vicomtesse, mais encore vis-à-vis de madame Prétavoine.

En présence d'un pareil danger il était impossible

de rester à Paris, il fallait retourner au plus vite à Condé pour voir où en étaient les choses.

Ainsi son grand-père allait retomber sous l'influence de l'abbé Subileau.

Ainsi il fallait renoncer à obtenir le consentement de sa mère.

Ainsi madame Prétavoine allait entrer de nouveau en relations avec son grand-père.

Quels coups pour Bérengère! Comment son pauvre grand-père supporterait-il de pareils tourments? Comment lui donner maintenant le calme que Carbonneau exigeait?

En arrivant à Condé, M. de la Roche-Odon se fit conduire chez Griolet.

La faillite était déclarée depuis la veille; on ne perdrait pas tout, l'actif même était assez élevé comparé au passif, mais les affaires des Ventillard étaient dans un tel désarroi qu'il avait été impossible d'éviter la faillite; un syndic seul pouvait mettre de l'ordre dans ce gâchis, mais il faudrait du temps pour cela.

Du temps! c'était justement ce que le comte ne pouvait pas donner.

— Si vous voulez, dit Griolet, je verrai madame Prétavoine pour les cent mille francs qui vont être exigibles, ou plutôt vous feriez peut-être bien de la voir vous-même; elle serait très-sensible, j'en suis certain, à une démarche personnelle, à une visite; voulez-vous que je lui écrive pour la prévenir de cette visite?

Aller en solliciteur, en débiteur qui demande un

délai chez cette madame Prétavoine, quelle humiliation pour le comte de la Roche-Odon? cependant son hésitation fut de courte durée.

— Soit, dit-il, j'irai puisque vous me le conseillez ; veuillez écrire.

Mais à cette lettre, madame Prétavoine répondit que c'était à elle d'avoir l'honneur de se rendre chez M. le comte de la Roche-Odon, et non au comte de se déranger pour venir chez elle ; sa maxime n'était-elle pas celle de ses amis : *omnia serviliter pro dominatione*, toutes les bassesses pour réussir ; il était inutile d'humilier le comte en ce moment ; c'était une satisfaction dont elle devait se priver, et d'autre part, l'intérêt qu'elle avait à retourner à la Rouvraye était trop grand, pour qu'elle le subordonnât à une joie de vanité.

Elle se présenta donc à la Rouvraye avec humilité, comme à l'ordinaire.

— M. le comte désirait un délai pour les cent mille francs qui allaient être exigibles. Rien n'était plus juste, car qui aurait pu penser que les Ventillard tomberaient en faillite? Elle était donc toute prête à accorder ce délai. A l'échéance, M. le comte voudrait bien remplacer les cent mille francs qu'il devait lui verser par deux billets de cinquante mille francs chacun : l'un à trois mois, l'autre à six mois, renouvelables bien entendu à la volonté de M. le comte ; c'était une simple formalité de banque. Elle était heureuse de rendre ce léger service à M. le comte, et en échange, s'il le voulait bien, elle lui demanderait une permission, qui légalement lui était inutile, mais qui moralement lui était indispensable : c'était de transporter une somme de quatre cent mille francs de la dette qu'il avait contractée envers elle, car la faillite Ventillard lui causait aussi de grands embarras.

Le comte ne pouvait pas refuser cette permission ; que lui importait d'avoir deux créanciers au lieu d'un seul ? c'était madame Prétavoine qui avait voulu être sa seule créancière, maintenant elle changeait d'avis, cela n'avait pas d'importance pour lui.

Les affaires ainsi arrangées à la grande satisfaction du comte, madame Prétavoine se disposa à se retirer, seulement avant, elle avait encore une grâce à demander : qui était que ce qui s'était passé entre eux, au sujet d'une affaire intime, fût oublié.

— Mais certainement.

— Alors, s'il en est ainsi, j'ose espérer, monsieur le comte, que vous voudrez bien nous rendre la faveur que vous nous accordiez autrefois, je veux dire l'honneur de nous recevoir, quelquefois, oh! pas bien souvent, quelquefois seulement ; c'est pour notre considération, pour celle de mon fils que j'implore cette grâce.

Que répondre à une demande présentée ainsi ?

Le comte invita madame Prétavoine et son fils pour le jeudi suivant.

XVI

Au milieu de ses inquiétudes et de ses chagrins, Bérengère avait éprouvé une grande joie : dans l'arbre qui lui servait de boîte aux lettres, le septième chêne de l'avenue qui conduit de la grand'route au château, elle avait trouvé onze lettres de Richard, c'est-à-dire autant qu'elle avait été de jours absente.

Il lui avait écrit tous les jours, sans même savoir quand elle pourrait lire ses lettres, et chaque jour il était venu mettre sa lettre dans le trou que les ans avaient creusé au tronc du chêne : comme il avait pensé à elle ! et comme elle était touchée de ce témoignage d'amour !

Il ne lui fallut rien moins que cette joie pour supporter, sans en être accablée, la nouvelle que madame Prétavoine et son fils viendraient dîner le jeudi suivant à la Rouvraye.

Quand son grand'père lui fit part de l'invitation

qu'il avait adressée à madame Prétavoine, elle fut soulevée par un mouvement de révolte.

— Eh quoi ! il en était là, lui, comte de la Roche-Odon !

Mais elle le vit devant elle si malheureux, si humilié de ce qu'il venait de dire, qu'elle retint les paroles d'indignation qui du cœur lui montaient aux lèvres.

Sa colère se changea en pitié.

Comme il avait dû souffrir, lui si fier, lui si grand, d'être amené à une pareille concession par des nécessités d'argent. Qui l'avait causée, cette détresse financière ? Elle ne le savait que trop. Et pouvait-elle vraiment, elle, fille de son père, se plaindre d'une détresse qui résultait de la loyauté de son grand-père ?

Car n'ayant pas de doutes à ce sujet, elle était convaincue que c'était en exploitant sa qualité, sa puissance de créancière que madame Prétavoine était parvenue à s'imposer et à imposer son fils.

— Payez-moi ou recevez-moi.

Il n'avait pas pu la payer, il l'avait reçue.

Cela était triste et humiliant ; mais pouvait-elle le lui reprocher, alors qu'elle savait mieux que personne que toutes ses propriétés étant engagées, il ne trouverait pas à emprunter la somme qui lui était nécessaire pour payer ce qui était dû dès maintenant à cette terrible madame Prétavoine.

Il est vrai qu'il pouvait les vendre, ces propriétés ; mais quel coup pour lui : se séparer de ce qu'il avait reçu de ses pères, c'était la mort.

Il avait donc été obligé de céder ; elle comprit, elle admit cela.

Mais son parti fut pris ; si Aurélien Prétavoine revenait à la Rouvraye, il fallait que ce jour-là Richard fût présent.

Ce fut ce qu'elle écrivit à Richard en le prévenant de l'invitation adressée à madame Prétavoine et « au bon jeune homme » ; car elle ne voulait pas qu'il apprît cette nouvelle par un autre que par elle.

« Arrivez un peu tard, lui dit-elle, au moment
» où l'on se met à table ; partez de bonne heure, et
» quand il y aura encore des invités au château ; dans
» ces conditions, grand-père ne pourra pas avoir avec
» vous un entretien dans lequel s'échangeraient des
» paroles qui doivent être soigneusement évitées. Le
» moment des explications n'est pas arrivé. Et chaque
» jour qui s'écoule est un jour de gagné ; il est vrai
» que grand-père peut vous demander un rendez-
» vous ; mais je ne crois pas qu'il ait cette énergie de
» provoquer une explication. Vous, de votre côté,
» vous n'avez pas à lui en offrir ; il me semble que
» vous n'avez qu'à lui répondre, s'il vous interroge.
» Vous vous présentez ; il ne vous demande rien ;
» l'honneur est sauf. Si une discussion s'engage à
» table, provoquée par nos ennemis, de manière à
» vous forcer de parler, faites-le avec modération,
» mais aussi avec franchise. Au reste, je serai là, et
» je vous promets de me jeter dans la mêlée pour
» vous couvrir ; ceux qui vous attaqueront, qui nous
« attaqueront n'auront pas à chanter victoire. »

Le capitaine se conforma à ces instructions ; il

n'arriva que deux ou trois minutes avant l'heure du dîner, et en entrant dans le salon où tous les convives se trouvaient déjà, il se dirigea vers le comte pour lui serrer la main et s'informer des nouvelles de sa santé.

En l'apercevant, M. de la Roche-Odon laissa paraître un mouvement de surprise ; mais, ainsi que Bérengère l'avait dit, ce n'était pas le moment d'engager une discussion ; il mit donc sa main dans celle que le capitaine lui tendait, et il répondit poliment, gracieusement même à ses questions.

Puis, ses devoirs de politesse remplis envers le comte, Richard se retourna vers Bérengère qui depuis son entrée ne l'avait pas quitté des yeux.

Leurs paroles furent insignifiantes, mais combien de choses, de caresses, de tendresse, d'amour, dans leur muet serrement de main.

L'entrée du capitaine avait produit une sorte de sensation.

Madame Prétavoine, Aurélien et leurs amis l'étudiaient curieusement.

Le comte et la comtesse O'Donoghue, le baron M'Combie, le suivaient avec intérêt.

Mais, de tous les invités, celui qui lui témoigna le plus franchement son amitié, ce fut Dieudonné de la Fardouyère, qui traversa tout le salon pour venir lui serrer les mains avec ces démonstrations bruyantes qui lui étaient habituelles.

Ayant depuis longtemps déjà renoncé à devenir le mari de mademoiselle de la Roche-Odon et à réaliser les espérances de « ses nobles parents », Dieudonné avait ouvertement pris parti pour le capitaine de Gardilane, contre « le comte du pape » ; et il ne manquait pas une occasion de marquer hautement ses préférences : non-seulement il accablait M. de Gardilane de son amitié encombrante, toutes les fois qu'il le rencontrait, mais encore il allait presque chaque jour le relancer chez lui ou bien aux casernes, pour passer une heure ou deux à bavarder, ce qui était la grande affaire de sa vie inoccupée et vide.

Comme Richard, délivré de Dieudonné, se tournait vers la comtesse O'Donoghue qui s'entretenait avec l'abbé Subileau, celui-ci prit la parole.

— Nous ne pensions pas avoir le plaisir de vous voir aujourd'hui, dit-il.

Mais Bérengère veillait, et bien qu'elle parût attentive aux compliments du marquis de la Villeperdrix, elle ne perdait rien de ce que faisait et de ce que disait Richard, ni de ce qu'on lui disait.

— Et pourquoi donc n'espériez-vous pas voir M. de Gardilane aujourd'hui ? demanda-t-elle.

Cela fut jeté d'une façon si nette que l'abbé Subileau resta interdit.

Il chercha ce qu'il répondrait bien, mais il lui fallut du temps pour trouver quelque chose, et quand il eut enfin arrangé sa réponse dans sa tête, il était trop tard pour la débiter ; les portes de la salle à manger venaient de s'ouvrir, le dîner était servi et Bérengère, lui tournant le dos, avait pris le bras du baron M'Combie.

Cette escarmouche, remarquée de tout le monde, eut cela de bon qu'elle rendit madame Prétavoine et ses amis circonspects : il était imprudent de s'exposer aux insolences de cette jeune fille mal élevée qui ne respectait pas même la robe sacrée du prêtre ; et puis, à quoi bon engager une lutte ouverte dans laquelle on pouvait recevoir des coups, quand dans l'ombre et en toute sûreté on pouvait marcher à son but ? Cette réflexion fut celle de l'abbé Subileau qui, sûr d'avoir son heure, trouva plus prudent de l'attendre.

Le dîner se passa donc sans qu'on abordât des sujets dangereux, et sans que les attaques que Bérengère redoutait se produisissent : chacun se tint sur la défensive, au moins ceux qui étaient en état d'hostilité, c'est-à-dire Bérengère et Richard d'une part, et d'autre part madame Prétavoine, Aurélien et leurs amis.

Lorsqu'on revint dans le salon, Bérengère, qui voulait éviter que son grand-père pût céder à la tentation d'engager un entretien avec Richard, organisa un jeu auquel elle convoqua ceux des convives qui étaient assez jeunes pour jouer, c'est-à-dire Richard, Dieudonné, le marquis de la Villeperdrix et même Aurélien : jamais elle n'avait montré autant d'entrain, autant de gaieté fiévreuse ; à la voir affairée et rieuse, on aurait pu croire qu'elle ne pensait qu'à s'amuser, alors qu'en réalité elle ne pensait qu'à Richard.

Grâce à elle, la soirée se passa sans encombre, et Richard put se retirer sans que le comte lui eût dit un seul mot en particulier.

A la vérité, elle n'avait pas pu non plus échanger elle-même ni une parole intime, ni un regard de tendresse avec lui, mais ce n'était pas de leurs satisfactions, de leurs joies personnelles qu'il s'agissait.

Il était revenu à la Rouvraye.

Malgré ses ennemis, et devant eux, il avait repris possession de la position dont ils avaient cru le chasser, et c'était là l'essentiel.

L'avantage était assez grand pour qu'elle s'en contentât, au moins pour le moment.

Toute glorieuse de ce succès, elle eut cependant la sagesse de ne pas en abuser et de comprendre que si elle avait été assez heureuse ce jour-là pour empêcher tout entretien entre Richard et son grand-père, elle n'aurait pas sans doute le même bonheur une autre fois.

Il fallait donc que Richard ne s'exposât pas à cet entretien, et pour cela il n'y avait qu'un moyen sûr, c'était qu'il quittât Condé pendant quelque temps.

La faillite des frères Ventillard ayant détruit les combinaisons de son grand-père, il ne fallait plus songer maintenant à obtenir le consentement de sa mère en échange d'une somme d'argent : où le prendrait-on, cet argent ?

Elle revint donc à son idée première, qui avait été d'obtenir ce consentement d'une manière toute simple et toute naturelle, c'est-à-dire en le demandant.

Bien qu'elle eût eu dans son enfance à souffrir cruellement dans la maison maternelle, elle se refusait à croire que sa mère voulût lui vendre son bonheur. Quand il parlait ainsi, son grand-père se laissait égarer par la haine. Que sa mère eût besoin d'argent, cela, elle le croyait ; mais qu'elle cherchât à s'en procurer par un pareil marché, elle ne pouvait pas, elle ne devait pas l'admettre.

Richard irait donc à Rome, et, par la seule persuasion, il obtiendrait de sa mère qu'elle l'acceptât pour gendre ; si un homme pouvait réussir dans cette affaire, c'était lui, lui seul ; quand sa mère l'aurait vu, l'aurait entendu, elle serait gagnée et elle ne le repousserait point.

De quelle force ne serait-il pas armé, quand il reviendrait ce consentement à la main.

Le lendemain, le chêne creux de l'avenue reçut une lettre dans laquelle elle exposait sa demande à Richard, en le priant de partir aussitôt que possible pour Rome.

Dans cette lettre s'en trouvait une seconde adressée à madame la vicomtesse de la Roche-Odon, via Gregoriana, n° 81, à Rome.

Lettre pressante, suppliante, tendre et respectueuse, confession sincère.

XVII

La réponse de Richard ne se fit pas attendre : elle était telle que Bérengère la voulait : il partirait pour Rome aussitôt qu'il aurait obtenu la permission qu'il demandait pour se rendre dans son pays natal, où des affaires de famille réclamaient sa présence ; s'il recevait cette permission dans quatre jours, comme il l'espérait, il quitterait Condé le lundi dans la nuit, il serait à Rome le jeudi matin, il en repartirait le jeudi soir et il serait de retour à Condé le dimanche ; le dimanche dans la nuit ou le lundi matin de bonne heure, il déposerait donc dans le chêne une lettre qui donnerait le résultat de son voyage.

— Oh ! il réussirait ! il n'était pas possible de croire que madame de la Roche-Odon refusât un homme tel que lui, jeune, beau, plein de tendresse, plein d'honneur, elle n'aurait qu'à le voir pour être gagnée, qu'à l'écouter pour être séduite.

Pourquoi ne donnerait-elle pas son consentement

à Richard? Que lui importait si les suppositions du comte n'étaient pas fondées, — et assurément elles ne l'étaient pas, — que sa fille épousât celui-ci ou celui-là? Ne voudrait-elle pas saisir l'occasion qui s'offrait de donner à cette fille, dont elle n'avait pas pu s'occuper jusqu'à ce moment, un témoignage de tendresse qui prouvât bien qu'elle aurait été, qu'elle était une mère pour elle.

Assurément, quand il reviendrait de Rome, il aurait ce consentement dans sa poche.

Il fallait donc que, d'ici là, elle préparât le terrain pour qu'ils pussent lui et elle, en faire usage auprès de son... auprès de leur grand-père.

Elle avait près de quinze jours devant elle, et en quinze jours avec de l'activité, avec de la décision et du courage, on fait bien des choses, si difficiles qu'elles se montrent au premier abord.

Le premier point à obtenir était que son grand-père ne se confessât pas à l'abbé Subileau, car elle était bien certaine que du jour où il échapperait à la direction de cet ami de madame Prétavoine, elle reprendrait sur lui son influence.

Mais comment arriver à cela?

Après avoir longuement réfléchi, elle se dit qu'il n'y avait qu'un moyen, qu'un seul.

C'était d'aller trouver Mgr Guillemittes, et de lui apprendre ce qui se passait.

Sans doute Mgr Guillemittes, lui aussi, était l'ami de madame Prétavoine, mais il était l'évêque du diocèse, et elle n'admettait pas la possibilité, elle élevée chrétiennement, dans le respect de la foi et de ses ministres, qu'un évêque approuvât une injustice aussi criante que celle dont l'abbé Subileau s'était rendu coupable.

N'était-il pas tout-puissant, n'était-il pas le maître, le roi de son diocèse ?...

C'était une démarche grave et difficile que celle qu'elle voulait entreprendre auprès de lui, mais elle n'était pas dans des conditions où les difficultés pouvaient l'arrêter ; n'était-ce pas de la vie de son grand-père qu'il s'agissait ; n'était-ce pas leur mariage qu'il fallait assurer ?

Un moment, elle eut la pensée de lui écrire pour le prévenir que tel jour et à telle heure elle se présenterait à l'évêché, et pour lui demander de vouloir bien la recevoir.

Mais elle renonça bien vite à cette idée, qui était vraiment dangereuse, car Mgr Guillemittes demanderait ce que signifiait cette étrange visite, et prévenu par les rapports qu'on lui faisait, ou bien il ne la recevrait pas, ou bien il l'écouterait, sachant d'avance ce qu'il aurait à lui répondre.

Il valait mieux le prendre à l'improviste et s'adresser à son cœur.

Comme il lui fallait une aide pour l'assister dans cette démarche, elle confia son projet à miss Armagh, non pour que celle-ci l'approuvât ou la guidât, elle croyait n'avoir pas besoin de conseil, mais pour qu'elle l'accompagnât à l'évêché.

Tout ce qui sortait des voies ordinaires était fait pour plaire à miss Armagh ; avec son esprit aventureux et romanesque, elle trouva sublime cette idée d'une jeune fille protégeant son grand-père.

— Mon enfant, vous êtes une nouvelle Judith, s'écria-t-elle.

La comparaison n'était pas très-juste, mais avec miss Armagh il ne fallait pas se montrer trop rigoureux.

— Certes oui, je vous accompagnerai, continua-t-elle, et avec empressement, avec courage ; si j'avais pu assister à cette messe, où M. le comte a été l'objet de cette inexplicable humiliation, je serais allée dire son fait à l'abbé Subileau, en sortant même de l'église ; malheureusement j'étais souffrante ce jour-là, vous vous en souvenez ; je suis donc heureuse de m'associer aujourd'hui à votre protestation, et vous pouvez compter sur moi pour parler à Monseigneur.

— Peut-être vaudrait-il mieux que je lui parlasse seule, dit Bérengère qui redoutait les élans de miss Armagh.

La vieille demoiselle parut tout d'abord légèrement interdite, mais après avoir réfléchi, elle trouva que son élève était plus sage qu'elle.

— Vous avez raison, dit-elle, il ne faut pas vouloir paraître exercer une pression sur Monseigneur.

C'était assurément un projet hardi, mais Bérengère était dans des dispositions où l'on ne s'arrête devant rien ; elle ne se sentait pas d'autre crainte que celle de n'être pas à la hauteur de la tâche qu'elle assumait.

Le samedi matin, sous prétexte d'aller faire des courses à Condé avec miss Armagh, elles se rendirent toutes deux à l'évêché.

Le cœur de Bérengère battit à coups redoublés quand elle traversa la grande cour glaciale où l'herbe pousse entre les pavés, qui se trouve entre la rue et les bâtiments épiscopaux.

— Je suis là, dit miss Armagh qui remarqua son émotion.

Elle avait cru qu'elle n'aurait qu'à demander Monseigneur pour être admise auprès de lui, mais les choses ne s'arrangèrent pas avec cette simplicité.

Le domestique à mine paterne, qui vint leur ouvrir la porte, répondit à leur demande par d'autres demandes.

— S'il s'agissait d'une affaire touchant les missions il fallait s'adresser à M. le premier vicaire général ; si c'était une affaire relative aux communautés ou à l'enseignement, il fallait au contraire s'adresser à M. le second vicaire général, au rez-de-chaussée, à gauche, dans la cour, la porte au fond.

— C'est une affaire particulière.

— Alors il faut s'adresser à M. le secrétaire intime ; si ces dames veulent monter au premier étage, c'est à la porte à droite.

Mais ces dames voulaient s'adresser à Monseigneur lui-même.

— Alors c'est la porte à gauche.

Bérengère coupa court à ces interrogations en priant ce valet trop aimable d'aller demander ou de faire demander à Monseigneur s'il daignait recevoir mademoiselle de la Roche-Odon.

Ce personnage important voulut bien s'acquitter lui-même de cette commission, et au bout de peu d'instants il revint dire avec des salutations obséquieuses que Monseigneur attendait Mademoiselle.

Puis, saluant de nouveau, ou plus justement faisant des génuflexions devant Bérengère, il marcha devant elle pour la guider.

Les salles qu'elles traversèrent étaient vastes et sombres, mais Bérengère était trop douloureusement préoccupée pour prêter attention aux objets extérieurs, elle n'avait qu'une pensée, qu'un souci : qu'allait-elle dire ?

Une dernière porte s'ouvrit, et elles se trouvèrent dans un cabinet de travail, dans lequel un prêtre était penché sur un bureau ; il leva la tête, c'était Monseigneur.

Alors quittant son bureau, il vint au devant de Bérengère, et lui avançant lui-même un fauteuil, il la fit asseoir, puis de la main il fit signe à miss Armagh de prendre un siège.

Il se fit un moment de silence ; l'évêque attendait que Bérengère prît la parole, et celle-ci attendait qu'il l'encourageât.

Ce fut miss Armagh qui vint à son secours.

— Mademoiselle de la Roche-Odon a voulu... dit-elle.

La glace était rompue. Bérengère continua :

— Je dois avant tout vous demander pardon, Monseigneur, de la liberté que j'ai prise de vous déranger ainsi ; mais il s'agit d'une affaire dont l'importance capitale m'a inspiré une audace que je n'aurais pas eue en toute autre circonstance.

Sans répondre, l'évêque s'inclina.

— C'est de mon grand-père que je veux vous parler.

Et alors elle lui raconta ce qui s'était passé le dimanche à l'église.

Quand elle eut achevé son récit, l'évêque la regarda, mais sans rien dire.

Elle avait cru qu'il allait l'interrompre, ou tout au moins l'interroger quand elle se tairait; il resta le coude appuyé sur le bras de son fauteuil.

Sous le regard qu'il fixait sur elle son cœur se serra, et un sentiment de crainte vague la troubla au point qu'elle ne trouva plus rien à dire.

Au bout d'un certain temps, pour elle horriblement long, l'évêque lui fit un signe de la main.

— Continuez, disait ce signe.

Continuer; mais elle avait tout dit puisqu'elle avait raconté les faits tels qu'ils s'étaient passés.

Comme elle se taisait, l'évêque précisa sa question :

— Eh bien? dit-il.

— Mais, Monseigneur, c'est votre secours que je viens demander.

— Mon secours?

— Vous connaissez mon grand-père, Monseigneur, vous savez quelles sont ses vertus, quelle est sa piété.

Mgr Guillemittes s'inclina en signe d'assentiment et d'approbation :

— Personne plus que moi ne rend justice à ces vertus.

— Eh bien alors, Monseigneur?

— Alors?

— Je veux dire : est-il possible qu'on refuse l'absolution à un chrétien tel que mon grand-père ?

L'évêque leva les deux mains avec un geste de profonde surprise :

— Je comprends, dit-il, vous venez me demander, n'est-ce pas, d'intervenir entre M. le comte de la Roche-Odon et son confesseur.

— Oui, Monseigneur.

— Mais mon enfant vous n'avez pas pensé à la gravité de votre démarche.

— J'ai pensé au repos de mon grand-père, à sa vie menacée, et n'espérant qu'en vous, Monseigneur, je suis venue vous implorer.

— Implorer quoi ?

— Mais vous venez de le dire, votre toute-puissante intervention.

— Ne savez-vous pas, ma fille, vous qui cependant avez été élevée chrétiennement, que le prêtre dans le confessionnal ne relève que de Dieu et de sa conscience ? C'est au nom de Dieu que l'abbé Subileau a refusé l'absolution à M. votre grand-père, et c'est à Dieu seul qu'il doit compte de cet acte auquel il ne se sera pas résolu légèrement, soyez-en certaine. Vous vous méprenez sur ce que vous appelez ma puissance. Elle est nulle dans un pareil cas.

Et longuement, compendieusement, avec douceur dans l'accent, mais aussi avec fermeté dans les paroles, l'évêque développa le thème qu'il venait d'indiquer en peu de mots : le confesseur ne relevant que de Dieu, pour qu'une intervention fût possible, même de la part d'un évêque, entre le confesseur et son pénitent, il faudrait que le prêtre pour justifier l'absolution qu'il avait donnée ou refusée, révélât justement le secret de la confession.

Avant qu'il fût arrivé au bout de son long sermon, Bérengère avait compris, elle avait senti qu'elle n'obtiendrait rien.

Elle avait cent choses à dire, cent bonnes raisons à faire valoir, elle renonça à tout; à quoi bon ? elle s'adressait à un sourd.

Quand il se tut, elle se leva :

— Vous m'avez fait comprendre la folie de ma démarche, dit-elle, pardonnez-la-moi.

Miss Armagh s'était levée aussi, et elle se tenait raide et immobile auprès de son élève ; un moment elle hésita quand Bérengère se dirigea vers la porte, alors, comme si elle parlait pour elle-même, et sans s'adresser à personne :

— J'ai un mot à dire, je le sais inutile, mais je dois le dire ; le voici : M. le comte de la Roche-Odon est un saint.

Et après une courte, une très-courte inclinaison de tête, sans aucune révérence, elle qui en faisait toujours de si longues et de si nobles, elle suivit Bérengère.

Jusqu'à quelques pas du château, elle exhala en paroles véhémentes sa douleur indignée, tandis que Bérengère marchait près d'elle se disant, se répétant le même mot :

— C'est ma faute.

Et elle se reprochait la folie de sa démarche, ainsi qu'elle avait dit à l'évêque : à l'avance, n'aurait-elle pas pu deviner ce qui allait se passer.

Et épouvantée elle regardait autour d'elle : l'abbé Subileau, Mgr Guillemittes.

Ah ! quel soutien pour sa foi ébranlée, de penser qu'il y avait sur cette terre des abbés Colombe.

Après cette cruelle déception, la journée n'était pas finie : on était au samedi et son grand-père allait sans doute descendre à Bourlandais, comme tous les samedis.

Ah ! si elle avait osé, comme elle l'eût prié de se laisser entraîner à Hannebault, auprès de l'abbé Colombe, où il retrouverait la paix de sa conscience.

Ce fut avec angoisse qu'elle compta les heures, ne pouvant pas l'interroger sur ce qu'il allait faire.

S'il se confessait, il était bien évident qu'il était décidé à rompre avec Richard.

Quelle cruelle attente !

Les heures s'écoulèrent ; il ne sortit pas de la Rouvraye.

L'abbé Subileau était abandonné.

Richard était sauvé.

Mais de même qu'elle n'avait point laissé paraître sa crainte qu'il allât à Bourlandais, de même elle n'osa pas lui témoigner la joie qu'elle éprouvait parce qu'il était resté au château.

La situation était telle qu'elle devait apporter une extrême prudence, aussi bien pour ce qu'elle disait que pour ce qu'elle ne disait point ; elle devait veiller constamment sur elle, sur ses regards, sur ses tristesses comme sur ses joies.

Pour le distraire de ses sombres pensées, elle voulut passer la soirée à jouer au tric-trac, et, de revanche en revanche, elle arriva à le faire coucher plus tard que d'ordinaire, dans l'espérance que moins il resterait de temps au lit, moins il aurait d'heures d'insomnie, c'est-à-dire de tourments.

C'était un grand point qu'il n'eût point affronté le confessionnal de l'abbé Subileau ; mais ce n'était pas tout, le lendemain il faudrait assister à la messe, et bien certainement le moment de la communion serait terrible, mais enfin il serait court ; et le mouvement de surprise qui avait couru dans l'église ne se manifesterait plus comme la première fois.

Elle prit donc place dans la tribune entre son grand-père et miss Armagh, sans trop d'inquiétude.

Son grand-père pria avec la même ferveur, avec la même piété qu'elle l'avait toujours vu prier ; car si Dieu était fâché avec lui, il n'était pas, lui, fâché avec Dieu.

Puis, quand l'abbé Subileau monta en chaire, il se tourna vers lui pour le mieux écouter.

L'abbé Subileau, qui parlait avec facilité, était un curé prêcheur, et, chaque dimanche il se mettait en peine pour ses paroissiens d'un sermon nouveau, consciencieusement étudié.

Aux premiers mots qu'il prononça, Bérengère comprit que son grand-père allait avoir à endurer un supplice qu'elle n'avait pas prévu, car c'était de l'exemple que ce sermon devait traiter ; des exemples que nous devons donner, pour l'édification de tous, quand nous sommes haut placés ; des exemples que nous devons suivre, quand nous sommes dans une position plus humble.

Avec des paysans dont l'esprit avisé et inquiet cherche à interpréter et à deviner même ce qu'on ne dit pas, les allusions sont faciles.

L'abbé Subileau n'avait pas débité dix phrases de son sermon, que tout le monde avait compris qu'il s'appliquait à M. de la Roche-Odon, « au vieux comte », comme on disait à Bourlandais.

Comme le jour où il n'avait pas communié, tous les yeux s'étaient tournés vers lui, et l'on écoutait l'abbé Subileau sans perdre un seul de ses mots ; personne ne dormait, et, au lieu de voir comme à l'ordinaire plus d'une tête branlante s'incliner de ci de là, on les voyait toutes, droites et hautes, orientées dans la même direction, celle de la tribune du vieux comte.

— On allait peut-être bien le connaître, le crime du « vieux comte ».

Et, dans sa chaire, avec de grands bras, le visage rouge, les yeux ardents, l'abbé Subileau continuait son sermon d'une voix tonnante :

« En vérité, je vous le dis, mes très-chers frères,
» ce n'est pas seulement un exemple qu'il faut don-
» ner, c'est la continuité de l'exemple. Celui qui a
» bien fait, qui a bien vécu selon les lois du Seigneur,
» n'est pas libre de s'arrêter un jour et de dire : Voyez
» ma vie passée. » Moi je lui réponds : « Je ne vois que
» votre action présente, qui détruit par le scandale
» tout ce que vous avez pu faire. N'entendez-vous
» pas les voix qui s'élèvent autour de vous et qui
» vous enveloppent, ô pécheur ! Pourquoi autrefois ?
« pourquoi hier encore ? et pourquoi plus aujour-

» d'hui ? » Et, par le fait seul de l'interruption, voilà
» le scandale qui, comme un feu dévorant, emplit
» tout le village de ses lueurs sinistres. Que de ques-
» tions ! Que de doutes ! *Qui tangit picem, inquinabitur*
» *ab ea :* qui touche la poix en est souillé. »

Pendant une grande demi-heure il continua sur ce ton. Combien longue pour Bérengère, qui, à la dérobée, regardait son grand-père ; il n'avait pas bougé et il était resté les yeux levés sur la chaire ; seulement il avait pâli, son front s'était contracté, et, de temps en temps, des frissons passaient sur son visage, montrant visiblement quels étaient ses tourments.

Enfin le sermon se termina et la messe continua.

Quand les paysans sortirent, les commentaires s'échangèrent avec plus de vivacité encore que le jour où l'on se demandait quel crime avait commis le vieux comte ; mais la curiosité n'avait point fait un seul pas en avant, et ce fut ce qu'un paysan résuma d'un mot :

— Tout ça ne nous dit pas quel est le crime du comte, et m'est avis à moi qu'il pourrait bien n'y avoir pas de crime du tout.

— N'empêche qu'il ne communie plus.

— Et si c'était la faute du curé ?

Pour M. de la Roche-Odon, il était remonté en voiture avec Bérengère et miss Armagh, qui donnait tous les signes d'une violente indignation, que Bérengère, par ses regards, avait la plus grande peine à contenir.

Enfin les agitations de l'institutrice devinrent si

vives que M. de la Roche-Odon, qui était assis vis-à-vis d'elle ne put pas ne pas les remarquer.

Il releva la tête pour l'interroger, mais Bérengère qui veillait le prévint :

— Vous êtes souffrante, miss Armagh, dit-elle vivement en soulignant ses paroles par un coup d'œil, peut-être voulez-vous descendre.

— Effectivement... je serais bien aise de marcher un peu... je... oui, je rentrerai à pied.

Lorsqu'elle fut descendue, le comte et Bérengère continuèrent leur route silencieusement.

Que pouvait-elle dire ?

Mille choses ; mais une fois que la porte serait ouverte, sa main serait trop faible sans doute pour la refermer, et alors ?...

Alors, que se passerait-il ?

Si elle devait parler, il valait mieux avant de risquer cette dangereuse tentative, attendre le retour de Richard.

Mais tout à coup son grand-père lui prit la main et se tournant vers elle :

— Par toi, pour toi, dit-il comme s'il se parlait à lui-même, je serai damné.

Il n'y avait plus de ménagements à garder.

— Tu veux dire, s'écria-t-elle, que par toi et pour toi ce prêtre sera damné.

Il lui mit la main sur les lèvres ; mais elle se dégagea :

— Va te confesser à notre bon abbé Colombe, qui est un saint, et tu verras s'il ne t'absoudra pas, lui.

— Si je faisais cela, je ne m'absoudrais pas moi-même.

Elle allait continuer et dire tout ce qu'elle avait à dire, mais la calèche venait de s'arrêter ; ils étaient arrivés devant le perron du château.

XVIII

Ainsi qu'elle se l'était proposé, Bérengère faisait bonne garde autour de son grand-père, et du matin au soir elle ne le quittait pour ainsi dire pas, sortant avec lui lorsqu'il allait à ses promenades ou à ses affaires, restant dans son cabinet lorsqu'il voulait lire ou travailler.

Cependant il arrivait parfois qu'elle était obligée, malgré tout, de le laisser seul, soit qu'elle eût elle-même des courses à faire (ainsi sa visite à l'évêché), soit qu'elle ne pût pas en certain cas rester près de lui, à moins d'avouer clairement qu'elle le gardait, ce qui était impossible.

En cette journée du dimanche, qui avait si mal commencé, elle fut ainsi forcée de céder la place, malgré ses efforts pour s'y maintenir.

Elle était assise dans le cabinet de son grand-père, auprès de la fenêtre, lui lisant tout haut le numéro de l'*Union*, tandis que le comte, renversé dans un fauteuil, écoutait ou rêvait.

Un bruit de roues sur le gravier du jardin, lui fit lever la tête et regarder qui arrivait.

C'était une vieille calèche, âgée d'au moins quarante ans, traînée par des chevaux superbes mais hors d'âge, et conduite par un cocher qui avait dépassé assurément la soixantaine.

— Voici la marquise de la Meurdrac, dit Bérengère.

Le comte se mit assez vivement sur ses jambes pour qu'il fût évident que cette visite n'était point de celles qu'on reçoit sans cérémonie.

En effet, la marquise de la Meurdrac appartenait à la plus pure noblesse de la contrée, et, par sa naissance comme par sa fortune, elle occupait une position égale à celle du comte de la Roche-Odon. Mais tandis que le comte avait toujours eu une vie exemplaire, celle de la marquise avait été remplie de bizarreries et d'extravagances. Jeune, elle avait été célèbre par ses aventures. A quarante ans, elle s'était adonnée au spiritisme et à l'alchimie, apprenant le latin pour lire les dix volumes in-folio de Raymond Lulle, l'*Ars generalis sive magna*, l'*Ars brevis*, l'*Ars expositiva*, l'*Arbor scientiæ*, la *Logica nova*, etc., le *De vita propaganda*, qu'Artéfius écrivit à l'âge de mille vingt-cinq ans, l'*Artus medicinæ*, de Van Helmon et tous les traités de la science hermétique que les traducteurs ont négligé de translater en français. Son château avait été transformé en une immense bibliothèque et en une série de laboratoires, dans lesquels, au moyen de la poudre de projection elle opérait la transmutation des métaux, ou elle calcinait le mercure, fabriquait l'or et fondait le diamant. Puis un beau jour, ou plutôt un vilain jour, car elle atteignait ses soixante ans, elle avait cassé ses cornues, brûlé ses livres de magie, mis à la porte ses médiums, et elle s'était jetée dans les pratiques minutieuses d'un ardent catholicisme, attirant chez elle tous les prêtres, tous les moines qui avaient bien voulu l'accompagner dans cette étrange évolution.

Des charmes de sa jeunesse elle avait gardé une belle carnation que, malgré sa piété, elle soignait si coquettement qu'elle ne s'exposait jamais au grand air qu'avec un loup noir sur le visage, ce qui n'ajoutait pas peu à l'étrangeté de sa personne et lui avait fait donner le nom de la *Dame noire*, sous lequel elle était connue des paysans. Avec cela, femme d'esprit et du meilleur, naturel et orné, plein de sel, de finesse, sûr et pénétrant pour tout ce qui ne touchait point aux diverses manies dont elle avait été successivement possédée. Aussi, malgré ses manies, avait-elle conservé les relations qu'elle devait à sa naissance et à son rang, ne recevant plus, il est vrai, personne chez elle à l'exception des ecclésiastiques, mais allant de temps en temps chez ses anciens amis en visite et s'y présentant avec ses airs de fée ou de magicienne.

Le comte et Bérengère étaient allés au-devant d'elle jusqu'au perron, et ce fut seulement en entrant dans le vestibule qu'elle ôta son loup.

Alors s'arrêtant et regardant Bérengère des pieds à la tête :

— C'est bien vrai, dit-elle, tout à fait charmante, et bonne à marier.

Bérengère avait peu de sympathie pour la marquise, qu'elle regardait comme folle ; ce mot lui fit peur. Bonne à marier ? Avec qui la marquise voulait-elle la marier ? A coup sûr ce n'était pas avec Richard, qu'elle ne connaissait point. Elle se promit de veiller sur son grand-père, de telle sorte que, devant elle, la marquise ne pût pas s'abandonner à ses extravagances.

Mais ce qu'elle voulait ne put pas s'accomplir ; après les premières politesses, lorsqu'elle fut installée dans le grand salon, la marquise s'adressa à M. de la Roche-Odon :

— Mon cher ami, dit-elle, ce n'est pas une visite que je vous fais aujourd'hui, et si j'ai consenti à me mettre en route en un pareil jour, c'est pour une affaire que nous avons à traiter ensemble.

Bérengère ne broncha point.

— Une affaire importante, continua madame de la Meurdrac.

Bérengère parut ne pas comprendre ce qu'il y avait sous ces paroles.

— ... Particulière, intime, insista la marquise.

M. de la Roche-Odon s'était tourné vers Bérengère, mais elle n'avait pas voulu rencontrer son regard.

Madame de la Meurdrac n'avait pas plus de timidité dans le caractère que dans les manières :

— Ma chère belle, dit-elle en s'adressant directement à Bérengère, voulez-vous me faire l'amitié de me laisser seule un moment avec votre cher grand-père; je serais mal à l'aise pour expliquer devant vous ce que j'ai à lui dire, et je n'aime pas à chercher mes paroles.

Il fallait bien céder.

Bérengère se leva et se retira dans son appartement, car d'écouter à la porte ce que la marquise allait dire, ce qui lui eût été facile, elle n'en eut pas même la pensée.

Elle était fort effrayée et fort inquiète, mais l'eût-elle été dix fois plus encore, qu'elle ne se serait jamais décidée à s'embusquer derrière une porte.

L'insistance de la marquise avait aussi inquiété le comte : pourquoi ce mystère? cela était étrange.

— Mon cher ami, dit la marquise lorsqu'ils furent seuls, c'est pour vous communiquer les volontés de Dieu que je suis venue, et je vous demande de les écouter avec tout le recueillement dont vous êtes capable. Ce matin, au moment où je recevais la sainte communion, j'ai entendu une voix céleste qui m'a ordonné de venir à la Rouvraye pour vous dire que vous ne deviez pas laisser s'accomplir le mariage de votre petite-fille avec la personne qu'elle veut prendre pour mari, mais que vous deviez au contraire la donner à un homme qui serve l'Église et la religion. Notez que je ne pensais nullement à vous au moment où j'ai entendu cette voix. J'ai été tellement frappée que j'en suis restée sans mouvement. Que dites-vous de cela?

— Mais...

— C'est un miracle. Il n'y a pas de doute que votre petite-fille soit destinée à accomplir de grandes choses; et pour moi c'est avec béatitude que j'obéis à la voix qui m'a parlé.

Elle continua longtemps ainsi, puis revenant peu à peu aux souvenirs d'un autre âge elle en arriva à reprendre le langage mystérieux et obscur dont elle se servait au temps où elle était livrée aux pratiques du spiritisme.

Elle était sincère en disant qu'au moment où elle avait entendu la voix céleste lui ordonner de venir à la Rouvraye, elle ne pensait ni au comte de la Roche-Odon, ni à Bérengère; seulement ce qu'elle négligeait, ce qu'elle oubliait de dire, c'était que depuis plusieurs semaines à sa table on ne parlait guère que du mariage incroyable, invraisemblable, scandaleux, impossible, monstrueux, diabolique, que cette infortunée Bérengère de la Roche-Odon allait contracter avec un suppôt de Satan, un soudard, un sacripant, le capitaine de Gardilane, pour tout dire en un mot.

Laisserait-on ce mariage s'accomplir, alors que ce serait une si heureuse chose pour la religion que cette jeune fille épousât le comte Prétavoine, le camérier de Sa Sainteté?

Est-ce qu'une voix inspirée ne parlerait pas au comte de la Roche-Odon, qui avait été séduit et qui se laissait damner par cet officier?

Elle avait été cette voix, et avec une entière bonne foi elle avait répété comme venant d'elle et de Dieu les raisons toutes-puissantes qui si souvent avaient retenti à ses oreilles, alors que ses convives célébraient les vertus du fils « de cette bonne madame Prétavoine. »

Bien que le comte de la Roche-Odon témoignât ordinairement à la marquise de la Meurdrac, au moins dans les relations du monde, les égards et les déférences auxquels lui donnaient droit sa naissance et sa position, il n'eût peut-être pas prêté grande attention à cette communication, et il ne s'en serait pas beaucoup ému, si elle n'avait été qu'un fait isolé, particulier, et personnel à la marquise.

Mais il n'en était nullement ainsi.

Ce n'était pas la première fois qu'on intervenait auprès de lui à propos de ce mariage.

C'était la dixième, c'était la vingtième; non pas il est vrai en lui apportant la parole même de Dieu, comme la marquise, mais en lui apportant celle de l'amitié.

Combien souvent dans la rue même, alors que Bérengère ne l'accompagnait pas, ceux qui pouvaient se permettre une observation l'avaient-ils arrêté pour lui dire : « Est-ce que vraiment vous voulez donner votre petite-fille à M. de Gardilane? »

Combien plus souvent encore par lettres lui avait-on adressé la même question; sinon avec cette brutalité, au moins avec les ménagements que comporte une interrogation de ce genre.

Et c'étaient non-seulement quelques-uns de ses anciens amis qui s'étaient ainsi mêlés de ce mariage, mais c'étaient des personnages considérables, des prélats, des hommes politiques avec lesquels il était en relations depuis longtemps.

Toutes ces lettres n'étaient pas les mêmes; rares étaient celles qui allaient jusqu'à appuyer ouvertement le jeune Prétavoine, « ce jeune homme qui, etc., » mais toutes attaquaient franchement M. de Gardilane, « cet officier qui... »; toutes faisaient valoir les plus hautes considérations morales, politiques et religieuses pour que l'héritière des la Roche-Odon fît un mariage digne du nom et des traditions de ses ancêtres.

Les premières observations et les premières lettres avaient simplement blessé le comte, et il s'était dit que ceux qui s'adressaient ainsi à lui se mêlaient de ce qui ne les regardait pas et parlaient de ce qu'ils ne connaissaient point, mais peu à peu elles l'avaient troublé et inquiété. Une pareille unanimité dans le blâme avait quelque chose de grave; sans doute le capitaine était un homme d'honneur et un galant homme; mais enfin il y avait bien des choses à dire sur son compte; quand ce ne serait que sur sa foi et son esprit d'indépendance.

Maintes fois il se les était dites et redites, ces choses, et elles avaient eu assez d'influence sur son esprit pour l'empêcher de céder aux instances et aux caresses de sa petite-fille, cependant si puissante sur son cœur.

La démarche de la marquise de la Meurdrac l'obligea à se les répéter de nouveau en les précisant et en leur donnant un accent plus intense.

Il y a d'honnêtes gens pour qui Jeanne Darc, avec ses voix et ses visions, n'est rien autre chose qu'une aliénée qui a cédé à l'inspiration d'un véritable délire, à une espèce de folie sensoriale que les aliénistes appellent la théomanie; il y en a d'autres non moins honnêtes pour lesquels les visions de la Pucelle, ses voix, les apparitions de l'ange Gabriel, de saint Michel, de sainte Marguerite, de sainte Catherine, sont des faveurs célestes inexplicables pour la raison, mais croyables pour la foi.

Si M. de la Roche-Odon était un homme de raison, c'était dans les choses raisonnables; aussitôt que la foi se mêlait à la raison, il était, il ne voulait être qu'un homme de foi; alors la raison cédait le pas, et même il n'y avait plus à la consulter.

Or, au point de vue de la foi, il n'était pas du tout impossible que madame de la Meurdrac eût reçu l'avertissement céleste dont elle parlait : l'histoire religieuse est pleine de faits de ce genre, pour un chrétien, parfaitement authentiques; et si cet avertissement pouvait être le résultat d'une aberration sensoriale (ce qui était bien probable), il pouvait être le résultat d'une intervention divine : la marquise était incapable d'altérer la vérité, et les circonstances dans lesquelles elle avait ou entendu, ou cru entendre cette voix, étaient telles que ce n'eût pas été une faute vénielle de repousser légèrement cet avertissement.

Il devait être longuement examiné au contraire, et médité à tête reposée.

Cette visite vint donc encore compliquer la situation déjà si difficile et si douloureuse dans laquelle comte se trouvait, et aggraver les symptômes maladifs qui, depuis le samedi où l'abbé Subileau lui avait refusé l'absolution, avaient pris un caractère de plus en plus alarmant, à Paris d'abord, quand il avait appris la suspension des payements des frères Ventillard; à Condé, lorsqu'il avait vu tous ses projets anéantis par cette faillite; à la Rouvraye, quand il avait dû recevoir madame Prélavoine, et enfin dans l'église de Bourlandais quand il s'était entendu accuser, du haut de la chaire, d'être un fauteur de scandale.

Attentive comme elle l'était à tout ce qui touchait son grand-père, Bérengère avait remarqué ces symptômes et elle s'en était alarmée.

Mais que faire?

Bien qu'il évitât de se plaindre, il n'avait pas pu lui cacher plusieurs petits faits qui se manifestaient d'eux-mêmes au dehors, sans qu'il fût besoin d'en parler, ou même sans qu'il fût possible de les dissimuler, et qui, réunis les uns aux autres, prenaient un caractère de gravité.

Ainsi sa vue s'était affaiblie, et Bérengère avait dû rectifier elle-même bien souvent des erreurs de vision qu'il commettait; plusieurs fois, lui qui avait la diction nette et facile, il avait hésité et même bégayé en parlant; souvent, après le repas, il s'assoupissait, et en dormant il grinçait des dents.

Elle eût voulu appeler un médecin, et elle n'osait s'y décider de peur d'effrayer son grand-père, car c'eût été lui avouer qu'elle s'effrayait elle-même; et puis, il ne l'eût pas accepté, ce médecin, pour les raisons qu'il lui avait données lors de son attaque.

Aux tourments qui l'enfiévraient et qui la touchaient dans son amour, s'ajoutaient ceux qui portaient sur la santé de son grand-père, de sorte que ses nuits qui jusqu'à cette époque avaient été celles d'une jeune fille de son âge, calmes et tranquilles, remplies par un doux sommeil, étaient maintenant agitées par l'insomnie.

Souvent elle s'éveillait en sursaut sous le poids d'un mauvais rêve ou de l'angoisse, et, s'asseyant sur son lit elle écoutait dans le calme de la nuit si quelque bruit insolite n'arrivait pas du côté de la chambre de son grand-père.

Mais, loin de la rassurer, le silence bien souvent l'effrayait; alors elle se levait et, passant une robe de chambre qu'elle disposait maintenant tous les soirs sur une chaise près de son lit, elle allait en étouffant le bruit de ses pas, doucement, sans lumière, coller son oreille à la porte de la chambre de son grand-père, et elle écoutait.

Ce grincement de dents, qui dans le jour l'effrayait, la nuit, au contraire, la rassurait presque; c'était un signe de souffrance, il est vrai, mais au moins de vie.

Seulement il arrivait bien souvent qu'elle n'entendait ni grincement de dents ni rien; alors d'affreuses pensées lui traversaient l'esprit et s'imposaient à son anxiété.

Elle eût voulu entrer, le voir puisqu'elle ne l'entendait pas.

Mais elle n'osait pas. S'il dormait, elle s'exposait à le réveiller, et il avait si grand besoin de sommeil! S'il ne dormait point, elle lui inspirait des craintes certaines sur son état, et il avait si grand besoin de tranquillité d'esprit!

Elle restait donc parfois des heures entières à cette porte, tremblante, éperdue, jusqu'à ce qu'un bruit vînt la rassurer; alors elle regagnait son lit, et, blottie sous ses couvertures, elle ne s'endormait que quand elle s'était réchauffée.

Alors, tout en grelottant, c'était à Richard qu'elle pensait, et, de ce côté aussi, elle n'avait que trop de sujets de craintes.

Malgré son état maladif, le comte n'avait rien changé à ses habitudes; il se couchait tôt comme autrefois, quand elle ne l'obligeait pas à jouer, et, comme autrefois aussi, il se levait tôt.

Au temps où Bérengère n'avait rien à craindre, elle restait au lit le matin, et c'était alors qu'elle prenait plaisir à se promener sur les sommets et sur les nuages où les caprices de son imagination juvénile la portaient; mais ce temps était passé, elle n'avait plus la tranquillité de s'abandonner à ses rêves et maintenant elle se levait à la même heure que son grand-père pour l'accompagner, et ne pas le laisser exposé aux influences des amis de madame Prétavoine.

Le vendredi qui suivit cette visite de la marquise de la Meurdrac, elle s'éveilla quelques minutes plus tard que d'habitude, et en voyant l'heure qu'il était, elle s'empressa de s'habiller.

Mais tout en allant et venant rapidement dans son cabinet de toilette, elle fut surprise de ne pas entendre de mouvement dans la chambre de son grand-père : cela était étrange, car il n'était, lui, jamais en retard pour se lever, étant toujours éveillé assez longtemps à l'avance.

Elle alla écouter à la porte.

Pas de bruit.

Les raisons qui l'empêchaient d'ouvrir cette porte n'existaient pas le matin, il n'y avait pas à craindre de l'effrayer, et si elle le réveillait, cela n'était pas bien grave à cette heure.

Elle entra donc.

Son grand-père était dans son lit, mais la tête étant tournée du côté de la ruelle, elle ne vit pas son visage.

Au bruit que fit la porte en s'ouvrant, il ne bougea point.

Dormait-il?

Elle s'avança tremblante jusque contre son lit, il ne bougea pas davantage; elle écouta et ne l'entendit pas respirer.

Épouvantée elle se pencha sur lui; il était étendu sans connaissance, inerte.

Elle ne s'abandonna pas à son effroi; mais, se penchant sur lui, elle posa la main sur son cœur, ce qui lui fut facile, car il était couché sur le côté droit.

Il n'était pas mort, ce cœur battait, faiblement, mais il battait.

C'était une attaque, une nouvelle attaque d'apoplexie.

Avec du courage, avec des soins, si elle ne perdait pas la tête, elle pouvait le rappeler à la vie.

Elle courut ouvrir les fenêtres, et tout ce qu'elle avait fait lors de la première attaque, elle le recommença : sinapismes aux jambes, compresses d'eau froide sur la tête.

Mais ces remèdes ne parurent pas produire d'effet; ni la connaissance, ni le mouvement ne revinrent.

Il restait dans la même position.

Et en le regardant, en voyant son visage qui portait l'empreinte de la stupeur la plus profonde, elle se disait que cette attaque était assurément plus grave que ne l'avait été la première.

N'était-ce pas à la seconde qu'on devait mourir?

Elle renouvela les sinapismes, elle changea les compresses.

Mais moins intrépidement cette fois, avec moins de confiance.

Puis la peur la prit; elle se dit qu'elle ne faisait sans doute pas le nécessaire : il fallait un médecin; elle ne pouvait pas le laisser mourir, elle ne pouvait pas lui obéir.

Elle courut à la sonnette, et dans le temps bien court qu'elle mit à aller du lit à l'endroit où pendait le cordon de la sonnette, elle se dit que le médecin, lui aussi, ne le sauverait peut-être pas.

Alors il mourrait donc sans les sacrements de l'Église!

Lui : c'était impossible.

Elle avait pu tout tenter, tout faire pour repousser l'abbé Subileau; mais c'était du salut de son grand-père qu'il s'agissait maintenant, et alors même que l'abbé Subileau ne rentrerait dans cette maison que pour en chasser Richard, il fallait qu'il y rentrât.

Au bruit de la sonnette, un domestique était arrivé.

— Qu'on monte à cheval, dit-elle, et qu'on aille au galop, un homme à Condé chercher le docteur Evette, un homme à Bourlandais chercher M. l'abbé Subileau; — grand-père est gravement malade.

XIX

Ce coup de sonnette avait jeté l'émoi dans le château.

Bientôt accoururent d'autres domestiques; le vieux valet de chambre du comte, qui, à cause de ses infirmités, ne pouvait plus guère faire que le service de la table, la femme de charge, et enfin miss Armagh elle-même, chastement drapée dans une robe de chambre, recouverte d'un châle et les cheveux enveloppés dans des papillotes de papier.

Mais Bérengère ne voulut garder auprès d'elle que le vieux valet de chambre et miss Armagh.

Le comte était toujours immobile, privé de connaissance.

Elle renouvela les sinapismes et envoya chercher de la glace à la glacière.

Au bout de quelques instants, la chaleur revint à la peau; puis, quelques mouvements inconscients agitèrent les membres ; un soupir s'échappa des lèvres entr'ouvertes.

— Grand père, cher grand papa ! dit Bérengère.

Le lit avait été tiré dans la chambre, et elle était passée dans la ruelle.

Il la regarda avec des yeux sans regard, mais presque aussitôt ils s'animèrent.

— Ah ! oui, dit-il.

Évidemment, le sentiment de ce qui s'était passé venait de s'éveiller en lui.

On le souleva et on lui mit plusieurs oreillers sous la tête ; alors il regarda autour de lui vaguement.

Puis d'une voix empâtée :

— Pourquoi sommes-nous seuls ? dit-il.

En entendant ce mot étrange, miss Armagh porta sa main à sa tête par un geste de pitié qui signifiait clairement que le pauvre comte ne savait plus ce qu'il disait.

Mais depuis la première attaque d'apoplexie de son grand-père, Bérengère avait lu le dictionnaire de médecine qui se trouvait dans la bibliothèque, et elle avait vu que les malades prononcent souvent un nom pour un autre, tout en ayant conscience cependant de ce qu'ils veulent dire.

Il s'était trompé de mot.

Pourquoi ces diverses personnes ? avait-il voulu demander, fidèle à son idée qu'on devait cacher ses attaques.

Il fallait donc lui répondre.

— Je me suis trouvée incapable de te soigner, dit-elle, alors j'ai sonné et j'ai envoyé chercher le docteur Evette.

Il fit de la main un geste de mécontentement.

— Pas de médecin, dit-il.

— Il le fallait.

Il réitéra son geste.

— J'ai aussi envoyé à Bourlandais chercher M. l'abbé Subileau, dit Bérengère.

Cette fois, ce fut un geste de satisfaction qu'il fit, et un soupir de soulagement qu'il poussa.

Elle était penchée sur son lit en lui parlant.

Il glissa péniblement le bras sur son drap et prenant la main de sa petite-fille, il la lui serra doucement, faiblement.

Elle fut émue jusqu'au fond du cœur par ce serrement de main, qui, elle le comprit bien, était un remercîment.

— Alors, M. le curé va venir? dit-il.

— Bientôt, je l'espère.

Mais ce ne fut pas le curé qui arriva le premier, ce fut le médecin; comme Bérengère disait ces mots, la porte de la chambre s'ouvrit devant le docteur Evette.

De la main, sans rien dire, Bérengère lui montra son grand-père.

Le docteur Evette s'approcha du lit et procéda à l'examen du malade.

Puis, au lieu de l'interroger, il adressa ses questions à Bérengère.

— Comment les choses se sont-elles passées?

Mais Bérengère ne pouvait lui dire que ce qu'elle

savait : elle était entrée et elle avait trouvé son grand-père étendu sans connaissance.

— Congestion sanguine, dit le docteur Evette, qui évitait toujours soigneusement de prononcer des mots effrayants, ce ne sera rien.

Puis, continuant ses questions, il demanda à Bérengère si le comte n'avait pas eu déjà de coup de sang.

De la main, le comte qui avait entendu et compris la question, fit signe à sa petite-fille de ne pas répondre.

Mais les conditions ne permettaient pas à Bérengère de cacher la vérité ; de sa réponse et des renseignements qu'on lui demandait, dépendait peut-être la vie de son père.

Elle raconta donc comment il avait éprouvé une première attaque.

— Alors cette congestion est la seconde, dit-il.

Et il procéda à un nouvel examen.

— Pas d'*hémiplégie*, dit-il, pas de *paraplégie*, — il se garda bien de parler de paralysie, — ce ne sera rien.

Bérengère dit les remèdes qu'elle avait employés en attendant son arrivée.

— Très-bien, c'est parfait, dit-il ; maintenant nous allons procéder à une légère saignée, et notre malade n'aura plus besoin que de calme.

Tout en préparant ce qu'il fallait pour cette saignée, Bérengère put lui demander en particulier sa pensée vraie.

— L'état n'est assurément pas désespéré, répondit

le médecin, cependant il ne laisse pas que de présenter de la gravité ; aussi — il hésita un moment — eu égard aux convictions de M. votre grand-père, serait-il à propos, — c'est en tout cas un point sur lequel j'appelle votre attention, — de faire prévenir M. le curé de Bourlandais.

— Vous disiez que mon grand-père avait besoin de calme.

— Sans doute ; mais croyez-vous que ce n'est pas lui assurer ce calme que de lui permettre de mettre en règle les affaires de sa conscience ? Ç'a été une triste erreur de certains médecins de croire que la vue d'un prêtre au chevet d'un mourant pouvait avoir de fâcheuses conséquences ; si elle épouvante quelquefois les méchants, toujours, et en tout cas, elle rassure les bons.

Comme le docteur appliquait sur le bras de M. de la Roche-Odon le bandage en huit de chiffre pour maintenir la compresse placée sur la veine ouverte, on entendit au dehors le tintement d'une clochette.

Rapidement par la fenêtre ouverte, Bérengère jeta un coup d'œil au loin.

Dans l'allée qui conduisait à Bourlandais, on apercevait un groupe de quatre personnes dont les surplis blancs se détachaient sur la verdure de l'herbe ; en tête marchait un enfant de chœur agitant une sonnette, puis un autre qui portait une croix ; derrière ces deux enfants s'avançait le sacristain tenant la lanterne aux sacrements, qu'il inclinait en avant ou en arrière selon la hauteur des branches sous lesquelles ils passaient ; enfin, à une certaine distance arrivait l'abbé

Subileau, récitant tantôt à voix haute, tantôt à voix basse, un psaume dont les paroles ne s'entendaient que par intervalles : *Miserere mei Deus.*

Au moment où Bérengère regardait par la fenêtre, le prêtre et son cortége arrivaient devant des ouvriers qui travaillaient sur la pelouse ; ils quittèrent leur besogne, et ôtant respectueusement leurs casquettes, ils s'agenouillèrent dans l'herbe.

Bérengère se pencha de nouveau sur le lit de son grand-père.

— Voici M. le curé, dit-elle.

— Dieu soit béni ; je te prie d'aller au-devant de lui.

Bérengère fit un signe au médecin, et ils allèrent au-devant du curé.

Celui-ci, toujours précédé de son cortége, était entré dans le château, mais il ne récitait plus son psaume et la sonnette ne tintait plus.

— Comment est M. le comte ? demanda l'abbé Subileau en apercevant le médecin.

— Il a recouvré sa connaissance, et il n'est pas en mauvais état, dit le docteur.

— Alors, il peut m'entendre et me comprendre ? continua le curé.

— Oh ! assurément.

Sans continuer l'entretien avec le médecin, l'abbé Subileau s'adressa à Bérengère :

— Ce qu'on m'avait dit m'avait donné à supposer que je ne pourrais administrer à M. le comte que le sacrement de l'extrême-onction, mais les paroles du docteur me prouvent que je puis lui donner le saint-viatique.

Pour Bérengère, cela signifiait que l'abbé Subileau voulait confesser son grand-père.

Ce fut, en effet, ce qu'il annonça lui-même.

— Je vous demande, dit-il à Bérengère, de donner des ordres pour qu'on me laisse seul avec notre cher malade.

— Tout de suite, M. le curé.

Puis comme le médecin voulait se retirer, elle le retint :

— Je vous prie de rester au moins jusqu'après la cérémonie, dit-elle d'une voix étranglée par l'émotion.

C'était dans l'immense vestibule que ces paroles s'échangeaient ; et tous les domestiques étaient accourus.

Le prêtre étendit la main au-dessus d'eux :

— *Pax huic Domini*, dit-il.

Et les deux enfants de chœur répondirent de leurs voix claires :

— *Et omnibus habitantibus in ea.*

Alors l'abbé Subileau se tournant vers Bérengère :

— Veuillez me conduire à la chambre du malade, dit-il.

Elle précéda le curé, et, entrant dans la chambre, elle alla au lit de son grand-père :

— Voici M. l'abbé Subileau, dit-elle ; nous te laissons avec lui.

Et de la main elle entraîna au dehors miss Armagh, et le vieux valet de chambre, qui, arrivé dans le vestibule, se mit à pleurer comme un enfant qui s'est fait longtemps violence pour retenir ses larmes.

Bien qu'elle fût elle-même éplorée, elle voulut le consoler, et elle alla à lui pour lui adresser quelques paroles.

Mais, en la voyant approcher, il se mit à pleurer plus fort.

— C'est vous, chère demoiselle, dit-il d'une voix entrecoupée; c'est vous, moi, qu'importe, à mon âge?

Et elle fut incapable de trouver une parole, étouffée, étranglée qu'elle était par son émotion.

Voyant cela, le docteur Evette s'approcha pour la reconforter. Mais que pouvait-il lui dire? Il y avait le fait brutal de cette attaque, sous le coup de laquelle elle restait accablée.

— En toute sincérité, disait-il, je suis convaincu que nous tirerons de là notre malade.

Et par des raisons médicales il appuyait son opinion.

Bien qu'elle voulût l'écouter sans distraction, elle ne pouvait pas empêcher son esprit de s'envoler dans la chambre de son grand-père.

— Que disait l'abbé Subileau? Était-il possible qu'il lui refusât l'absolution?

Cette pensée lui serrait le cœur.

Enfin la porte de la chambre se rouvrit et l'abbé Subileau parut.

— Le malade désire recevoir le saint-viatique, toutes les portes ouvertes, dit-il à Bérengère, et devant les gens de sa maison.

Puis, avant qu'elle eût répondu, s'adressant au vieux valet de chambre :

— Veuillez dire à mes enfants de chœur et à mon sacristain de monter.

Bérengère était rentrée dans la chambre, et elle avait trouvé son grand-père, qu'elle avait laissé sous l'impression de la stupeur, avec un visage plus convulsé encore et des yeux plus désolés.

Il la regarda d'un air navré, et presque timidement il lui prit la main.

— Comment es-tu ? demanda-t-elle.

— Ce n'est pas du corps qu'il faut s'inquiéter à cette heure, c'est de l'âme, ce n'est pas du présent, c'est de l'éternité.

Et il lui serra la main.

Mais elle s'imagina que cette pression de main n'avait pas la même signification que la première : il lui semblait confusément, car dans son trouble elle n'était pas maîtresse de son esprit, qu'il était sous l'influence d'une grande douleur.

Pourquoi cette douleur puisque l'abbé Subileau lui avait donné l'absolution ?

Cependant on entendait un bruit de pas dans le vestibule : c'étaient les enfants de chœur qui arrivaient, précédant l'abbé Subileau.

Derrière ce cortége venaient les gens de la maison en costume de travail.

Ceux qui, par leur rang, se croyaient autorisés à entrer dans la chambre entrèrent, les autres restèrent dans le vestibule.

La sonnette retentit.

Tout le monde s'agenouilla.

Bérengère seule était auprès du lit de son grand-père, et, à quelques pas derrière elle, se tenaient le docteur Evette et miss Armagh.

Elle voulait contenir son émotion, mais, malgré tous ses efforts, elle ne pouvait refouler ses larmes, et, pour les cacher, elle baissait la tête, alors elles tombaient sur le tapis.

La cérémonie fut courte; la sonnette tinta de nouveau; tout le monde se releva, et ceux des serviteurs qui étaient dans la chambre sortirent.

— Je vais célébrer le saint sacrifice de la messe à votre intention, dit l'abbé Subileau en parlant au comte.

Et, précédé de ses enfants de chœur, ainsi que de son sacristain, il sortit de la chambre; bientôt on entendit la sonnette sonner sous les voûtes sonores de l'escalier, puis les tintements n'arrivèrent plus que faiblement dans la chambre; le cortége avait gagné le jardin.

Le docteur Evette avait voulu se retirer aussi, mais Bérengère le retint; il lui semblait que si elle avait le médecin là sous la main, elle serait plus forte, avec son aide, contre la maladie, c'est-à-dire contre la mort.

Et quand il pouvait lui dire un mot en particulier, il la rassurait.

— L'état de notre malade n'est pas ce que vous croyez, disait-il; je vous affirme que je ne vois pas de danger immédiat, au contraire, le mieux doit s'accentuer de plus en plus.

Ces bonnes paroles se réalisèrent.

Ce fut le mieux, un mieux sensible qui se manifesta, et quand le docteur Evette revint dans la journée, il déclara à Bérengère qu'il répondait de la vie de

15.

son grand-père, au moins quant à cette congestion.

Mais il lui fit les plus grandes recommandations pour le repos et la tranquillité du malade, car une rechute était possible, sans qu'on pût pronostiquer quand elle se produirait, dans quelques jours, dans quelques mois, dans quelques années; la seule chose certaine, c'était qu'il fallait du calme : pas d'émotions et conséquemment pas de visites, pas de colères, pas de chagrins; une parfaite régularité dans les habitudes de la vie.

C'était ce que Carbonneau avait déjà ordonné et ce qu'elle avait pu si mal exécuter.

Est-ce qu'il était en son pouvoir d'empêcher son grand-père de s'émouvoir ou de se chagriner?

Une des causes de ses tourments et la plus vive peut-être, le refus de l'absolution, n'existait plus, il est vrai, puisque l'abbé Subileau lui avait donné la communion.

Mais cependant le calme des anciens jours ne lui était pas revenu.

Quand il la regardait, et c'était à chaque instant, il y avait dans ses yeux une tristesse, dont elle croyait comprendre la nature, mais dont elle ne pénétrait pas la cause, — au moins d'une façon certaine.

Cette tristesse était de la désolation.

Mais pourquoi était-il désolé?

Était-ce parce qu'il se sentait sous la main levée de la mort?

Cela était possible, et, du reste, s'expliquait tou- naturellement, mais il y avait en lui certainement en- core autre chose que cette douleur de la quitter sans avoir fait pour elle ce qu'il voulait.

Quoi ?

D'effrayantes pensées se présentaient à son esprit, mais elle les chassait, sans vouloir même les examiner.

De même elle imposait doucement silence à son grand-père, lorsqu'il semblait vouloir s'expliquer avec elle.

— Non, disait-elle, plus tard; le docteur Evette a bien recommandé que tu ne t'occupes de rien de ce qui peut te tourmenter moralement ou te donner la fièvre ; ce n'est pas le moment.

Non, ce n'était le moment qu'il parlât, et ce n'était pas le moment qu'elle cherchât.

Plus tard.

Si ce qu'elle pressentait vaguement lui était révélé, il fallait que ce fût dans un moment où elle n'aurait pas la bouche close par la crainte de tuer son grand-père d'un mot.

— Ma pauvre enfant, disait-il souvent, ma pauvre chérie !

Et lui prenant la main, il la lui baisait en soupirant.

Elle passait la journée entière près de lui, et la nuit seulement elle se faisait remplacer par deux domestiques qui avaient l'ordre de la venir réveiller si un mauvais signe se manifestait dans l'état de son grand-père.

Elle ne descendait même pas pour répondre aux amis les plus intimes de son grand-père qui venaient eux-mêmes prendre des nouvelles du malade; le comte et la comtesse O'Donoghue, le baron M'Combie qui venaient matin et soir, l'abbé Armand qui ne venait qu'une fois par jour, car depuis l'attaque du comte, il était l'homme le plus affairé de Condé, passant tout son temps à étudier le cérémonial des funérailles de son ami, à lui dessiner un catafalque et à lui composer une épitaphe latine.

Son plan arrêté, il avait été tout glorieux le communiquer à madame Prétavoine ; mais il en avait été fort mal reçu, car s'il y avait quelqu'un à Condé que la mort du comte de la Roche-Odon épouvantait, c'était précisément cette « bonne madame Prétavoine, » dont toutes les espérances se trouveraient par cette mort anéanties.

Quel moyen d'action aurait-elle sur Bérengère, si le comte venait à mourir ? La vicomtesse n'avait et n'aurait aucune influence sur sa fille, tandis que le comte en avait une immense. Avoir le comte à soi, c'était avoir Bérengère.

Il fallait donc qu'il vécût, et madame Prétavoine avait fait pour lui ce que Bérengère n'avait point songé à faire : dans toutes les églises de Condé et du diocèse, elle avait demandé une messe, qu'elle payait, pour le salut du comte de la Roche-Odon, et le samedi matin, c'est-à-dire le lendemain du jour où elle avait connu l'attaque d'apoplexie, elle avait, avec Aurélien, assisté à toutes les messes qui s'étaient dites à Saint-Étienne depuis cinq heures du matin jusqu'à midi, priant Dieu avec une ferveur qui ne s'était pas refroidie une minute, de lui accorder à elle, madame Prétavoine, la santé du vieux comte : cela lui était bien dû.

Ses prières furent exaucées, ou au moins elle put croire qu'elles l'étaient, ce qui pour elle était la même chose, car la santé du comte se raffermit, et elle eut la joie d'apprendre de la bouche du docteur Evette qu'il n'y avait plus de danger de mort.

Le mardi, le comte quitta son lit et sur le bras de sa fille, il put faire plusieurs fois le tour de sa chambre; puis il s'installa dans un fauteuil devant une fenêtre, et ayant fait appeler miss Armagh pour lui tenir compagnie, il voulut que Bérengère descendît dans le jardin.

— Tu n'es pas sortie depuis jeudi, cela est mauvais pour toi; va courir un peu, respirer un autre air que celui de cette chambre; il faut te conserver bien portante, quand ce ne serait que pour moi.

Elle n'eut pas la force de résister à ces douces instances.

Sortir dans le jardin, c'était avoir le moyen d'aller chercher dans le chêne de l'avenue la lettre que depuis deux jours sans doute Richard, qui avait voyagé en si grande hâte, avait déposée là.

Elle savait qu'il était de retour, car le lundi il était venu au château prendre des nouvelles du comte; mais, retenue près de son grand-père, elle n'avait pas pu aller chercher la lettre qu'elle attendait avec une si fiévreuse impatience.

Faisant ce que son grand-père lui avait dit, elle se mit à courir aussitôt qu'elle fut dans le jardin, mais au lieu de s'en tenir au jardin, elle sortit dans l'avenue. Alors, sans ralentir sa course, elle alla jusqu'au chêne qui renfermait dans son tronc creux la lettre de

Richard recouverte d'un paquet de mousse sèche pour que quelqu'un, qui introduirait sa main dans ce trou, ne trouvât pas sous ses doigts un papier qui provoquerait sûrement sa curiosité.

Quand elle venait à cet arbre lui confier ses lettres, ou prendre celles de Richard, elle avait soin de choisir une heure où elle avait chance de n'être pas vue par quelque passant; mais sortie à l'improviste, elle n'avait pas pu cette fois choisir son moment, aussi regarda-t-elle longtemps autour d'elle avant de plonger sa main dans le trou.

Enfin, elle se décida.

La lettre était sous la mousse.

Vivement elle la retira et la glissa dans la poche de sa robe, car malgré tout son désir de savoir ce qu'elle disait, elle ne pouvait pas la lire en ce moment et à cette place.

D'ailleurs l'épaisseur de l'enveloppe lui avait appris quelle était longue.

En courant elle reprit le chemin du château.

Quelle torture de ne pas pouvoir lire cette lettre, de ne pas savoir.

Ce n'était pas le bonheur qu'elle lui apportait, il n'était pas au pouvoir de sa mère de le lui donner, mais peut-être était-ce un appui pour arracher enfin à son grand-père son consentement.

Et cet appui, il le lui fallait, car elle sentait que maintenant il lui serait impossible de lutter seule contre l'abbé Subileau et tous ceux qui le soutenaient ou le poussaient.

XX

Sa mère ! sa mère aussi !

Au temps de son enfance elle avait souffert, cruellement souffert près de cette mère si peu mère ; mais depuis qu'elle vivait près de son grand-père tendrement aimée, caressée, choyée, gâtée, le souvenir de ses souffrances s'était effacé au point que, bien souvent, elle se demandait si réellement elles avaient existé, et si son imagination enfantine ne les avait pas follement grossies ; par le grand-père la mère avait été réhabilitée, et en voyant le grand-père si bon, elle s'était dit que la mère devait posséder la même bonté ; la bonté, la tendresse étaient des qualités propres à la mère comme elle l'étaient au grand-père, et sentiment paternel ou sentiment maternel étaient même chose ; elle avait été injuste, elle avait été aveugle de ne pas reconnaître ces sentiments de bonté et de tendresse chez sa mère ; assurément ils existaient.

C'était cette certitude qui lui avait inspiré l'idée

d'envoyer Richard à Rome ; il réussirait ; ce consentement qu'il allait demander, une mère ne le refuserait pas, c'était impossible.

Quelle déception ! quelle douleur !

Sa mère, l'alliée de madame Prétavoine ; quelle honte !

Et, à sa lettre si tendre, si respectueuse, quelques lignes seulement de réponse :

« A mon grand regret, ma chère enfant, il m'est
» impossible de vous répondre comme vous le dési-
» rez, je suis engagée déjà avec madame Préta-
» voine... »

Ma chère enfant !... Non, hélas ! non, elle n'était pas sa chère enfant. Est-ce qu'on engage la vie, le bonheur, l'honneur de son enfant, sans la consulter ? Une mère !

Mais aussi, comment avait-elle eu la naïveté de s'imaginer qu'elle avait une mère ! une mère ne se révèle pas tout d'un coup ; on la sent près de soi, on la trouve pour s'associer à nos joies ou pour nous soutenir dans nos douleurs, depuis le jour où l'on ouvre les yeux à la lumière jusqu'au jour où la mort interrompt son œuvre de tendresse et de dévouement. Quand sa mère avait-elle été près d'elle ? Pas une seule fois elle n'était venue l'embrasser le soir, avant de sortir ou lorsqu'elle rentrait dans la nuit.

Et depuis ce temps, rien.

Rien que cette lettre, que cette réponse :

« Je suis engagée déjà avec madame Prétavoine. »

Maintenant tout était possible.

Et les tristes pressentiments qu'elle n'avait pas voulu

examiner lorsqu'ils avaient assiégé son esprit, lui apparaissaient maintenant comme des certitudes.

Dans quelques jours, le lendemain peut-être, son grand-père lui dirait que toute idée de mariage avec Richard devait être abandonnée.

Et cependant il était le meilleur des pères lui, le plus tendre, le plus dévoué, mais au-dessus de lui, il y avait l'abbé Subileau, comme derrière celui-ci il y avait madame Prétavoine.

Toujours cette terrible femme.

Alors elle pensa qu'elle avait pu être injuste envers sa mère : de quelles armes madame Prétavoine s'était-elle servie durant son séjour à Rome? Cela, elle l'ignorait et tant que ce point ne serait pas éclairci, elle devait avoir pour sa mère la même indulgence que pour son grand-père.

Elle voyait comment on avait circonvenu et enveloppé celui-ci; pourquoi n'aurait-on pas agi de même auprès de sa mère ? madame Prétavoine devait avoir à sa disposition plus d'un moyen d'action, et certainement ce n'était pas seulement pour que son fils fût fait comte par le pape qu'elle avait entrepris le voyage de Rome.

Elle aurait dû prévoir cela; elle aurait dû surtout ne pas exposer son Richard à cette cruelle déception.

Comme il avait dû, comme il devait souffrir!

Cachée dans son cabinet de toilette, sa bougie derrière une pile de livres, de peur que la lumière ne révélât qu'elle n'était pas couchée, elle passa une partie de la nuit à lui écrire ce qui s'était passé à la Rouvraye pendant son absence; mais, hélas! sans pouvoir terminer ce récit par des paroles d'espérance.

« Je ne sais ce que l'avenir, ce que demain nous ré-
» serve ; pour la première fois depuis que nous nous
» aimons je me sens épouvantée, et, ce qui est plus
» terrible encore, je me sens incapable de nous dé-
» fendre. Mais quoi qu'il arrive, quel que soit le coup
» qui nous atteigne, il faut que vous soyez bien as-
» suré qu'il n'atteindra pas notre amour ; nous, notre
» bonheur, notre intimité peut-être, et, à vrai dire,
» je le crains ; mais ma tendresse, mon amour, mon
» adoration pour vous, non jamais. Croyez cela et
» gardez votre foi en moi, comme de mon côté je gar-
» derai ma foi en vous. »

La première visite que le docteur Evette faisait en sortant de l'hôpital était pour le comte de la Roche-Odon, et, avant de voir un seul de ses malades de la ville, même ceux qui demeuraient près de lui, il accourait à la Rouvraye.

Il devait bien cela à un riche client comme le comte ; il le devait surtout à madame Prétavoine qui chaque jour venait l'attendre sur le chemin de la Rouvraye, pour être la première à savoir comment « ce cher comte » avait passé la nuit.

Le lendemain du jour où Bérengère avait écrit cette lettre à Richard, le docteur arriva comme à son ordinaire et comme il allait examiner son malade, celui-ci le questionna :

— Comment me trouvez-vous ? demanda le comte.

— Mais, c'est la question que je veux vous adresser, monsieur le comte, comment vous trouvez-vous ?

— Bien, et voilà pourquoi justement je vous pose

ma question; les malades se font souvent illusion sur leur état: ils se croient mieux parfois, alors qu'ils sont au plus mal.

— Mais ce n'est pas le cas pour vous, monsieur le comte; s'il n'est pas juste de dire que vous êtes au mieux, il est cependant certain que vous êtes bien, très-bien.

— Assez bien pour m'occuper d'affaires sérieuses?

Bérengère qui assistait à cette consultation avait écouté son grand-père, en se demandant où il voulait en venir par ces questions; ce mot la fixa: il voulait lui dire ce que depuis son attaque il avait sur les lèvres.

Elle intervint:

— Pourquoi s'occuper d'affaires, dit-elle, qui te presse?

— Si cette affaire n'est pas urgente, dit le docteur Evette, et si d'autre part elle doit vous fatiguer, peut-être en effet vaudrait-il mieux la retarder.

— Elle est urgente, et voilà pourquoi je demande si je puis la traiter demain.

— Je le crois.

— Vous n'y voyez pas de danger?

— Je n'en vois point; cependant c'est à condition qu'elle ne vous imposera pas de longues fatigues.

— Elle n'exigera pas plus d'un quart d'heure.

— Pas de discussions pénibles?

— Pas de discussion, je l'espère; cependant je ne puis pas vous dire qu'elle ne me causera pas d'émotion.

— Alors, monsieur le comte, vous seul pouvez savoir ce que vous devez faire; je vous trouve dans un état très-satisfaisant, et je vous affirme cela en toute sincérité ; mais d'autre part je vous recommande la plus grande prudence ; à vous donc de voir si vous devez vous occuper de cette affaire demain ou si vous devez la retarder.

Et sur ce mot le docteur se retira ; mais avec Bérengère qui le reconduisait il continua ses recommandations :

— Usez de votre influence, mademoiselle, pour que M. votre grand-père ne se fatigue pas.

— Mon influence sera nulle ; une défense de votre part eût été seule toute-puissante.

— Mais cette défense je ne pouvais la formuler, car en conscience je ne trouve pas que M. votre grand-père soit dans l'impossibilité de s'occuper d'affaires.

Cependant lorsqu'elle rentra près de lui, elle voulut faire ce que le médecin venait de lui recommander.

— Voici ce que M. Evette m'a conseillé, dit-elle, a-t-il eu raison de parler de mon influence ?

— En toute autre circonstance il aurait eu raison, mais c'est de toi qu'il s'agit, mon enfant, et je ne puis retarder plus longtemps ce que j'ai à te dire ; la contrainte que je m'impose pour me taire est un tourment que je ne peux plus endurer.

Bien que Bérengère eût le pressentiment de ce qu'elle allait entendre, elle voulut venir en aide à son grand-père et autant qu'elle le pouvait alléger son chagrin.

— Alors, s'il est question de moi, dit-elle, je t'assure à l'avance que les discussions que redoutait M. Evette n'auront pas lieu ; tu es mon grand-père aimé, mon grand-père respecté, et rien de ce que tu diras, rien de ce que tu exigeras ne sera discuté par ta petite-fille.

Elle lui prit la main et doucement elle la baisa.

— Oh! mon enfant, ma fille chérie, dit-il d'une voix tremblante, pourquoi faut-il que ton grand-père, qui t'aime si tendrement, te cause une pareille douleur!

— Ce n'est pas à ma douleur qu'il faut penser; c'est à la tienne; je suis jeune et en bonne santé; je puis souffrir; toi, tu dois éviter les émotions; ne reste donc pas en proie au tourment qui te fait trembler et ce que tu as à me dire, dis-le, dis-le vite.

Il était bien certain que si elle ne l'avait pas ainsi pressé, il ne se serait jamais décidé, mais elle l'avait vu si malheureux depuis quelques jours, si embarrassé, si préoccupé qu'elle voulait l'arracher à cet état. D'ailleurs le point capital pour elle ce n'était pas ce qu'il allait dire, c'était ce qu'il avait résolu; et parce qu'il ne parlait pas, la résolution n'en existait pas moins.

Tout, les regards navrés de son grand-père, aussi bien que les regards de défi de l'abbé Subileau lorsqu'il venait le matin, lui avait appris ce qu'était la résolution, mais enfin il fallait qu'elle lui fût annoncée, et mieux valait tout de suite que plus tard.

— Donne-moi ta main, dit-il.
— La voici grand-père.
— Comme elle est froide.
— Ce n'est rien; parle, je t'écoute.

Ce n'était rien, en effet, son cœur seulement qui avait cessé de battre.

— C'est de ton mariage que je veux te parler; tu t'en doutes, n'est-ce pas?

Elle inclina la tête.

— La réalisation du projet que nous avons formé est impossible.

Bien qu'elle attendît ce mot, elle ne put pas retenir un cri étouffé, un soupir lorsqu'il la frappa.

— Moi, comte de la Roche-Odon, enfant de Dieu quoique très-indigne, dévoué à notre sainte Église catholique, apostolique et romaine, dans laquelle je veux mourir, je ne peux pas consentir à ce que ma petite-fille, l'héritière de mon nom, mon sang devienne la femme d'un homme qui n'est pas chrétien.

Il s'arrêta la voix brisée par son émotion, puis, se raffermissant :

— Non, non, dit-il, cela n'est pas possible.

Leur silence dura assez longtemps; Bérengère étouffait, et le comte respirait avec peine : tous deux évitaient de se regarder.

Enfin il reprit :

— Eh bien, tu ne répond pas?

— Je n'ai pas à répondre, balbutia-t-elle.

— Tu acceptes ma volonté?...

Elle se raidit contre la faiblesse qui l'anéantissait et, sentant qu'il ne fallait pas, pour son grand-père au moins, que cet entretien se prolongeât, elle voulut le terminer.

— Ma réponse aujourd'hui est celle que je t'ai déjà faite; je ne me marierai pas malgré toi, mais on ne me mariera pas malgré moi.

Puis d'une voix qui s'était affermie :

— Jamais, jamais !

— Telle n'est pas mon intention, dit-il.

— Alors ne parlons plus de ce triste... sujet, triste pour moi, triste pour toi; tu as dit ce que tu avais à dire, c'est fini.

— Avec toi, oui, mais non avec M. de Gardilane à qui je dois faire connaître ma réponse, car je suis, jusqu'à un certain point, engagé avec lui, et la loyauté exige que je me dégage.

Était-ce la loyauté qui exigeait cela ? et son grand père en parlant ainsi n'obéissait-il point à une pression étrangère; à tout autre moment elle eût abordé franchement cette question, mais il lui était interdit de soulever une discussion, elle garda le silence.

— Je vais donc écrire à M. de Gardilane, continua le comte, pour le prier de venir demain à la Rouvraye.

— Demain, murmura-t-elle.

— Je ne puis rester sous le poids de cette entrevue.

— J'ai une grâce à te demander, et il me semble que ni ton esprit de justice, ni ta tendresse ne peuvent me la refuser.

— Tu as raison de parler de ma tendresse, jamais elle n'a été plus profonde. Jamais...

Elle vit qu'il allait s'attendrir, et telle était la situation qu'elle devait éviter aussi bien ce qui pouvait l'émouvoir dans ce sens que dans le sens opposé, elle l'interrompit donc :

— Ce que j'ai à demander, dit-elle, c'est d'assister à cette entrevue avec Rich... avec M. de Gardilane.

— Mais, mon enfant.

— Ce que tu veux lui dire, ce n'est pas seulement qu'il ne peut être mon mari, n'est-ce pas, c'est encore que nous ne devons plus nous voir.

— Il le comprendra sans que je le lui dise.

— C'est aussi parce que je l'ai compris que je te demande d'être présente à votre entretien.

Les choses avaient trop bien tourné et M. de la Roche-Odon avait trop obtenu, pour repousser cette demande.

— Sauras-tu te contenir ? dit-il.

— Je me contiens bien en ce moment, et cependant...

— Cependant?

Mais elle ne répondit pas.

— Soit, dit-il, tu seras présente à notre entretien.

Elle avait espéré qu'elle écrirait à Richard au nom de son grand-père, et qu'elle pourrait ainsi lui glisser un mot pour le prévenir ; mais M. de la Roche-Odon voulut faire lui-même cette lettre qui d'ailleurs ne renferma que deux lignes.

Le lendemain, peu d'instants avant l'heure à laquelle Richard était attendu, le comte voulut descendre au rez-de-chaussée et s'installer dans son cabinet.

Bérengère l'accompagna en le soutenant, puis s'asseyant près de lui, elle se mit à lire tout haut un journal, car il lui aurait été impossible d'attendre en s'entretenant avec son grand-père ; elle n'avait qu'un mot sur les lèvres comme dans le cœur, qu'un nom — Richard.

A l'heure qui lui avait été fixée, le capitaine précédé par le vieux valet de chambre du comte, entra dans le cabinet.

Comme il n'avait pas reçu de lettres de Bérengère et que par conséquent, il ne savait rien de ce qui s'était passé depuis son départ pour Rome, si ce n'est ce qui était de notoriété publique, c'est-à-dire l'attaque d'apoplexie, il était plein d'inquiétudes et de craintes : les yeux de Bérengère qu'il chercha en franchissant la porte et qu'il rencontra, lui apprirent, sans qu'il fût besoin de paroles, que la situation était désespérée.

Cependant d'un pas ferme il alla droit au comte, lui tendit la main, s'informa affectueusement de sa santé, et ce ne fut qu'après qu'il eût respectueusement écouté sa réponse qu'il se tourna vers Bérengère.

Incapable de faire un mouvement elle lui montra un siége ; il le prit et s'assit de façon à faire face à M. de la Roche-Odon et aussi à Bérengère ; dans sa poitrine, son cœur bondissait à coups précipités, mais cependant il restait maître de sa tête, comme il l'avait toujours été en face d'un danger quel qu'il fût, et le comte assurément était moins ferme que lui.

Voyant que M. de la Roche-Odon ne lui disait rien il prit la parole :

— Je me rends à votre appel, dit-il.

— J'ai désiré vous voir, continua M. de la Roche-Odon, pour reprendre avec vous notre entretien au point où nous l'avons interrompu, le jour où ayant appris les sentiments que vous éprouviez pour ma petite-fille, je vous ai demandé si elle trouverait en vous un mari chrétien. Bien que vous m'ayez fait alors une réponse qui m'a profondément désolé, je n'ai pas voulu trancher une situation qui nous était imposée. J'ai voulu réfléchir, et j'ai voulu vous laisser le temps de réfléchir aussi. Aujourd'hui que nous avons eu le temps de nous recueillir, je viens vous demander si votre réponse est la même qu'elle a été alors.

Pendant que le comte parlait, le capitaine tenait ses yeux attachés sur ceux de Bérengère : elle était pâle, mais malgré l'émotion qui manifestement l'étouffait, elle ne lui avait fait aucun signe ; à ces mots elle pâlit encore ; puis comme il restait silencieux, la regardant toujours, elle inclina la tête par un geste affirmatif.

Alors le capitaine regarda M. de la Roche-Odon, et d'une voix sourde :

— Elle est la même, dit-il.

— Puisqu'il en est ainsi, je dois vous faire savoir, à mon grand regret et avec une vive douleur, que, moi vivant, ma petite-fille n'acceptera pour mari qu'un chrétien ; — c'est ma volonté, et elle se soumet à ma volonté.

De nouveau elle inclina la tête.

Le capitaine resta un moment sans paroles, demandant des yeux à Bérengère ce qu'il devait faire et ce qu'il devait répondre ; voyant qu'elle ne lui disait rien, il se leva et s'inclinant devant M. de la Roche-Odon :

— Que votre volonté soit faite, monsieur le comte, dit-il.

Puis, s'inclinant aussi devant Bérengère :

— Et la vôtre, mademoiselle.

Pendant quelques secondes, ils restèrent ainsi en face les uns des autres, silencieux, ayant chacun mille choses à dire et n'osant cependant en dire une seule ; jamais situation n'avait été plus embarrassante, plus cruelle ; Bérengère voulut l'abréger.

— Grand-père, dit-elle, je te demande la permission de reconduire M. de Gardilane.

Et sans attendre la réponse elle sonna : le valet de chambre entra aussitôt.

— Restez près de M. le comte, et appelez-moi par cette fenêtre, en cas de besoin, je serai là dans le jardin.

Ils n'avaient plus qu'à sortir, ce qu'ils firent, le capitaine suivant Bérengère.

Ils traversèrent les appartements et descendirent le perron sans échanger un mot. Ce fut quand ils se trouvèrent dans le jardin, à une certaine distance du château, que Bérengère prit la parole :

— Pardonnez à grand-père, dit-elle, ce n'est pas lui qui vient de vous parler, c'est l'abbé Subileau, ou plutôt madame Prétavoine.

Puis tout de suite elle lui raconta ce qui s'était passé, longuement, en détail en lui remettant la lettre qu'elle lui avait écrite.

— Pour moi, dit-elle, je n'ai présentement qu'une pensée : sauver la vie de grand-père et assurer son repos, et c'est cette pensée qui m'a fait céder à sa volonté : je vous devais cette explication.

— Je l'avais devinée, et je vous donne ma parole que je n'ai pas douté de vous.

— Cette confiance que vous avez eue en moi, il faut que vous l'ayez maintenant pour l'avenir ; nous allons être séparés ; nous n'allons plus pouvoir d'un mot nous expliquer ou nous rassurer, eh bien, il faut que chaque jour vous vous disiez que je vous aime et que je suis à vous, comme de mon côté je me dirai que vous m'aimez et que vous êtes mon mari. Cela sera-t-il ?

— Je vous le jure.

— Et moi je vous le jure pareillement. Par ce que vous avez vu à Rome, par ce qui s'est passé, par ce qui se passe ici il est évident que nous sommes entourés de gens qui nous poursuivent et nous enveloppent.

— C'est là qu'est ma crainte ; que feriez-vous contre cette machination, comment vous défendriez-vous, non pas une fois, mais dix, mais cent, mais toujours ?

—Ne craignez pas plus pour moi que je ne crains pour vous ; ayez foi en moi comme j'ai foi en vous, et de ce que je viens de céder à la volonté de mon grand-père pour sauver sa vie, ne concluez pas que je céderai encore ; je vous répète ce que je lui ai dit hier : je ne me marierai pas malgré lui, mais on ne me mariera pas malgré moi, — c'est-à-dire malgré vous, — c'est vous qui êtes mon mari, et c'est en vos mains qu'est ma vie.

Le temps s'était écoulé sans qu'ils en eussent conscience. Bérengère en regardant du côté du château, aperçut à la fenêtre du cabinet de son grand-père le valet de chambre qui de la main lui faisait signe.

— On m'appelle, dit-elle, il faut nous séparer ; donnez-moi votre main et mettez-la dans celle de votre femme comme je mets la mienne dans celle de mon mari. Je vous écrirai, vous me répondrez. Et quand vous voudrez entendre parler de moi, vous irez chez Sophie. Je la verrai comme à l'ordinaire, le jeudi. Vous, sans vous inquiéter des propos du monde, voyez-la le vendredi. Vous trouverez sur les joues du petit Richard les baisers que la veille j'y aurai mis pour vous.

XXI

— Le capitaine de Gardilane n'épouse pas mademoiselle de la Roche-Odon, et la preuve c'est qu'il n'est plus reçu à la Rouvraye.

Ce fut le mot de tout Condé.

Et cependant ni M. de la Roche-Odon, ni Bérengère, ni le capitaine n'avaient parlé de ce qui s'était passé entre eux.

Mais l'absence du capitaine aux dîners du jeudi avait provoqué la curiosité et les questions; on avait cherché ce qui avait pu amener cette absence, et de recherches en recherches, d'interprétations en interprétations, on était arrivé à trouver à peu près la vérité, c'est-à-dire que le comte de la Roche-Odon, à l'instigation de l'abbé Subileau, qui lui avait refusé l'absolution, avait rompu toutes relations et conséquemment tout projet de mariage avec un officier qui ne craignait pas d'assister à l'enterrement civil d'un de ses soldats.

D'ailleurs il suffisait de voir madame Prétavoine, quand on savait regarder et voir, pour comprendre qu'elle touchait à son but; jamais elle n'avait été plus humble, plus polie, plus affable avec tous, mais elle avait beau faire, le triomphe éclatait dans ses regards comme dans toute sa personne, et quand elle s'oubliait elle avait des façons de redresser la tête et le corps qui en disaient long.

D'autre part, le capitaine, interrogé par Dieudonné de la Fardouyère qui se désolait de ne plus le rencontrer à la Rouvraye, avait été obligé d'avouer une partie de la vérité, pour empêcher qu'on ne la devinât tout entière.

— Il faut laisser tomber le bruit qu'a fait l'enterrement de mon pauvre maréchal-des-logis, avait-il dit ; ma présence à la Rouvraye pourrait susciter des discussions qui, dans l'état de santé où se trouve le comte, seraient mauvaises pour lui.

Il n'était donc personne qui ne parlât et ne s'occupât de ce fait bien simple en lui-même cependant, qui n'eût dû intéresser que ceux qu'il touchait, et qui, en réalité, passionnait toute la ville, divisée en deux camps.

Chacun, bien entendu, en parlait à sa manière et selon le point de vue auquel il se plaçait, les uns se réjouissant, comme s'il s'agissait d'une affaire qui leur eût été personnelle; les autres s'indignant, comme s'ils avaient été atteints en même temps que le capitaine de Gardilane.

Pour ceux-ci, le comte de la Roche-Odon avait agi comme il le devait.

Pour ceux-là, il n'avait été qu'une marionnette entre des mains habiles.

Au milieu de ces gens passionnés, il y en avait, comme toujours, qui gardaient leur sang-froid, et qui faisaient remarquer que, parce que M. de la Roche-Odon n'avait pas voulu donner sa petite-fille à un gendre qui n'était pas chrétien, il n'en résultait pas nécessairement qu'il la donnerait à un dévot ; M. de Gardilane ne conduisait pas au comte Prétavoine ; madame Prétavoine avait pu rompre le mariage projeté entre mademoiselle Bérengère de la Roche-Odon et le capitaine de Gardilane, mais il n'était nullement prouvé qu'elle parviendrait à nouer une alliance entre son fils et l'héritière de la Roche-Odon ; c'était là une toute autre affaire et qui, en réalité, regardait la jeune fille ; alors même que le comte, dominé par l'abbé Subileau, consentirait à prendre pour gendre le fils d'un banquier, tout ne serait pas fini ; il faudrait que sa petite-fille se laissât entraîner comme lui, par les mêmes raisons que lui, et cela n'était pas probable, si, comme on le disait, elle aimait le capitaine ; madame Prétavoine n'avait donc pas encore triomphé.

— Voyez d'où elle est partie et où elle est arrivée, grâce aux prêtres !

— Elle peut très-bien rester en chemin, car je ne vois pas quelle puissance les prêtres peuvent exercer sur le cœur d'une jeune fille ; je ne dis pas qu'ils n'en feront pas une religieuse, mais je ne crois pas qu'ils en fassent une comtesse Prétavoine.

— On verra.

— Assurément.

A côté de ceux qui examinaient cette rupture du comte de la Roche-Odon et du capitaine de Gardilane au point de vue théorique ou pour le plaisir provincial de s'occuper de son voisin, il y avait aussi ceux qui en étaient touchés personnellement, bien qu'ils n'eussent point eu de rôle à jouer dans l'action.

Ainsi l'abbé Colombe.

Ainsi Sophie Fautrel.

Pour l'abbé Colombe, c'avait été un coup de foudre que la nouvelle de cette rupture. Était-ce possible ! Comment le comte renonçait-il à la pieuse idée de ramener à la religion ce brave militaire, dont l'esprit seul était égaré, mais dont le cœur était si bon ? Car il était à craindre que l'œuvre de sa conversion, qui était en bon chemin, ne réussît pas, s'il ne devenait pas le mari de cette jeune personne accomplie. Sans doute, il y avait cet affreux scandale causé par la mort si affligeante de ce soldat, et dans cette circonstance, ce brave capitaine avait gravement péché. Mais qui pouvait savoir comment il avait été entraîné ; il s'était cru obligé à remplir un devoir envers son soldat, et il n'avait pas calculé les conséquences déplorables de son action. Le comte avait été poussé par ce scandale, ce qui se comprenait facilement, et il n'avait pas assez pensé à la conversion. Et l'abbé Colombe qui, dans son esprit de charité, donnait raison à tout le monde ou tout au moins plaidait les circonstances atténuantes, s'était demandé s'il ne ferait pas une démarche auprès de M. de la Roche-Odon, et aussi auprès du capitaine pour voir s'il ne serait pas possible d'amener entre eux un rapprochement qui ne pourrait que conduire à une conversion certaine. Quelle félicité s'il pouvait, dans la mesure de ses faibles moyens, être l'instrument de cette conversion ! Quelle satisfaction s'il pouvait aider à une union que cette chère demoiselle désirait ! Mais il avait été arrêté dans l'accomplissement de cette démarche par madame Prétavoine qui, étant venue, par hasard, à Hannebault, lui avait affirmé que la rupture entre le comte et le capitaine était définitive aussi bien d'un côté que de l'autre, et que rien ne pourrait les rapprocher. Aussi, dans ces conditions, n'hésitait-elle pas à lui demander son concours pour incliner le cœur et l'esprit de sa pénitente au projet dont elle l'avait autrefois entretenu, et au succès duquel il avait commencé à travailler. Lorsqu'il avait voulu rester neutre pour ne pas empêcher la conversion de cet officier, elle avait respecté ses scrupules, si pénible, si grave que fût pour elle cet abandon, Mais maintenant que cette conversion était impossible, maintenant qu'une rupture définitive s'était accomplie entre le comte et cet officier, elle pensait, elle espérait qu'un prêtre dévoué comme lui aux intérêts sacrés de la religion n'hésiterait pas à reprendre sa tâche interrompue, pour aider à un mariage qui devait rendre de si grands services à la sainte cause de l'Église. Pour cela qu'avait-il à faire ? elle n'avait pas à le lui indiquer. Mais il était le confesseur de mademoiselle de la Roche-Odon, et celle-ci avait pleine confiance en lui. Ce qu'il avait commencé avec le père, il n'avait qu'à le continuer maintenant auprès de la fille. Et, renonçant à une démarche, dont on venait de lui prouver si clairement l'inutilité, l'abbé Colombe s'était dit que, puisque mademoiselle de la Roche-Odon ne pouvait pas épouser M. de Gardilane, ce serait vraiment une grâce de l'aimable Providence qu'elle épousât ce bon jeune homme, ce cher Aurélien.

De toutes les personnes de l'entourage de Bérengère, Sophie avait été la dernière à apprendre la rupture du comte et du capitaine. Vivant seule dans sa petite maison, n'ayant de relations qu'avec la femme de charge qui lui donnait dédaigneusement son ouvrage, et la payait plus dédaigneusement encore, ne lui adressant jamais la parole que pour lui faire quelques observations aigres, Sophie ne savait rien de ce qui se passait au château.

L'amour de Bérengère pour le capitaine et l'amour du capitaine pour Bérengère, elle les connaissait parce qu'elle avait des yeux, et parce qu'elle était femme. Mais elle ignorait les projets de conversion du comte, la résistance qu'il rencontrait, les influences qu'il subissait, et tout ce qui, de près ou de loin, se rapportait au mariage de Bérengère et aux entraves qu'on lui opposait. Où eût-elle appris tout cela? Les gens du château continuaient à la traiter comme une pestiférée, ne lui adressant la parole que pour se moquer d'elle, et elle ne descendait qu'une fois par semaine au village pour aller à la messe, et faire ses provisions qu'elle rapportait dans un panier. Ce n'était pas alors que les boutiques de l'épicier et du boucher étaient pleines qu'elle aurait osé engager une conversation. Quelquefois, il est vrai, elle avait entendu parler du mariage de mademoiselle Bérengère avec « le fils Prétavoine »; mais elle n'avait vu dans ces paroles qu'une raillerie pour elle de la part de gens qui connaissaient ou qui soupçonnaient son secret. Comment un mariage serait-il possible entre Aurélien et mademoiselle Bérengère qui aimait M. de Gardilane! Mieux que personne elle savait à quoi s'en tenir sur cet amour. Qu'Aurélien voulût épouser mademoiselle de la Roche-Odon, cela elle le croyait jusqu'à un certain point. Mais que mademoiselle Bérengère consentît jamais à épouser Aurélien, cela elle ne l'admettait point; qu'elle oubliât, qu'elle trahît celui qu'elle aimait, cela était impossible.

Cependant il vint un moment où il fallut bien qu'elle ouvrît les yeux et les oreilles.

De tous les côtés on ne parlait que du mariage du comte Prétavoine avec mademoiselle de la Roche-Odon, et on lui en parlait à elle plus qu'à toute autre, ce n'étaient plus des allusions plus ou moins détournées, des propos en l'air; directement « pour voir la tête qu'elle ferait, » on lui annonçait ce mariage, les gens du château, les paysans du village, c'était un amusement pour chacun.

D'autre part chez elle, dans les visites que lui faisaient Bérengère et le capitaine, non plus ensemble comme autrefois, mais séparément, Bérengère le jeudi, le capitaine le vendredi, elle avait pu constater les changements qui s'étaient accomplis en eux, dans leur humeur, dans leur caractère, dans leurs personnes comme dans leurs manières, leur préoccupation, leur tristesse, enfin la façon étrange dont ils parlaient l'un de l'autre ; le capitaine ne prononçant pas le nom de mademoiselle de la Roche-Odon, celle-ci ne prononçant pas celui de M. de Gardilane, mais tous deux s'arrangeant adroitement pour savoir : le capitaine, ce qu'avait dit Bérengère, et Bérengère, ce qu'avait dit le capitaine.

Ce projet de mariage était donc vrai, et sa réalisation était activement poursuivie par Aurélien, sa mère et leurs amis.

Devait-elle le laisser s'accomplir, alors qu'elle n'avait pour l'empêcher qu'à aller trouver le comte de la Roche-Odon ?

XXII

C'était là pour elle une terrible question.

Depuis qu'elle avait un enfant à aimer, tous ses efforts avaient tendu à un seul but : vivre dans le présent, regarder l'avenir et oublier le passé, surtout oublier les souvenirs douloureux et honteux de ce passé ; oublier enfin que cet enfant avait pour père un homme qu'elle méprisait. Cela lui avait été d'autant plus difficile que ceux avec lesquels elle était en contact se faisaient un jeu de lui rappeler ce passé, de l'y replonger, comme ces gamins restés devant ses yeux avaient repoussé au milieu de la rivière ce chien qu'ils noyaient.

Si elle intervenait dans ce mariage, il faudrait qu'elle revînt à ce passé et que pendant longtemps peut-être elle vécût avec lui.

Il faudrait non-seulement qu'elle se le rappelât, mais qu'elle le racontât aux autres.

Le nom qu'elle n'avait pas voulu avouer à M. de la

Roche-Odon quand il le lui demandait, il faudrait maintenant qu'elle allât le lui dire.

Et comment interpréterait-on cette démarche? N'y verrait-on pas la colère d'une fille trompée, qui veut se venger de son ancien amant en empêchant son mariage?

Comme on serait loin de la vérité! Que lui importait à cette heure que celui qu'elle avait tant aimé et pour qui elle avait voulu mourir, se mariât ou ne se mariât point?

Elle avait bien souci de lui vraiment, au moins de ce qu'il pouvait faire présentement ou plus tard.

En se demandant si elle devait ou ne devait pas intervenir dans ce mariage, ce n'était pas à lui qu'elle pensait, c'était à mademoiselle de la Roche-Odon, c'était au capitaine de Gardilane, à eux seuls, à leur amour menacé, à leur bonheur.

Se venger, elle n'en avait jamais eu la pensée ; n'était-ce pas descendre au niveau de celui qui avait pu croire qu'elle ferait usage, le jour où il aurait rompu, des lettres qu'il lui avait écrites alors qu'il l'aimait, et qui dans cette crainte lui avait volé ces lettres. Cela seul eût suffi pour lui enlever cette pensée, si elle l'avait eue.

Ce n'était donc pas de vengeance qu'il s'agissait pour elle, — c'était de reconnaissance.

Qui avait sauvé la vie à son enfant en la sauvant elle-même? le capitaine de Gardilane.

Qui avait assuré son existence, qui l'avait entourée de soins, qui l'avait rattachée au monde par la bonté et la sympathie, qui avait voulu donner son nom à l'enfant qui n'en avait point, qui avait eu la tendresse, la sollicitude d'une mère pour cet enfant que son père avait abandonné? mademoiselle de la Roche-Odon.

En échange de ce qu'ils avaient fait, de ce qu'ils faisaient chaque jour pour elle et pour son enfant, ne leur devait-elle rien?

Combien souvent n'avait-elle pas pensé, non à s'acquitter envers eux, mais au moins à leur prouver que le dévouement de l'un et les bontés de l'autre ne s'étaient point adressés à une ingrate.

Alors que dans sa petite maison si propre et si coquette, elle travaillait auprès de son enfant, qui essayait ses premiers pas autour d'elle, combien souvent s'était-elle dit que c'était à eux, à lui et à elle, qu'elle devait ce tranquille bonheur. Quelle différence entre ces jours paisibles, où elle avait le travail ainsi que le pain assurés, et ces sombres journées passées dans sa mansarde du faubourg d'Hannebault, quand, chassée honteusement de tous les magasins par l'influence toute-puissante de madame Prétavoine, elle se disait qu'il ne lui restait plus qu'à mourir de faim; encore trois jours, encore deux jours de pain, et puis la mort. Si Richard-Bérenger grandissait sans connaître la misère, libre de courir au milieu de ces herbages, où sa force et sa santé se développeraient, ce serait à eux qu'il le devrait, au capitaine Richard, à mademoiselle Bérengère.

Une occasion unique, providentielle se présentait à elle, qui tant de fois avait regretté son impuissance à rien faire pour eux, pouvait leur venir en aide, détourner d'eux le danger qui les menaçait, les protéger à son tour, et elle s'arrêterait, retenue par des considérations personnelles ! non, cela était impossible.

Elle devait agir, c'était son devoir.

Elle souffrirait dans sa pudeur, dans son honneur, eh bien ! elle souffrirait, ce serait pour eux.

On l'accuserait d'avoir obéi à un sentiment de basse vengeance ; eh bien ! elle supporterait cette accusation, comme elle en avait supporté tant d'autres qu'on lui jetait chaque jour à la face ; mais cette fois au moins elle aurait l'appui de sa propre conscience.

Après avoir longtemps balancé le pour et le contre, son parti fut pris ; elle empêcherait Aurélien d'épouser mademoiselle de la Roche-Odon.

Ce serait un crime à elle, une lâcheté de laisser ce mariage s'accomplir ; si les amis de madame Prétavoine avaient trompé et aveuglé le vieux comte, elle le détromperait et lui ouvrirait les yeux.

D'après ce qu'elle avait entendu dire, M. de la Roche-Odon refusait de donner sa petite-fille à M. de Gardilane, parce que celui-ci n'était pas chrétien. Eh bien ! elle lui montrerait quel chrétien était celui qu'on voulait l'amener à prendre pour gendre.

Est-ce que M. de la Roche-Odon, si honnête homme, si pieux, consentirait jamais à accorder la main de sa petite-fille à Aurélien, lorsqu'il aurait appris que ce modèle de piété avait séduit une pauvre fille, l'avait abandonnée quand elle avait été mère et lui avait volé les lettres qu'il lui avait écrites, de peur qu'avec ces lettres elle empêchât le mariage dont il poursuivait la réalisation dès ce moment.

Elle ne cacherait rien, et si M. de la Roche-Odon,

abusé, doutait de son récit, elle lui donnerait une preuve, ou plus justement un commencement de preuve qui détruirait ses doutes.

Il s'était cru habile, Aurélien, quand il avait réclamé les lettres qu'il lui avait écrites, sous le prétexte de les relire, et il avait pensé que toutes ses précautions étaient bien prises, puisqu'il ne lui manquait pas une seule de ces lettres, dont il savait si justement le compte ; mais si habile qu'on soit, et quelque souci qu'on apporte dans les précautions dont on s'entoure, il arrive souvent qu'on oublie une toute petite chose, et que c'est par cette toute petite chose qu'on échoue, alors qu'on se croyait certain de toucher le port. Combien de coquins ont ainsi péri !

C'était là le cas d'Aurélien, qui avait oublié une toute petite chose, c'est-à-dire un portrait qu'il lui avait donné.

Tout à la préoccupation de compter ses lettres, il n'avait pas pensé à lui réclamer le portrait qu'il lui avait envoyé de Louvain, trois mois auparavant, ou s'il y avait pensé, il n'avait point osé lui adresser cette réclamation de peur sans doute d'éveiller ses soupçons et de la retenir à Condé. D'ailleurs un portrait ne prouvait rien, et très-probablement il s'était dit que si plus tard elle voulait faire usage de ce portrait, il n'aurait aucune valeur entre ses mains. Sa défense serait facile : qui prouvait qu'il avait donné lui-même cette carte photographique ? rien, absolument rien ; on avait dû la prendre chez sa mère. Et raisonnant ainsi, très-probablement, il s'était rassuré.

Mais il s'était trompé, car elle avait aux mains la

preuve qu'il lui avait donné lui-même cette carte, et cette preuve c'était l'enveloppe dans laquelle il avait envoyé cette photographie. Non-seulement cette enveloppe avait été écrite par lui, mais encore le timbre dont elle avait été frappée au départ de Louvain s'était imprimé en creux sur le portrait même. Sans l'enveloppe, ce timbre à peine marqué sur la carte ne signifiait rien; mais avec l'enveloppe, au contraire, et en comparant les deux empreintes, l'une à l'encre et l'autre sèche, toutes deux s'adaptant exactement, il devenait une preuve que ce portrait avait bien été envoyé à mademoiselle Sophie Fautrel, rue de la Courtine, à Condé-le-Châtel, qu'il avait été mis à la poste à Louvain, et qu'il n'avait pu l'être que par celui qui avait écrit l'adresse. Que répondre à cela? Comment se défendre contre cette toute petite chose? Quelle explication donner au comte de la Roche-Odon pour lui faire comprendre que l'envoi de ce portrait était sans importance et affaire de simple amitié? Quelle amitié pouvait exister entre M. Aurélien Prétavoine et une pauvre lingère!

Décidée à empêcher le mariage d'Aurélien, il ne lui restait plus qu'à arrêter auprès de qui elle agirait.

Tout d'abord elle avait pensé à s'adresser à Bérengère, mais cette pensée n'avait fait que traverser son esprit; ce n'était pas à une pure jeune fille comme mademoiselle de la Roche-Odon qu'elle pouvait dire tout ce qu'elle avait à dire, et il fallait que tout fût dit; d'ailleurs ne serait-ce pas la blesser que de lui montrer que son amour était connu?

Elle s'était alors retournée du côté du comte; c'était

lui qui faisait ce mariage, si les propos qu'elle avait entendus étaient vrais, c'était donc à lui qu'elle devait prouver qu'il ne pouvait pas donner sa fille à l'homme qu'il croyait connaître, et qu'en réalité il ne connaissait point.

Mais après avoir longuement examiné cette idée, elle l'avait abandonnée comme la première.

Sans doute le moyen était sûr, mais était-il bien honnête, était-il bien loyal?

Jamais lorsqu'elle avait voulu faire quelque chose elle n'avait pris une voie détournée, au contraire elle avait toujours marché droit à son but franchement, ouvertement.

Agir auprès de M. de la Roche-Odon, lui dénoncer Aurélien, c'était précisément prendre le chemin détourné.

Pourquoi n'irait-elle pas bravement à Aurélien lui-même?

Pourquoi ne lui dirait-elle pas en face : « Il faut re-
» noncer à mademoiselle de la Roche-Odon, ou je
» parle; il faut rompre de bonne volonté ce mariage,
» ou je le brise par la force. »

Cela seul était honnête et loyal.

Avant de le frapper, elle l'aurait prévenu; et si plus tard elle était obligée de s'adresser au comte, ce ne serait pas à la dérobée.

Ce que ce moyen avait de mauvais, pour elle de terrible, c'était de la mettre en présence de celui qu'elle aurait voulu ne jamais revoir.

Mais l'intérêt de mademoiselle de la Roche-Odon et

du capitaine, mais sa propre dignité ne lui permettaient pas de se laisser arrêter par ces considérations de souffrance personnelle.

Elle verrait donc Aurélien; elle lui parlerait.

XXIII

Il ne lui convenait pas d'aller attendre Aurélien, le soir devant sa porte, et de lui parler quand il rentrerait.

Elle avait de leur dernière entrevue sur le rempart gardé un souvenir qui la faisait trembler quand, malgré elle, il s'imposait à son esprit.

Elle ne s'exposerait pas à pareille honte, à être curieusement regardée par les passants, les Carquebut ou autres, à être suivie par les agents de police, à être repoussée par Aurélien avant qu'elle eût commencé de parler.

Elle décida donc qu'elle lui écrirait pour lui fixer un rendez-vous ; s'il ne venait pas à ce premier rendez-vous, ce serait qu'il n'aurait pas reçu sa lettre, alors elle lui en fixerait un second, mais cette fois par lettre chargée ; elle pouvait maintenant se payer cette dépense.

Elle lui écrivit donc :

« J'apprends que vous espérez devenir le mari d'une
» personne à laquelle j'ai voué la plus profonde re-
» connaissance. Ce mariage est impossible. J'ai aux
» mains un moyen de le rompre. Je veux bien vous
» dire quel il est, et pour cela je vous attendrai chez
» moi, pendant trois jours, le soir, de neuf heures à
» onze heures. Si le quatrième jour vous n'êtes pas
» venu, c'est que vous n'aurez pas jugé à propos
» d'entendre la communication que je veux bien vous
» faire. Dans ce cas je porterai à la personne qui
» seule peut faire ce mariage, les renseignements
» (avec preuve à l'appui), dont je vous parle. Vous
» aurez été prévenu à l'avance, et vous ne pourrez
» accuser que vous seul de ce qui arrivera.

» Mon but, je vous le répète, est d'empêcher ce
» mariage, et rien ne me fera reculer, on ne m'arrê-
» tera pas.
» Sophie Fautrel. »

Qui fut surpris en recevant cette lettre, ce fut M. le comte Prétavoine, camérier de Sa Sainteté, qui ne se rappelait que très-vaguement qu'il remplaçait un certain Aurélien, mort depuis longtemps, lequel Aurélien, en son vivant, avait connu une certaine Sophie Fautrel.

— Sophie Fautrel ! qu'est-ce que c'est que ce nom vulgaire ?

Et quand il eut trouvé, il se demanda ce que voulait cette revenante.

Cette lettre, qu'on lui monta dans son cabinet de travail, arrivait d'autant plus mal à propos, qu'il était justement en train de préparer un discours qu'il devait prononcer au cercle catholique des ouvriers d'Hannebault, en présence de Mgr l'évêque de Condé, sur ce sujet plein d'intérêt : *De la régénération des classes ouvrières par le mariage chrétien.*

« J'ai aux mains un moyen de rompre ce mariage.»

De quoi se mêlait cette fille maudite !

Il ne s'occupait pas d'elle, pourquoi se permettait-elle de s'occuper de lui ?

» Qu'importait à cette fille qu'il épousât ou n'épousât pas mademoiselle de la Roche-Odon, puisqu'elle savait bien qu'il ne l'épouserait pas, elle ?

Et un sentiment de honte lui fit serrer les dents de dégoût, en pensant qu'il avait pu aimer cette fille ; une lingère, une ouvrière, lui, comte Prétavoine, une fille qui disait : « Je m'en rappelle. »

Mais ce n'était point du passé qu'il s'agissait, c'était du présent, c'était de l'avenir.

Une preuve ! Elle parlait d'une preuve. Quelle preuve de leur liaison pouvait-elle avoir ?

Il ne lui avait pas repris, il est vrai, la nuit où il avait eu l'adresse de se faire remettre ses lettres, un portrait photographique qu'il lui avait envoyé de Louvain ; mais une carte n'a jamais été une preuve, alors surtout qu'elle ne porte aucune mention manuscrite.

Ce n'était pas avec une carte qu'elle pouvait prouver qu'il avait été son amant et qu'il était le père de son enfant.

Non, elle n'avait pas de preuve ; assurément, elle n'en avait pas.

Cependant, tout en se disant, en se répétant, elle

n'en a pas, elle ne peut pas en avoir, il était loin d'être rassuré.

Cette lettre qu'il lisait et relisait n'avait rien de celles que Sophie lui écrivait autrefois; elle révélait une décision véritablement inquiétante : « la communication que je veux bien vous faire ». Quel ton cette coquine prenait avec lui ; et un délai, elle se permettait de lui fixer un délai : trois jours. « Rien ne me fera reculer ».

Tout cela évidemment était grave, non-seulement en soi, mais encore, mais surtout à cause des circonstances dans lesquelles cela se produisait : juste au moment où le comte de la Roche-Odon venait de rompre avec M. de Gardilane.

Aussi, bien que décidé depuis son retour de Rome à prendre de ses propres mains la direction de son mariage, se dit-il qu'il serait prudent de consulter sa mère ; elle pourrait lui donner un bon conseil, et mieux que lui peut-être elle lirait entre les lignes de cette lettre.

Lorsqu'elle rentra, il alla donc la trouver dans sa chambre, tenant à sa main la lettre de Sophie.

— Voici une lettre que je viens de recevoir, dit-il, je vous prie de la lire ; je désire savoir ce que vous en pensez.

Elle le regarda ; mais, comme il ne s'expliquait pas davantage, elle prit cette lettre qu'il lui tendait et la lut.

— Une preuve ! s'écria-t-elle. Vous m'aviez dit qu'elle n'en avait point.

— Et je vous le dis encore ; je ne crois pas qu'elle en ait.

— Vous ne croyez pas ?

— Elle m'a rendu mes lettres, et tout ce qu'elle peut avoir aux mains c'est un portrait que je lui ai envoyé.

— Un portrait ?

— Une carte photographique.

— Sans rien d'écrit dessus ?

— Assurément ; aussi un portrait n'est-il pas une preuve ; car, on peut répondre que ce portrait on ne le lui a pas donné et qu'elle se l'est procuré, on ne sait comment, chez vous, par exemple.

— Comment l'avez-vous envoyé ?

— Par la poste.

— Alors, il était dans une enveloppe écrite par vous ?

— Est-il probable qu'elle ait gardé une enveloppe insignifiante ?

— Si cela est improbable, il suffit que cela soit possible pour être une accusation contre vous.

— Alors la situation vous paraît grave ?

— Certes ; mais, à vrai dire, elle ne me surprend pas ; depuis longtemps, j'ai prévu que le jour où l'on connaîtrait votre mariage, cette fille voudrait l'empêcher. C'est logique.

— Vous m'avez dit autrefois que vous ne pensiez pas qu'elle parlât jamais.

— Cela était vrai avant qu'elle eût été recueillie par mademoiselle de la Roche-Odon et protégée par elle ; maintenant les choses ont changé de face ; elle voit mademoiselle de la Roche-Odon menacée par vous, et elle veut à son tour la protéger ; voyez ce qu'elle dit : « Une personne à laquelle j'ai voué la plus profonde reconnaissance ». C'est par reconnaissance qu'elle agit. Vous auriez voulu épouser n'importe qui, elle n'eût rien dit; mais vous vous adressez à mademoiselle de la Roche-Odon, sa bienfaitrice, elle se lève ; le caractère infernal de cette fille maudite est très-facile à comprendre, car il est tout d'une pièce, comme celui des imbéciles. Pourquoi vous êtes-vous pris d'amour pour une bête ?

Aurélien interrompit sa mère par un geste hautain qui disait qu'il n'acceptait plus des remontrances.

— C'est d'un bon conseil que j'ai besoin, et non pas de reproches qui, à cette heure, sont plus qu'inutiles.

— Quel conseil voulez-vous ?

— Que feriez-vous à ma place ?

— Vous dites qu'elle n'a pas de preuve de votre liaison ; de son côté, elle dit qu'elle en a une ; avant tout, je voudrais savoir quelle est cette preuve dont elle parle et qu'elle veut bien vous communiquer, si vous allez au rendez-vous qu'elle vous donne.

— Alors, votre avis est qu'il faut aller à ce rendez-vous ?

— Sans doute ; mon avis est qu'il faut toujours tâcher de connaître le danger dont on est menacé ; quand nous saurons quelle est cette preuve, nous verrons ce que nous avons à faire.

— Mon sentiment était celui que vous venez d'exprimer, et je ne vous en ai pas parlé tout d'abord pour ne pas vous influencer.

Elle le regarda à la dérobée d'un coup d'œil rapide;

comment était-il assez simple pour s'imaginer qu'elle pouvait se laisser prendre à ces paroles? et alors elle se demanda avec angoisse s'il était vraiment l'homme qu'elle avait cru ; mais il ne lui laissa pas le temps de s'appesantir sur cette question.

— J'irai donc à ce rendez-vous, dit-il.

— Vous, s'écria-t-elle, comment, vous avez pu croire que je vous donnais le conseil d'aller chez cette fille entre neuf heures et onze heures du soir, c'est-à-dire la nuit?

— Et qui voulez-vous qui aille à son rendez-vous, si ce n'est pas moi.

— Qui? mais moi.

— Vous?

— Cette fille dit qu'elle a aux mains une preuve qui peut rompre votre mariage avec mademoiselle de la Roche-Odon ; vous, vous dites qu'elle n'en a pas. Qui croire? Vous, je le veux bien, mais alors je dois être pleine de défiance à propos de ce rendez-vous, car si elle n'a pas cette preuve, elle peut en trouver une dans votre présence chez elle à onze heures du soir. Que faut-il pour cela? Tout simplement que des gens prévenus frappent à sa porte, et vous trouvent en tête-à-tête avec elle, ou bien qu'ils vous voient sortir de chez elle au milieu de la nuit. Qu'alliez-vous faire, vous, comte Prétavoine, vous, jeune homme, chez mademoiselle Sophie Fautrel? Que répondriez-vous au comte de la Roche-Odon, vous posant cette question et vous mettant en présence des témoins qui, « par hasard », vous auraient vu? Je ne sais si cet officier se défendra. C'est possible, et dès lors il est possible aussi que cette lettre n'ait pas d'autre but que de vous faire tomber dans une souricière. Vous ne devez donc pas vous exposer à ce danger. Mais comme, d'autre part, il est utile que nous sachions quelle est cette preuve dont on nous menace, et que pour cela il n'y a qu'un moyen, qui est de voir par soi-même, j'irai, moi, à ce rendez-vous ; seulement, au lieu d'y aller le soir en me cachant, j'irai la tête haute, en plein jour.

— Parlera-t-elle avec vous comme elle aurait parlé avec moi ?

— Nous verrons. D'ailleurs, soyez rassuré ; avec un peu d'adresse, on fait toujours parler les gens, et s'ils se taisent quand même, c'est qu'ils n'ont rien à dire. Si mademoiselle Sophie Fautrel ne me dit pas quelle est la preuve dont elle vous menace, c'est que tout simplement elle n'a pas cette preuve.

XXIV

Sa lettre mise à la poste le matin à Condé, Sophie avait attendu Aurélien le soir même, elle avait pris ses mesures en conséquence pour le recevoir; c'est-à-dire qu'au lieu d'apporter auprès de sa table à ouvrage, le berceau de son enfant, comme elle le faisait tous les soirs, elle l'avait laissé dans sa chambre auprès de son lit.

Elle ne voulait pas qu'Aurélien vît Richard-Bérenger; pourquoi lui permettrait-elle de regarder un enfant dont il était le père, mais qui ne serait jamais son fils?

Puis, au lieu de fermer sa porte comme à l'ordinaire, elle l'avait tenue ouverte pour qu'il n'eût pas à frapper, et après avoir placé sa lampe auprès de sa fenêtre de manière à éclairer les abords de la maison et à servir de phare à celui qui marcherait dans l'herbage, elle avait travaillé de neuf heures du soir à onze.

attendant et de temps en temps prêtant l'oreille pour écouter.

Mais quelle différence entre cette nuit et celles où, dans sa chambre de la Courtine, elle attendait Aurélien! Comme le cœur lui battait alors; comme il s'arrêtait au moindre bruit; parfois elle ne pouvait plus travailler, elle fermait les yeux, et un frisson délicieux raidissait tous ses nerfs; lui, lui le chéri, il allait arriver. Tandis que, maintenant, si elle prêtait encore l'oreille, c'était sans que son cœur cessât de battre; plus de frisson; mais une constriction à la gorge, un sentiment d'angoisse.

Autrefois après onze heures, elle eût attendu encore, minuit, une heure, toute la nuit, inquiète, épouvantée; tandis qu'à onze heures un quart, elle alla tout tranquillement se coucher en se disant que ce serait pour le lendemain, et que s'il n'était pas venu ce soir-là c'était sans doute pour ne pas paraître avoir trop peur de ses menaces.

Et cependant c'était toujours le même homme, c'était toujours lui, mais ce n'était plus le chéri.

Le lendemain, au milieu de la journée, comme elle travaillait sur le seuil de sa porte, tandis que Richard-Bérenger jouait près d'elle en se roulant sur un tapis que sa marraine lui avait donné pour qu'il ne se traînât pas par terre, elle fut surprise de voir tout au loin, à l'extrémité de l'herbage, du côté de la ville, une dame en noir qui prenait le sentier conduisant à sa maison. Cela était si extraordinaire, car jamais personne ne venait chez elle, qu'elle regarda avec attention. A la démarche, elle aurait cru que c'était madame Prétavoine, si une pareille supposition n'avait pas été folle.

Mais cette dame noire avançait toujours d'un pas régulier, les bras serrés contre le corps, sans mouvement de tête; le doute n'était plus possible, c'était bien, ce ne pouvait être que madame Prétavoine : c'était sa toilette, c'était sa démarche, c'était son aspect, c'était elle.

Sophie éprouva un mouvement instinctif de frayeur.

Puis presque aussitôt elle se dit qu'après tout mieux valait que cela fût ainsi; sans doute cette terrible femme l'avait fait horriblement souffrir, mais enfin elle ne verrait pas Aurélien, et elle pouvait bien payer cher cette délivrance.

Madame Prétavoine n'était plus qu'à une courte distance de la maison; Sophie qui ne la quittait pas des yeux, remarqua qu'elle tenait à la main un petit sac en cuir qui paraissait lourd; mais elle n'eut pas le temps de faire attention à cette remarque, madame Prétavoine arrivait.

Sophie se leva; mais pour permettre à madame Prétavoine d'entrer il fallait déranger le tapis de Richard-Bérenger qui barrait le passage; ce fut ce qu'elle fit en traînant le tapis, et cela au grand plaisir de l'enfant qui, croyant que sa mère jouait avec lui, se mit à rire bruyamment, en agitant le hochet qu'il tenait dans sa petite main potelée.

Pendant qu'elle était ainsi baissée et marchait doucement à reculons en traînant le tapis, madame Prétavoine regardait l'enfant.

C'était la première fois qu'elle le voyait, et elle était

loin de s'attendre à le trouver dans l'état où il lui apparaissait. Sa robe et sa brassière étaient en piqué blanc, son bonnet était garni de dentelle et ses petits pieds étaient chaussés dans des chaussons de laine faits au crochet et garnis de grosses bouffettes. En tout, des pieds à la tête, l'enfant d'une riche bourgeoise aimant ce qui est beau, et non celui d'une pauvre ouvrière. Madame Prétavoine n'eut pas besoin qu'on lui dît que tout cela, aussi bien que le hochet en argent qu'il tenait à la main, avait été donné par mademoiselle de la Roche-Odon. Voilà donc pourquoi cette coquine parlait de reconnaissance? c'était pour payer ces cadeaux, et, toute à cette pensée, elle ne fit pas attention à l'enfant lui-même, gros, gras, bien venant et superbe, qui ressemblait cependant à son fils, mais, avec un air de santé luxuriante que jamais Aurélien n'avait eu.

— Vous avez écrit à mon fils, dit madame Prétavoine en s'asseyant près de la porte, je viens vous demander ce que signifient ces menaces dont vous osez le poursuivre.

— Qu'il ne doit pas épouser mademoiselle de la Roche-Odon.

— Vous prétendez avoir le moyen d'empêcher ce mariage.

— Je l'ai.

— Quel est-il ?

— Comme je n'ai qu'un but, qui est d'empêcher ce mariage, qui ferait le malheur d'une personne pour laquelle j'éprouve une affection profonde et respectueuse, je veux bien vous dire quel est ce moyen.

Votre fils m'avait autrefois écrit un certain nombre de lettres, trente-deux, mais lorsqu'il s'est décidé à m'abandonner il m'a volé ces lettres de peur que j'en fasse usage pour ruiner ses projets.

— Mademoiselle...

— Je dis volé parce que c'est le mot propre, et non par colère ou pour injurier votre fils.

Disant cela, elle laissa tomber sur madame Prétavoine un regard plein de dédain ; puis, après un court moment de silence, elle continua :

— Mais dans sa précaution, il a oublié de me voler un portrait qu'il m'avait envoyé. Vous me direz qu'un portrait n'a pas grande importance et ne prouve rien. Cela est vrai bien souvent, mais non pour celui que j'ai et qui, par suite de circonstances particulières, se trouve être une preuve, la meilleure des preuves.

Et, en peu de mots, elle expliqua ces circonstances particulières.

— C'est donc ce portrait avec son enveloppe que je porterai à M. de la Roche-Odon, si votre fils poursuit son projet de mariage.

— Vous voyez bien que mon fils n'a eu que de la prudence en vous reprenant ces lettres qu'il avait eu la coupable folie de vous écrire.

— Je ne vois pas cela, car si votre fils m'avait laissé ces lettres, je me trouvais par cela seul dans l'impossibilité d'en faire usage contre lui ; c'eût été une lâcheté et un abus de confiance, et si grand que soit mon désir de sauver mademoiselle de la Roche-Odon d'un mariage qui serait son malheur s'il s'accomplissait, ce désir n'eût pas été jusqu'à me faire commettre un crime.

Puis s'interrompant de nouveau, et regardant madame Prétavoine d'un air de souverain mépris:

— Mais je vous explique là des choses inutiles, dit elle en continuant, je n'ai en réalité qu'une chose à vous expliquer. J'ai aux mains...

Madame Prétavoine regarda autour d'elle comme pour chercher ce portrait.

— Quand je dis j'ai aux mains, poursuivit Sophie, cela ne signifie pas que je l'ai ici; j'ai en sûreté, là où on ne pourrait pas me le prendre, un moyen pour empêcher votre fils de devenir le mari de mademoiselle de la Roche-Odon; je suis décidée à en faire usage, si de lui-même il ne renonce pas à ce mariage.

— Vous ne ferez pas cela.

— Je lui ai donné trois jours pour me faire connaître sa renonciation; si dans trois jours il ne m'a pas apporté cette renonciation, je vais trouver M. le comte de la Roche-Odon, je lui raconte comment j'ai été séduite par votre fils, dans votre maison, sous vos yeux.

— Mademoiselle...

— Sous vos yeux; comment j'ai été abandonnée par lui quand il a su que j'étais mère! comment il m'a volé mes lettres; comment j'ai été poursuivie par vous, et si implacablement que j'en ai été réduite à mourir de faim, alors que vous saviez que j'allais devenir mère d'un enfant qui était votre sang, le fils de votre fils, que vous condamniez à mort en même temps que vous m'y condamniez moi-même; car vous avez fait cela, vous, madame, vous la bonne madame Prétavoine, si pieuse, si charitable aux malheureux qui peuvent par leurs misères servir votre réputation.

Sophie parlait d'une voix calme, mais par cela même d'autant plus cruelle.

— Ce récit fait, dit-elle, et en détail, de manière à justement établir la part de chacun, la vôtre et celle de votre fils, je remettrai à M. le comte de la Roche-Odon le portrait et l'enveloppe dont je vous parle, et alors nous verrons si, malgré les influences dont il est entouré, il consentira, lui, l'homme vraiment bon, vraiment pieux, à donner sa petite-fille à M. le comte Prétavoine, fils de cette bonne madame Prétavoine (ce qui assurément est une bien digne recommandation), mais qui, en même temps, est le père de l'enfant de Sophie Fautrel. Voilà ce que je ferai, et je vous en préviens à l'avance, pour que vous sachiez bien ce qui vous arrivera. J'aurais pu aller directement conter cela à M. de la Roche-Odon, mais je n'ai jamais eu recours aux moyens détournés ; cela est naïf, n'est-ce pas, mais enfin cela est ainsi.

Décidément la situation était encore plus dangereuse que madame Prétavoine ne l'avait craint tout d'abord ; aussi avant de répondre voulut-elle réfléchir.

— Je sais, poursuivit Sophie, que par la renonciation que je demande à votre fils, celui-ci peut très-bien ne pas se croire engagé, et qu'il est homme à poursuivre son mariage après m'avoir juré de l'abandonner ; promesses et serments n'ont pas grande importance pour lui, il a sans doute des grâces spéciales pour s'en faire décharger, mais je vous préviens que je le surveillerai de près ; on ne se marie pas en cachette ; il y a des publications de bans à la porte de la mairie : à partir de dimanche prochain, je lirai ces publications tous les dimanches, et le jour où je verrai le nom de votre fils à côté de celui de mademoiselle de la Roche-Odon, j'irai trouver M. le comte avec mon portrait, et je m'imagine que pour vous la mortification serait plus grande de manquer un mariage affiché que de renoncer à un mariage projeté.

Cette fille était donc inspirée par Satan!

— Maintenant, dit-elle, je dois encore vous prévenir que je ne m'oppose pas du tout à ce que votre fils se marie. Il peut épouser qui bon lui semble, cela m'est égal; je plaindrai celle qu'il épousera, mais comme je n'aurai pas pour elle les sentiments que j'éprouve pour mademoiselle de la Roche-Odon, je ne me mêlerai en rien de ce mariage. Il n'y a qu'une personne que je ne lui permets pas d'épouser, c'est mademoiselle Bérengère, et il ne l'épousera pas, car lors même que vous me feriez tuer...

Madame Prétavoine leva au ciel ses mains tremblantes d'indignation.

— ...Vous avez bien voulu me faire mourir de faim, c'est une mort plus cruelle que celle par le couteau ou par le poison. Je dis que quand même vous vous débarrasseriez de moi par ce moyen, vous ne seriez pas débarrassée de mon récit et de mon portrait, car M. de la Roche-Odon lirait ce récit au lieu de l'entendre de vive voix.

Pendant que Sophie parlait, la physionomie de madame Prétavoine avait trahi des sentiments divers : tout d'abord l'affabilité — elle était prête à traiter, — puis la colère — elle était indignée des accusations portées contre son fils, — puis la perplexité — elle ne savait que résoudre; — enfin quand Sophie se tut, elle reprit sa figure affable, mais avec une nuance de désolation.

— Je comprends, dit-elle d'une voix douce, que vous parliez comme vous venez de le faire, et je ne vous en veux point.

— Vous êtes bien bonne, en vérité.

— Vous avez beaucoup souffert et c'est ce qui explique, c'est ce qui jusqu'à un certain point excuse vos sentiments si peu chrétiens; il ne faut pas être dur aux malheureux, notre sainte religion nous l'enseigne. Je vous pardonne donc, en mon nom et au nom de mon fils, tout ce qui vient de vous échapper dans le feu de la colère.

— Je vous jure que ce que je ressens pour votre fils et pour vous, madame, ce n'est pas de la colère.

— Enfin je vous pardonne les sentiments que vous éprouvez, et je vous demande de nous pardonner comme nous vous pardonnons.

— Oh ! cela, jamais !

— Si vous saviez comme j'ai été trompée sur votre compte, cela vous expliquerait notre conduite à votre égard. On m'avait dit, — des personnes en qui je devais avoir toute confiance, — que l'enfant que vous portiez dans votre sein n'était pas de mon fils, et voilà d'où est venue ma conduite. Comment n'aurais-je pas été indignée en pensant qu'il était trompé; lui, trompé ! un homme tel que lui !

Sophie ne daigna même pas se défendre d'un geste uo d'un mot.

— Croyant à ces rapports, continua madame Pértavoine, que devais-je faire ? Ce que j'ai fait, c'est-à-dire tout pour vous séparer. Voilà l'explication de cette cruauté que vous me reprochiez tout à l'heure, si injustement.

Sophie ne broncha pas.

— ... Je dis bien injustement en me plaçant à mon point de vue, celui d'une mère, et qui plus est d'une mère chrétienne. Je dois vous le dire, j'ai tout fait pour détacher mon fils de vous, et, je l'avoue, j'ai réussi. C'est alors, quand il a cessé d'aimer une femme qu'il croyait indigne de lui, c'est alors, qu'il s'est pris d'amour pour mademoiselle de la Roche-Odon. Puisque vous connaissez mademoiselle Bérengère, puisque vous éprouvez pour elle cette affection dont vous me parliez tout à l'heure, vous pouvez mieux que personne comprendre comment s'est développé l'amour de mon fils et comment il est devenu une grande, une immense passion; s'il ne l'épousait point, je suis bien certaine qu'il mourrait de désespoir. Voulez-vous sa mort?

Sophie ne répondit pas tout d'abord, et ce fut seulement après quelques secondes qu'elle prit la parole.

— Je ne m'occupe pas, je ne m'inquiète pas de lui.

Cette réponse ne changea pas le ton de madame Prétavoine.

— Ce que j'ai fait, dit-elle, est un grand malheur dont je ne me consolerai jamais, car je vois aujourd'hui ce que je ne savais pas hier, c'est que cet enfant est bien le fils d'Aurélien. Ah ! le cher mignon, c'est tout son portrait, et son acte de naissance est inscrit sur sa figure.

Disant cela, elle se leva pour se mettre à genoux près de Richard-Bérenger, sur le tapis, mais devinant son intention, Sophie sauta vivement entre elle et lui, et couvrant son fils de ses deux bras, elle se retourna vers madame Prétavoine.

— Ne le touchez pas ! s'écria-t-elle.

Son visage s'était instantanément empourpré, ses narines s'étaient dilatées, ses yeux lançaient des flammes, et sous son corsage lâche on voyait ses seins se soulever par des mouvements tumultueux.

— Ce n'est pas pour lui faire du mal, le cher mignon, dit madame Prétavoine, après l'avoir longuement regardé, bien au contraire.

Disant cela, elle poussa le fermoir de son sac qu'elle tenait à sa main, et retournant ce sac, elle versa sur le tapis, aux pieds de l'enfant, une pluie d'or. Le bruit des louis, leur miroitement à la lumière, firent rire Richard-Bérenger, et, lâchant son hochet, il prit dans ses petites mains quelques louis, avant que sa mère, interdite, eût pu l'en empêcher.

— Ce n'est pas à vous que j'offre ces vingt mille francs, dit madame Prétavoine s'adressant à Sophie, c'est à lui, c'est ma manière de le reconnaître pour mon petit-fils. J'avais pris ces mille louis pour vous les proposer en échange de cette preuve dont vous nous menaciez. Mais il ne peut plus être question de cela entre nous. Ils sont pour lui, pour lui, l'enfant de mon fils, c'est le cadeau que je lui fais la première fois que je le vois. Et voyez comme il tient à bien montrer qu'il est mon sang, il aime tant l'or qu'il le mange.

En effet, Richard-Bérenger n'avait eu rien de plus pressé que de porter un louis à sa bouche, et de le mordre de ses gencives gonflées.

— Quant à nous deux, continua madame Prétavoine, c'est une autre affaire; j'ai des torts à réparer envers vous; de grands torts, et vous fixerez vous-même le chiffre de la réparation que je vous dois.

Sans répondre, Sophie s'occupait à retirer à l'enfant les louis qu'il tenait et ne voulait pas lâcher; à la fin, elle les lui enleva, et les rejetant dans le tas étalé sur le tapis, elle repoussa ce tas du pied, vers madame Prétavoine.

— Reprenez cet argent, dit-elle, nous n'avons pas d'affaire à traiter ensemble, et les torts dont vous vous reconnaissez aujourd'hui coupable, ne se rachètent pas avec de l'or.

— Vous avez bien raison, ma chère enfant, mais enfin l'argent n'a jamais rien gâté.

— Je n'ai qu'une affaire à traiter, répliqua Sophie, et c'est avec votre fils, à moins que vous ne preniez en son nom l'engagement de renoncer à ce mariage.

— Mais je vous ai dit qu'il adorait mademoiselle de la Roche-Odon, et que s'il ne l'épousait pas, il mourrait de désespoir.

— Et moi je vous ai dit, madame, que je ne m'inquiétais pas de lui.

— Mais vous êtes folle !

— Vous me l'avez déjà dit quand vous m'avez offert de l'argent à Bruxelles et à Paris, pour renoncer à votre fils. La façon dont je vous ai répondu alors aurait dû vous faire comprendre que l'argent n'a aucune prise sur moi, Dieu merci ! Je n'ai pas renoncé à votre fils pour une liasse de billets de banque ; aujourd'hui, pour un tas d'or, je ne renonce pas à empêcher ce mariage.

— Mais ce n'est pas à vous que j'offre cet or, c'est à mon petit-fils.

— Mon fils n'a ni père, ni grand-mère, il n'a qu'une mère ; ramassez votre argent, madame, et comptez bien si vous avez vos mille louis.

— Mais, malheureuse...

— Je vous remercie pour votre pitié comme pour votre argent.

— Je veux dire pauvre enfant...

— Madame, je vous ai dit quelle était ma volonté, rien, paroles, prières, argent, adresse, bassesse, rien ne me fera changer, votre fils n'épousera pas mademoiselle de la Roche-Odon ; vous souvenez-vous de vos paroles dans la gare de Bruxelles, je vous les retourne : renoncez à mademoiselle de la Roche-Odon, ou bien la guerre, et une guerre terrible ; chacun son tour, c'est le mien maintenant.

Madame Prétavoine resta un moment silencieuse, réfléchissant profondément ; puis tout à coup se mettant à quatre pattes sur le tapis elle fit ce que Sophie lui avait conseillé, elle ramassa soigneusement ses louis et les replaça dans son sac.

Alors se relevant :

— Je vais raconter notre entrevue à mon fils, dit-elle, je ne sais ce qu'il décidera ; attendez donc les trois jours fixés par vous pour agir.

Puis sans regarder son petit-fils, pour lequel elle

éprouvait quelques instants auparavant une si vive tendresse, elle sortit.

Aurélien attendait le retour de sa mère avec la fièvre de l'angoisse.

Elle lui raconta ce qui s'était passé, et quand elle fut arrivée au bout de son récit, il laissa tomber ses bras par un geste de désespoir.

— Alors vous abandonnez la bataille, dit madame Prétavoine; moi je la continue; mais c'est vous qui irez au feu, c'est-à-dire chez cette fille, car maintenant je ne crains plus une surprise; elle n'en a pas besoin; l'arme qu'elle a aux mains lui suffit.

— Alors que pouvons-nous?

— La désarmer.

— Et comment?

— Cela, je vous le dirai demain, j'ai besoin de la nuit pour bien examiner mon plan; tout ce que je puis vous dire, c'est que nous avons gagné mille louis aujourd'hui, et c'est un beau bénéfice pour une journée qui avait si mal commencé.

XXV

Bien que Sophie ne fût point orgueilleuse, elle éprouva un sentiment de fierté quand madame Prétavoine fut partie.

Elle avait donc lutté contre cette terrible femme, et dans cette lutte elle avait remporté l'avantage : à son tour elle avait pu parler haut.

C'était pour ne pas avoir la honte d'avouer sa défaite que madame Prétavoine avait demandé deux jours d'attente ; dès maintenant elle voyait bien qu'il fallait renoncer à ce mariage.

Et certains remords qui avaient tourmenté Sophie se dissipèrent, car ce n'était pas sans inquiétude qu'elle avait pris le parti de s'adresser à Aurélien au lieu d'aller trouver M. de la Roche-Odon : ces Prétavoine, la mère comme le fils, étaient si dangereux qu'elle avait plus d'une fois ressenti un frisson de crainte à la pensée de les affronter : ne l'écraseraient-ils pas comme déjà ils l'avaient écrasée ?

Le départ piteux de madame Prétavoine prouvait que ces craintes, Dieu merci, n'étaient pas fondées : elle les avait affrontés ; au moins elle avait affronté la mère qui était la plus redoutable, et elle avait vaincu.

Maintenant mademoiselle Bérengère et le capitaine étaient libres, délivrés par elle ; sa dette de reconnaissance était payée ; ils s'aimeraient, ils seraient heureux ; jamais ils ne sauraient à qui ils devaient leur bonheur ; mais elle aurait la conscience, elle, d'avoir assuré ce bonheur, et cela lui suffisait.

Elle attendit donc la visite d'Aurélien avec une parfaite tranquillité : elle était bien certaine de lui résister comme elle avait résisté à sa mère ; les moyens qu'il emploierait pour la toucher ne seraient assurément pas ceux de madame Prétavoine ; il n'offrirait pas d'argent ; il parlerait peut-être de souvenirs, de tendresse, d'amour ; mais ces paroles ne seraient que du bruit pour ses oreilles et n'auraient pas plus d'influence sur elle que n'en avait eu le bruit de l'or.

Cependant le lendemain soir, en couchant Richard-Bérenger dans son petit berceau, après l'avoir endormi à son sein, elle eut le cœur serré.

Pauvre enfant, il ne saurait jamais ce qu'était la protection et l'amitié d'un père : ce père allait venir, et telle était la fatalité de sa vie, qu'elle devait empêcher qu'il vît son fils.

Quelques minutes après neuf heures, elle entendit un bruit de pas sur le gravier du sentier, c'était lui.

La porte était restée ouverte, cependant on frappa discrètement du dehors deux coups contre le chambranle.

— Entrez, dit-elle.

Mais malgré ses efforts pour contenir les mouvements de son cœur, sa voix trembla en prononçant ce mot.

C'était bien lui.

Ils restèrent assez longtemps en présence sans parler, et sans même se regarder.

Puis il repoussa la porte et la ferma.

Sophie comprit qu'il prenait ses précautions pour que du dehors on ne pût pas l'apercevoir.

— Ma mère m'a rapporté votre entretien, dit-il enfin.

C'était le premier mot qu'il prononçait ; elle ne reconnut pas sa voix, qui avait pris un accent grave et triste qu'elle n'avait pas autrefois.

— Je viens vous dire, continua-t-il, que les conditions que vous m'imposez seront exécutées par moi.

Elle savait bien qu'elle triompherait.

— Je renonce à tout projet de mariage avec mademoiselle de la Roche-Odon.

Elle avait cru à une lutte, elle fut surprise par cette facile victoire, et elle resta sans rien trouver à répondre ; mais bientôt il poursuivit.

— Maintenant que je me suis expliqué sur le fait principal, je dois revenir dans le passé, et aussi vous faire savoir quelles sont mes intentions pour l'avenir.

— C'est inutile, dit-elle.

— Je ne pense pas comme vous.

— Je désire ne pas revenir dans le passé, et ce n'est pas mon affaire de savoir quelles sont vos intentions pour l'avenir.

— C'est une erreur, car mes affaires sont les vôtres, au moins pour un moment. En effet, ce que ma mère a vu ici a changé toutes mes idées et tous mes projets. Elle vous a dit comment elle avait été trompée par de faux rapports sur votre compte, et comment, par conséquent, j'avais été trompé moi-même. J'ai eu le malheur de croire ces rapports, et je me suis éloigné d'une personne que j'aimais, que j'adorais...

— Je vous ai demandé de ne pas parler du passé.

— Hélas ! il faut que j'en parle pour vous expliquer le présent et l'avenir. M'étant détaché de cette personne, qui, je devais le croire, me trompait, j'ai été entraîné dans mon chagrin à m'attacher à une autre, et c'est alors qu'a pris naissance, en dehors de moi tout d'abord, et dans mon propre cœur ensuite, ce projet de mariage dont j'ai poursuivi avec passion la réalisation jusqu'au jour où j'ai appris par ma mère que votre fils était bien mon fils.

— Il a fallu que votre mère vous le dise.

— Je vous ai expliqué qu'elle et moi nous avions été trompés ; cet enfant, m'a dit ma mère, porte son acte de naissance inscrit sur son visage et le doute n'est plus possible, même pour ceux qui voudraient ne pas croire. Pour moi, cette ressemblance est une grâce de la Providence, qui a voulu me donner une suprême consolation dans le malheur qui me frappe, et en même temps me permettre de réparer mes torts envers cet enfant.

Sophie le regardait avec stupéfaction, se demandant ce que signifiaient ces étranges paroles et se sentant effrayée, sans trop savoir quel danger la menaçait. Ce danger, elle ne le voyait pas encore, mais elle le sentait déjà, et elle comprenait que son triomphe pourrait bien ne pas être ce qu'elle avait cru tout d'abord.

— Je vous ai dit, continua Aurélien, que j'avais poursuivi l'exécution de ce projet de mariage avec passion, car j'aime profondément mademoiselle de la Roche-Odon ; y renoncer eût donc été un chagrin au-dessus de mes forces, si, dans cette paternité, je n'avais pas trouvé une consolation qui me soutiendra et, je l'espère, me relèvera.

— Mon Dieu ! s'écria-t-elle.

— Vous voyez donc que je devais vous entretenir du passé et de mes intentions. Je renonce à devenir le mari de mademoiselle de la Roche-Odon, puisque vous vous opposez à ce mariage ; et pour remplacer la femme que je perds, je prends mon fils, votre fils.

Elle avait bondi vers la porte de la chambre ; puis, s'arrêtant sur le seuil, elle avait regardé Aurélien sans trouver un mot à lui dire, mais en se passant les mains sur le front à plusieurs reprises, comme pour ressaisir sa raison.

— Vous voulez prendre mon fils, s'écria-t-elle enfin, vous !

— Oui, moi, son père !

— Vous ne parlez pas sérieusement, c'est impossible.

— N'ai-je pas l'air sérieux ?

— Pour me faire peur.

Il haussa les épaules sans colère, doucement, avec un geste de pitié.

— Vous croyez donc, dit-il, que vous pourrez briser

ma vie et m'enlever la femme que j'aime, sans que je veuille chercher une suprême consolation à cet anéantissement de toutes mes espérances? Cette consolation, je la trouve dans cet enfant que je vais me mettre à aimer, et qui remplacera dans mon cœur la femme que vous m'enlevez.

— Mais mon fils est mon fils, s'écria-t-elle, et je ne vous le donnerai pas.

— Je ne vous le demande pas, je le prends.

— Vous ne le pouvez pas, vous n'en avez pas le droit; il est mon fils et non pas le vôtre; ce n'est pas votre nom qu'il porte, c'est le mien; vous voyez bien que vous ne m'effrayez pas.

Malgré cette parole, elle tremblait de la tête aux pieds, et son visage était blême, ses yeux étaient hagards.

— Il me semble cependant que vous tremblez, dit-il.

— D'indignation, non de peur.

— C'est qu'alors vous ne comprenez pas votre situation: je vais vous l'expliquer. Quand vous dites que votre fils est votre fils et qu'il porte votre nom, vous avez raison, puisque vous l'avez déclaré comme né d'un père inconnu.

— Vous voyez bien.

— Vous avez raison pour aujourd'hui, mais demain vous aurez tort, car demain le père inconnu se fera connaître; pour cela rien n'est plus simple; je déclarerai par acte authentique que je suis le père de cet enfant, et cela suffira; il est vrai que vous pourrez contester cette reconnaissance et, conseillée par les personnes qui vous entourent, c'est peut-être ce que vous voudrez tenter; mais je vous préviens à l'avance que vous ne réussirez pas; j'ai vos lettres, qui prouvent que vous me reconnaissez vous-même comme le père de cet enfant, et il n'y a pas un tribunal en France qui ne confirmera ma reconnaissance; alors, votre fils ne sera plus seulement à vous, il sera à moi aussi.

— Je le garderai donc.

— Non, car j'intenterai un procès pour demander qu'il me soit remis; et vous devez bien penser qu'entre un homme dans ma position, et une femme dans la vôtre, une femme sans ressources, et qui en voulant se suicider au moment de devenir mère a déjà une fois sacrifié la vie de son enfant, une femme qui a été rencontrée plusieurs fois par les agents de police, se promenant la nuit sur le rempart, dans des circonstances très-équivoques, vous devez bien penser que les tribunaux n'hésiteront pas. L'exemple de mademoiselle de la Roche-Odon peut vous montrer ce que font les tribunaux dans l'intérêt des enfants. Il me sera donc remis, je l'élèverai, je l'aimerai et lui apprendrai à m'aimer. Près de lui, j'oublierai le désespoir dans lequel vous m'aurez plongé, et peut-être un jour je vous remercierai de l'acte de vengeance que vous accomplissez en ce moment.

Elle était folle, ou bien elle ne comprenait plus la valeur des mots : ce qu'il disait là était impossible ; on ne prend pas un enfant à sa mère; la loi ne permet pas un pareil crime; à cette pensée ses entrailles bondissaient.

— Je vois, dit-il, que vous ne comprenez pas ce que je viens de vous expliquer, ou bien que vous ne croyez pas mes paroles. Je vais vous les répéter en les précisant : ou j'épouserai mademoiselle de la Roche-Odon, ou bien, si vous persistez à empêcher ce mariage, je reconnaîtrai votre fils pour le mien. Je ne vous demande pas de me faire connaître votre résolution dès maintenant ; vous réfléchirez ; vous consulterez des personnes qui sont au courant des lois. Pour moi, pendant ce temps, je reviendrai à mes projets de mariage. Si après avoir réfléchi, si après avoir obtenu les renseignements qui peuvent vous éclairer, vous persistez dans votre résolution, vous n'aurez pas besoin de me le dire, vous irez tout simplement prévenir M. de la Roche-Odon ; et alors, quand le comte m'aura signifié que je ne peux pas devenir le mari de sa fille, j'irai passer l'acte de reconnaissance de votre fils. C'est donc vous, et vous seule, qui déciderez l'état de votre enfant, — votre fils ou le mien, à votre gré. Vous choisirez. Surtout n'allez pas croire que je me laisserai arrêter par le respect humain ; pour un chrétien, ce n'est pas une honte, c'est une gloire de réparer publiquement sa faute. D'autre part, n'espérez pas non plus m'enlever cet enfant par une fuite ; vous serez surveillée, et partout où vous iriez, je vous retrouverais. Adieu !

XXVI

Après le départ d'Aurélien, Sophie était restée anéantie, inconsciente.

Lorsque le bruit des pas de celui qui venait de la quitter se fut éteint dans le silence de la nuit, elle revint à elle, puis violemment elle s'élança dans sa chambre, et là, prenant Richard-Bérenger dans ses bras, elle le serra passionnément, follement, sur sa poitrine en l'embrassant.

L'enfant, qui dormait, se réveilla et, fâché d'être ainsi secoué, il se mit à pleurer.

Elle l'embrassa plus fort et, par des paroles entrecoupées, tâcha de le consoler.

— Non, mon chéri, on ne nous séparera pas, ce n'est pas possible.

Puis comme il criait toujours, elle lui donna le sein, et alors, se calmant, il se mit à teter.

— Non, non, on ne l'arrachera pas de ce sein.

Habituellement elle le couchait dans un berceau

qu'elle plaçait contre son lit, de manière à pouvoir le prendre facilement ou même à lui tenir la main en dormant.

Mais cette nuit-là, elle voulut le coucher près d'elle, dans ses bras, comme pour mieux le protéger.

Et, au lieu de s'endormir elle-même, elle passa la nuit à réfléchir et à se rappeler les paroles qu'elle venait d'entendre.

Était-ce possible?

Est-ce que vraiment comme il l'avait dit, il se trouverait des juges pour lui enlever son enfant?

Est-ce que vraiment il voudrait reconnaître cet enfant pour son fils, et lui donner son nom?

Et, pendant de longues heures, elle alla de l'une à l'autre de ces idées, pesant ses paroles, les examinant, et tâchant de déterminer à peu près justement, la part qu'il fallait accorder à l'intimidation.

Son premier mouvement avait été de se dire : « On veut me faire peur », mais la réflexion lui avait montré que ce serait de l'aveuglement de s'en tenir à cette explication.

Oui, on lui voulait faire peur, cela était bien certain, et c'était par l'intimidation qu'on espérait l'empêcher d'aller confesser au comte de la Roche-Odon ce qu'elle savait.

Mais si on ne l'arrêtait pas par cette peur, exécuterait-on la menace qu'on formulait, autrement dit, Aurélien n'épousant pas mademoiselle Bérengère, reconnaîtrait-il Richard-Bérenger pour son fils?

C'était là qu'était pour elle la question capitale, le point décisif qu'avant tout elle devait examiner.

La rupture qui, sur sa dénonciation, se produirait entre M. de la Roche-Odon et Aurélien, ne se passerait pas assurément en cachette sans provoquer la curiosité et les commentaires.

On chercherait pour quelles raisons le comte n'avait pas voulu donner sa petite-fille au protégé des prêtres, et quand même M. de la Roche-Odon ne parlerait à personne de ces raisons, on arriverait bien à les trouver et même sans grande peine.

Ce que bien des gens n'avaient peut-être voulu croire jusqu'à ce jour, c'est-à-dire la paternité qu'on attribuait à Aurélien, serait démontré par le fait seul de cette rupture : si M. de la Roche-Odon avait rompu ce mariage, c'avait été parce que celui qu'on voulait le forcer à prendre pour gendre, était le père de l'enfant de Sophie Fautrel.

En présence de ces bruits, quelle serait la conduite d'Aurélien ?

Il ne fallait pas raisonner avec lui comme avec toute autre personne de la ville, contre laquelle on porterait ces accusations. Un autre pourrait se moquer de ces bruits, les dédaigner ou même les accepter comme vrais et répondre hardiment : « Eh bien ! après ? » Aurélien ne pouvait pas agir ainsi ; Aurélien était dévot, ou tout au moins il remplissait les fonctions de dévot, et cette position lui imposait des devoirs et des obligations particulières.

Sophie avait assez longtemps vécu auprès de madame Prétavoine pour apprendre à la bien connaître, et ce qu'elle l'avait vue faire pour acquérir ou conserver sa réputation de femme pieuse, lui avait appris de quoi elle était capable : tout chez elle était ramené à un seul but : bâtir dans l'opinion.

Quel conseil madame Prétavoine donnerait-elle à son fils le jour où l'édifice qu'elle avait si laborieusement bâti pour elle et pour lui, menacerait de s'écrouler, miné et sapé par ces accusations ?

Une fois encore ne sacrifierait-elle pas tout à cette réputation ?

Dans ses dernières paroles, Aurélien avait prononcé un mot auquel Sophie n'avait pas tout d'abord prêté grande attention, mais qui maintenant lui revenait, comme si dans la nuit il était écrit en lettres de feu : « Pour un chrétien ce n'est pas une honte, c'est une gloire de réparer publiquement sa faute. »

Eh bien ! oui, il était capable de se résigner à cette expiation, non par remords, non par esprit de justice, mais pour la gloire, comme il l'avait dit lui-même, pour sauver sa réputation.

— J'ai commis une faute, il est vrai, mais je l'ai confessée et réparée, je me repens et j'espère.

Elle devait le reconnaître, ce langage pouvait très-bien être le sien, et il n'était nullement impossible qu'il lui fût soufflé par sa mère, qui, voyant l'opinion publique soulevée contre eux, se déciderait à l'apaiser par ce sacrifice.

Est-ce qu'alors le blâme ne serait pas remplacé par l'éloge ? Est-ce que toutes les voix ne se réuniraient pas pour applaudir à ce grand acte de réparation et d'humilité ? Est-ce qu'Aurélien ne deviendrait pas un modèle admirable ?

Il suffisait que cela fût possible pour qu'elle dût

réfléchir avant d'agir; et avec un homme tel qu'Aurélien, guidé et poussé par une femme comme sa mère, ce n'était pas seulement la possibilité de cette reconnaissance qui se dégageait de ces raisonnements, c'était encore la probabilité.

Ce qui la déciderait, cette reconnaissance, ce serait la puissance et l'universalité des accusations qui seraient dirigées contre eux par l'opinion publique.

Faibles, ils leur résisteraient.

Fortes, ils leur céderaient.

Si réservé qu'eût été Aurélien avec elle, alors qu'il aimait, il avait eu cependant de ces heures de faiblesse et d'épanchement, où l'âme, même la moins confiante, s'ouvre sous la douce main de l'amour et parle avec abandon. D'autre part, pour justifier les précautions exagérées dont il s'entourait, il avait été aussi entraîné à lui donner des explications qui, en réalité, étaient des aveux. Elle avait donc vu le rôle qu'il se préparait à remplir, et le but que se proposait son ambition.

Parce qu'il serait obligé de renoncer à son mariage, renoncerait-il en même temps à remplir son rôle et à poursuivre son but? Ne semblait-il pas raisonnable de penser qu'il voudrait tout au contraire se consoler de l'échec qu'il aurait éprouvé près de mademoiselle Bérengère, par des succès qu'il chercherait d'un autre côté?

Pour cela, qu'aurait-il à faire?

Résisterait-il à l'opinion publique, ou bien céderait-il?

Répondrait-il : « Vos accusations sont fausses et je

» me mets au-dessus d'elles, » ou bien : « Elles sont
» vraies, j'avoue ma faute et la répare en reconnais-
» sant mon enfant? »

En considérant la force de ces accusations qui lui paraissait considérable, et, d'autre part, en raisonnant d'après le caractère d'Aurélien, il semblait à Sophie que ce serait ce dernier parti qu'il adopterait, c'est-à-dire celui de l'expiation chrétienne.

Il reconnaîtrait donc Richard-Bérenger pour son fils.

Mais cette reconnaissance lui donnerait-elle le droit, comme il l'avait prétendu, de prendre l'enfant?

Devant cette question, Sophie resta livrée à toutes les angoisses du doute et de la crainte; il avait parlé de droits, des lois, des tribunaux, et elle ne connaissait rien aux choses du droit et de la loi. Était-ce possible? Était-ce impossible? Elle n'en savait rien, et toutes les suppositions qu'elle ferait, tous les raisonnements qu'elle bâtirait, n'auraient aucun sens; la loi est la loi, et ce n'est pas avec les raisonnements les plus raisonnables qu'on lutte contre elle.

« Consultez les personnes qui sont au courant des lois, » lui avait-il dit.

Avait-il été sincère en parlant ainsi, ou bien avait-il voulu la persuader par ce conseil que ce qu'il disait était vrai et qu'il pouvait lui enlever Richard-Bérenger?

Pour cette question encore, elle se trouvait en présence du doute.

Mais dans un cas aussi grave, elle ne pouvait pas se décider à la légère; le conseil qu'il lui avait donné, pour la tromper peut-être, elle devait le suivre, en consultant quelqu'un qui connût la loi.

Seulement, c'était là pour elle une sérieuse difficulté.

Ce n'était pas à quelqu'un de Condé qu'elle pouvait demander ce conseil, car elle devait, avant tout, raconter son histoire, et il pouvait être dangereux pour elle et pour Richard-Bérenger de commettre une indiscrétion de ce genre, qui pouvait amener, si elle était répétée, la rupture du mariage d'Aurélien avec mademoiselle de la Roche-Odon, quand son intérêt à elle et celui de son enfant exigeraient peut-être que ce mariage se fît.

Elle se perdait au milieu de ces questions contradictoires; jamais elle ne s'était trouvée dans une situation plus critique, même alors qu'elle mourait de l'abandon d'Aurélien.

A ce moment, en effet, c'était une fatalité à laquelle elle ne pouvait se soustraire, qui pesait sur elle et qui l'entraînait à la mort. Tandis que maintenant c'était d'elle seule que dépendait son sort, et chose bien plus terrible, celui de son enfant. Il ne s'agissait plus d'elle seulement, de sa vie, de son bonheur, il s'agissait surtout de la vie et du bonheur de son fils qu'elle tenait entre ses mains.

Pour sauver mademoiselle de la Roche-Odon, qui avait son grand-père et son amant pour la défendre, devait-elle risquer de perdre son fils qui, lui, n'avait que sa mère?

Ah! si elle avait connu la vie et les lois! Ah! si elle avait eu près d'elle quelqu'un pour la guider!

Mais elle était une malheureuse créature, ignorante, seule au monde, écrasée, affolée par la responsabilité qui pesait sur son cœur et l'étouffait.

Quelle nuit !

S'il lui avait dit qu'il lui ferait enlever son enfant, elle eût été moins épouvantée ; c'eût été une chose matérielle, contre laquelle elle aurait pu se défendre avec du courage ; tandis que cette menace de la loi la glaçait d'épouvante.

On ne se défend pas contre la loi, ou plutôt on ne se défend que quand on a le droit pour soi, et précisément elle ne savait pas si ce droit était pour elle ou contre elle.

C'était donc cela qu'il fallait qu'avant toute chose, elle sût d'une manière précise.

Et pour cela elle n'avait qu'un moyen à sa disposition, c'était de consulter un avocat, un homme de loi.

Ce qu'elle ferait dès le lendemain.

XVII

Décidée à consulter un avocat, Sophie n'avait plus qu'à trouver celui auquel elle se confierait, et après avoir longuement cherché, elle prit le parti d'aller à Caen.

Pourquoi Caen plutôt qu'une autre ville? Tout simplement parce que Caen était loin de Condé, et aussi parce que, au temps où Aurélien l'aimait, celui-ci avait souvent exprimé le regret de ne pas faire son droit à Caen, au lieu d'avoir été envoyé à l'Université de Louvain.

Sans doute c'était là pour elle un grand voyage, mais elle avait des économies, et dans une pareille circonstance, elle ne devait pas hésiter à les dépenser.

Elle se leva donc de bonne heure, de manière à pouvoir prendre la première voiture de la correspondance du chemin de fer qui partait de la place Saint-Étienne à six heures du matin.

Comme elle arrivait sur cette place, tenant Richard-

Bérenger serré sur sa poitrine et bien caché sous le manteau dont elle s'était enveloppée, elle aperçut madame Prétavoire et Aurélien, qui descendaient la rue de l'Évêché.

Allaient-ils prendre aussi la correspondance du chemin de fer?

A la pensée de voyager avec eux, elle fut effrayée.

Mais presque aussitôt, les ayant regardés plus attentivement, elle se rassura : Aurélien portait sous son bras un livre relié en noir, qu'elle n'avait pas vu tout d'abord; ils allaient entendre la messe de six heures et sans doute demander à Dieu de les protéger.

Était-il possible que leurs prières fussent exaucées?

A onze heures, elle était à Caen.

En sortant de la gare, elle se fit indiquer le chemin du palais de justice, car, ne connaissant personne dans la ville, elle avait résolu d'aller demander au concierge du palais l'adresse du meilleur avocat, c'est-à-dire de celui qui jouissait de la meilleure réputation; n'était-ce pas le plus simple et le plus sûr?

En entendant cette singulière demande, le concierge, qui était un bon Normand au courant des choses aussi bien que des hommes de la chicane, se mit à questionner cette ignorante jeune femme.

— Était-ce pour une affaire civile, pour une affaire criminelle ou correctionnelle qu'elle voulait un avocat?

— Je ne sais pas, dit Sophie, c'est pour un conseil que je voudrais demander.

— A quel genre d'affaire s'applique ce conseil dont vous avez besoin : est-ce une contestation entre parents ou entre voisins? est-ce en matière personnelle ou mobilière? s'agit-il d'une contravention, d'un délit ou d'un crime ? Vous comprenez que chacun a sa spécialité. Il faut distinguer.

Oui, elle comprenait cela, mais cependant elle ne pouvait raconter son affaire à ce brave homme, si ferré sur les délits et les crimes.

— Ce que je voudrais, dit-elle, ce serait un bon avocat, connaissant bien la loi et qui m'écouterait avec patience.

Voyant qu'il ne tirerait rien d'elle, il se décida à lui donner le renseignement qu'elle demandait.

— M. Le Hoguais, tout près d'ici, derrière le palais de justice, rue Saint-Martin; allez-y, il vous recevra tout de suite, car il ne plaide pas; c'est ce que nous appelons un avocat consultant; il vous donnera un bon conseil, le meilleur qu'on puisse donner.

Elle se rendit rue Saint-Martin, mais elle ne fut pas reçue tout de suite comme le concierge le lui avait fait espérer; il y avait déjà une personne dans le cabinet où une vieille servante la fit entrer, et elle dut attendre son tour.

Il y avait quelques minutes qu'elle était assise, s'efforçant de faire taire Richard-Bérenger, qui poussait des petits cris et des éclats de rire, quand une troisième personne arriva.

Une conversation s'engagea aussitôt entre ce nouvel arrivant et celui qui était déjà arrivé avant elle. Tout d'abord elle ne prêta pas attention à cet entretien, mais bientôt elle n'en perdit pas un mot.

On parlait de M. Le Hoguais, et rien en ce moment ne pouvait être plus intéressant pour elle.

— Ainsi vous venez exprès de Lisieux pour le consulter?

— Comme vous-même vous venez de Falaise; mon avocat n'entend rien à mon affaire, l'avis du père Le Hoguais va lui donner la ligne à suivre.

— Moi ce que je veux, c'est une consultation longuement délibérée qui sera soumise au tribunal et qui, j'en suis sûr, enlèvera son jugement.

Si on venait ainsi de loin consulter M. Le Hoguais, c'est que ce n'était pas le premier venu; si ses avis éclairaient les avocats et décidaient les juges, cela prouvait qu'on pouvait avoir confiance en lui, et pour Sophie c'était là l'essentiel.

Elle eut longtemps à attendre, mais enfin son tour arriva et elle entra dans le cabinet de l'avocat, où elle se trouva en présence d'un vieux bonhomme à mine bourrue, coiffé d'une calotte de cuir, enveloppé dans une robe de chambre décolorée par un très-long usage.

Elle était déjà intimidée, tremblante, et le premier mot qu'il lui adressa n'était pas fait pour la rassurer.

— Pourquoi avez-vous amené cet enfant?

— Parce que je n'ai personne pour le garder, et, comme je viens de loin pour vous consulter, je ne pouvais pas pendant toute une journée le laisser seul.

— Ah! vous venez de loin, bon; qu'est-ce que vous voulez? Contez-moi votre affaire.

— Elle est longue.

— Alors contez-la longuement; je suis là pour vous écouter, mais tâchez que votre enfant ne vous interrompe pas.

Elle la conta, son affaire, sans rien atténuer, sans rien exagérer, et l'avocat l'écouta sans l'interrompre une seule fois, se grattant seulement la tête de temps en temps, avec sa calotte.

— Eh bien! dit-il quand elle se tut, qu'est-ce que vous voulez?

— Savoir s'il peut reconnaître mon enfant pour son fils?

— Oui.

Elle eut un frémissement qui l'agita de la tête aux pieds.

— Alors il peut réaliser ses menaces?

— Oui, pour la reconnaissance; mais, quant à vous enlever l'enfant, il faut distinguer.

— Me permettez-vous de vous dire, monsieur, que je ne comprends pas?

— Pardine; mais avant de vous expliquer ce que vous ne comprenez pas, une question je vous prie : de ce que vous m'avez dit, il résulte, n'est-ce pas, que le père de cet enfant est riche et qu'il occupe une haute position?

— Oui, monsieur, sa fortune est grande et sa position fait de lui un personnage.

— Alors pourquoi avez-vous peur qu'il reconnaisse votre enfant pour son fils et qu'il veuille se charger de lui; par cette reconnaissance il ferait participer, dans une certaine mesure, cet enfant aux avantages de sa fortune et de sa position? pourquoi refusez-vous cela pour votre fils?

— Parce que je veux garder mon enfant, qui est ma vie et mon bonheur, et puis aussi parce que la fortune n'est pas tout à mes yeux pas plus que la position ; j'aime mieux que mon enfant soit élevé honnêtement dans la pauvreté que d'être élevé dans la richesse par son père, de façon à ressembler peut-être un jour à ce père.

— Bon, je vois de quoi il s'agit. Eh bien! ma pauvre fille, je dois vous dire que ce que vous craignez se réalisera très-probablement un jour. D'abord, pour la reconnaissance vous ne pouvez pas l'empêcher ; mettez-vous bien cela dans la tête. Maintenant, quant à vous enlever votre enfant en ce moment, cela est impossible.

— Je le garde donc.

— Vous le gardez pour le moment, mais je ne peux pas vous dire que vous le garderez toujours. Dans cette question de la garde des enfants, les tribunaux se déterminent par l'intérêt de l'enfant. Et présentement, l'intérêt de l'enfant est qu'il reste confié à sa mère, des soins de laquelle il a besoin. Mais il arrivera un moment où, devenu plus grand, il aura besoin d'éducation, et alors les tribunaux pourront décider qu'il sera remis au père, lequel est en situation de faire pour lui ce qui est impossible à la mère.

— On peut donc me le prendre ?

— Sans aucun doute.

— Mais c'est un crime, d'enlever un enfant à sa mère.

— Ne philosophons pas, et résumons-nous plutôt. Vous ne pouvez pas empêcher la reconnaissance ; on ne peut pas vous enlever votre enfant demain, mais dans un certain délai, on peut ordonner qu'il sera remis à son père. Voilà la loi, et, puisque c'est sur la loi que vous me consultez, voilà ma réponse.

— Alors il peut tout contre moi, lui qui a abandonné la femme qui l'aimait, lui qui a abandonné son enfant; et moi je ne suis plus rien contre lui ; il faut que je lui livre mon enfant, qu'il formera à son image? Ah! monsieur, je vous en supplie, donnez-nous, trouvez-nous un moyen de nous défendre et d'échapper, lui, — elle tendit Richard-Bérenger à l'avocat, — à cette fortune qui le perdra, moi au désespoir.

— Ma pauvre enfant, la loi est la loi, il faut la subir. Vous me paraissez être une honnête fille, vous ne voudriez donc pas vous servir des moyens que de malhonnêtes gens trouveraient pour violer la loi.

— Quels moyens ?

— Voudriez-vous vous faire épouser par un homme qui, sans être le père de cet enfant, le légitimerait par mariage?

— Oh! jamais.

— Eh bien! alors, il faut courber la tête. La reconnaissance, vous ne pouvez l'empêcher. Pour la garde de l'enfant, vous pouvez plaider ; mais, à l'avance, il y a de grandes probabilités que vous ne réussirez pas. D'un côté, le tribunal verra une pauvre femme qui n'est rien et qui n'a rien ; de l'autre, il trouvera un homme qui a la puissance, la position, l'honorabilité, la fortune, et il est à croire qu'il décidera que l'intérêt de l'enfant exige que votre fils soit confié à cet homme.

Sophie se leva, et, durant quelques secondes, elle

resta embarrassée sans pouvoir trouver une parole; enfin elle se décida.

— Je voudrais vous demander combien je vous dois, monsieur, et je n'ose.

— Combien gagnez-vous par jour mon enfant? dit-il en la regardant avec douceur.

— Deux francs quelquefois deux francs cinquante.

— Eh bien ! donnez-moi le prix dont on vous paye une journée de travail ; nous serons quittes.

Elle revint à Condé accablée; elle n'avait plus à espérer, à se bercer d'illusions, à se dire : « c'est impossible ! » la loi avait parlé; on pouvait lui prendre son enfant, sinon demain, en tous cas dans un certain délai; mais pour son cœur de mère qu'importait ce délai : est-ce que dans un an, dans deux ans elle aimerait moins son fils que maintenant?

Que faire?

Et de nouveau elle se retrouva devant cette terrible question, non pas durant une nuit, mais durant des nuits et des journées entières.

Pour sauver mademoiselle de la Roche-Odon, devait-elle sacrifier son fils?

Telle était son angoisse, qu'elle ne pouvait pas examiner ces questions jusqu'au bout, un anéantissement la paralysait et elle s'efforçait de chasser ces pensées.

Plus tard elle se déciderait.

Et les journées s'ajoutaient aux journées sans qu'elle osât prendre cette décision.

Son fils d'un côté, de l'autre mademoiselle de la Roche-Odon.

Et alors il y avait des moments où elle se disait que

cet homme après l'avoir rendue méprisable aux yeux de tous, la rendait maintenant méprisable à ses propres yeux, car c'était une lâcheté d'attendre ainsi.

Mais malgré tout, elle attendait encore, elle attendait toujours.

XXVIII

Après avoir obtenu le titre de comte du pape pour Aurélien ;

Après avoir arraché à la vicomtesse de la Roche-Odon son consentement au mariage de Bérengère avec le comte Prétavoine, camérier de cape et d'épée de Sa Sainteté ;

Après avoir écarté le capitaine de Gardilane, grâce à l'intervention toute-puissante de l'abbé Subileau ;

Après avoir réduit Sophie à l'impuissance par la menace de la reconnaissance de Richard-Bérenger ;

Les affaires de madame Prétavoine, ou plus justement son unique affaire, c'est-à-dire le mariage d'Aurélien et de Bérengère, se trouvait dans une excellente situation.

Cependant tout n'était pas dit, tout n'était pas fini.

Il lui restait maintenant à obtenir le consentement du vieux comte.

Et chose autrement délicate, autrement difficile, il lui restait à obtenir le consentement de Bérengère.

Par son habileté et sa persévérance, elle s'était emparée des abords de la place dont elle faisait le siège ;

Par sa vigilance et son énergie elle avait repoussé tout secours venant de l'extérieur et réduit les assiégés à leurs seules ressources.

Mais maintenant elle devait emporter d'assaut la place même, et c'était une dernière bataille à livrer, — décisive celle-là.

Aussi, avant de risquer cette bataille, avait-elle voulu se créer des intelligences dans la place et isoler si bien Bérengère qu'elle restât seule pour se défendre.

L'apoplexie du comte était venue juste à point pour l'aider dans cette tâche, car, bien que la guérison se fût produite assez rapidement, elle n'avait pas été complète.

Rétabli et remis sur pied, le vieux comte n'avait pas retrouvé le libre usage de toutes ses facultés, sa fermeté d'intelligence, sa décision dans le vouloir, son égalité d'humeur.

En quelques jours il avait vieilli de plusieurs années, et si ses forces physiques paraissaient être revenues ce qu'elles étaient avant l'attaque, par contre ses forces morales avaient visiblement baissé. Sa sensibilité surtout avait pris un caractère maladif ; il s'attendrissait jusqu'aux larmes pour la plus légère émotion, et lui, qui naguère était la douceur et la patience mêmes, il se fâchait et s'emportait pour tout ce qui le contrariait ou le gênait, contre les gens aussi bien que contre les choses. Un rien l'intimidait, et devant une résolution à prendre, devant un ordre à donner, il restait hésitant, se défiant de lui-même, et n'osant se charger d'une responsabilité.

Assidue aux dîners du jeudi, madame Prétavoine avait constaté ce déclin avec satisfaction et espérance, car plus le comte serait faible, plus facilement on lui imposerait Aurélien pour gendre.

Cependant, d'autre part, il ne fallait pas que ce déclin allât trop vite, et que le comte en arrivât à mourir, ou même simplement à n'avoir plus ni volonté ni intelligence.

Car dans l'un ou l'autre de ces cas, Bérengère retournerait immédiatement au capitaine de Gardilane, et de quelque façon qu'on manœuvrât on ne parviendrait jamais à lui faire accepter Aurélien.

C'était de la main seule de son grand-père qu'elle le prendrait, par tendresse, par faiblesse, pour lui obéir et surtout pour le consoler, pour le rassurer ; or pour que cela se réalisât il fallait que le comte fût en vie, et assez solide encore pour qu'elle pût croire que par ce mariage elle assurait à ses dernières années la paix et la sécurité.

Il y avait là une question d'une extrême délicatesse et qui exigeait d'être traitée avec une grande prudence en même temps qu'avec une ferme résolution ; il fallait profiter du moment opportun et saisir l'occasion au vol.

Agir trop tôt, avant que la sénilité de M. de la Roche-Odon fût arrivée à point, c'était s'exposer à un nouvel échec.

Agir trop tard, quand le comte n'aurait plus que quelques jours, quelques semaines à vivre, c'était perdre toute pression paternelle sur Bérengère.

Il était donc aussi important de ne pas devancer l'heure, que de ne pas la laisser passer.

En l'attendant, cette heure propice, madame Prétavoine continuait sans repos ses savantes préparations et ses circonvallations, et cela, soit par elle-même, soit par ceux qui n'étaient que ses instruments, plus ou moins conscients.

Heureux d'être rentré en grâce auprès de son confesseur, le comte se rendait scrupuleusement tous les samedis au confessionnal de l'abbé Subileau, et tous les dimanches il communiait comme autrefois. Mais l'abbé Subileau ne s'en tenait pas à ces confessions du samedi ; chaque jour régulièrement il venait à la Rouvraye, et il avait alors de longs tête-à-tête, des entretiens particuliers avec le comte, toutes portes fermées, avec défense expresse à personne de troubler ces entretiens, sous quelque prétexte que ce fût.

Que se passait-il, que se disait-il dans ce tête-à-tête? Bérengère l'ignorait; mais bien évidemment ce n'était pas seulement du salut de son grand-père ou de matières religieuses qu'il était question. Son grand-père était trop bon chrétien pour avoir besoin d'être si longuement exhorté, et quant aux matières religieuses il semblait à Bérengère qu'il n'avait rien à apprendre de l'abbé Subileau. Tout ce qu'elle savait, tout ce qu'elle voyait, c'était que de ces entretiens son grand-père sortait presque toujours préoccupé, assombri et même inquiété, plus impressionnable, plus irritable ou plus sensible. Combien souvent ne la prenait-il pas tout à coup dans ses bras pour l'embrasser.

— Ma pauvre enfant, ma pauvre enfant ! disait-il.

Et les larmes coulaient sur ses joues ; puis il rentrait dans son mutisme, n'osant évidemment pas lui dire ce qui l'oppressait et le tourmentait ainsi.

Le docteur Evette, lui aussi, faisait une visite quotidienne au comte, non pas à heure fixe, mais tantôt le matin, tantôt le soir, il lui tâtait le pouls en souriant et il lui racontait les nouvelles de la ville. C'était seulement quand le comte avait mal dormi, ou quand il avait un peu de fièvre qu'il remplissait sérieusement son rôle de médecin. Alors Bérengère se retirait, et plus libre le docteur Evette grondait doucement son malade:

— Vous ne faites pas ce que je vous recommande, vous ne vous tranquillisez pas. Je ne me permets pas de vous interroger sur vos affaires, ni même de les deviner ; mais enfin il est bien certain qu'il y en a une qui vous préoccupe vivement et par là vous donne la fièvre ; terminez-la au plus tôt, monsieur le comte. Prenez une résolution, si pénible qu'elle soit. Une fois que vous n'aurez plus de soucis, je vous garantis une santé parfaite. Mais je vous en supplie, décidez-vous au plus vite ; rien n'est plus mauvais, n'est plus grave pour vous que cette fièvre que vous vous donnez.

Il n'insistait pas sur cette affaire, il ne parlait pas de mariage, il ne prononçait pas de nom, mais cependant chaque mot qu'il disait portait coup.

Ce nom, un autre le prononça ; cette affaire du mariage, un autre la traita et l'appuya franchement : ce fut le notaire Griolet.

Le premier des deux billets souscrits par M. de la Roche-Odon au profit de madame Prétavoine allait bientôt échoir, et, par suite de fâcheuses circonstances résultant de la faillite Ventillard, le comte n'avait pas pu réunir les fonds nécessaires au payement de ce billet. Sans doute il pouvait en demander le renouvellement à sa créancière, mais cette demande lui coûtait, et il avait préféré s'adresser à Griolet pour que celui-ci lui trouvât les cent mille francs qui formaient le montant de ces deux billets.

Il s'était donc rendu chez le notaire, et comme Bérengère l'accompagnait, il l'avait laissée à la porte, dans la voiture ; sachant de quoi il s'agissait, elle n'avait point insisté pour le suivre, afin de lui épargner l'ennui de traiter cette affaire d'argent devant elle.

En entendant parler d'un emprunt de cent mille francs, Griolet avait poussé les hauts cris. Hypothécairement cet emprunt n'était pas possible ; sur billets il était bien difficile, et d'ailleurs souscrire des billets à madame Prétavoine ou à d'autres personnes, c'étaient toujours des billets, avec échéance fixe, protêt, etc.

Puis pris d'un bel accès de franchise Griolet s'était expliqué ouvertement.

— Puisque je suis votre homme d'affaires, avait-il dit, je dois vous faire entendre le langage des affaires ou bien je ne remplis pas mon emploi. Sans aucun doute votre fortune est belle, très-belle, et cependant votre situation est mauvaise. A quoi cela tient-il ? Pour une bonne part, pour la grande part aux dettes dont vous vous êtes chargé. Mais aussi, il faut le dire, à vous aussi monsieur le comte, à votre bonté qu'on exploite. Si vous aviez eu plus de fermeté les Ventillard vous auraient payé longtemps avant de se déclarer en faillite. Si vous ne vous étiez pas laissé attendrir, vos fermiers et vos marchands de bois ne vous devraient pas trois cent mille francs.

— Ils sont à notre service depuis si longtemps.

— Voilà le mal précisément ; ils sont à leur aise, tandis que vous, vous êtes gêné. Ils spéculent sur votre bonté, sachant bien que vous ne les poursuivrez pas. Six cent cinquante mille francs dus par les Ventillard, trois cent mille francs dus par vos fermiers et divers autres, cela fait un million. Combien perdrez vous là-dessus ?

— Ce sont d'honnêtes gens.

— Ils seraient honnêtes avec un créancier qu'ils craindraient ; avec vous ils cherchent tous les moyens pour ne pas l'être. Voilà pourquoi je vous dis, monsieur le comte, qu'il faudrait pour diriger vos affaires une main ferme qui défendît et sauvegardât la fortune de mademoiselle de la Roche-Odon. Aussi moi votre notaire, chargé de vos intérêts, je n'hésite pas, en présence de ce que je vois et surtout de ce que je prévois, à vous donner le conseil d'accepter le comte Prétavoine pour gendre.

A ces mots, le comte se redressa de toute sa hauteur.

— Maître Griolet, c'est cent mille francs que je vous demande, dit-il.

— Vous avez raison d'être blessé de ce que je viens de vous dire, monsieur le comte ; mais avant de vous adresser mes excuses, je dois vous expliquer comment j'ai été amené à me permettre de vous donner ce conseil. Hier, je rencontre le docteur Evette, qui revenait de la Rouvraye, et tout naturellement je lui demande de vos nouvelles ; il me répond que vous iriez très-bien si vous aviez la tranquillité de l'esprit, le repos moral, mais que vos tourments vous minent. C'est alors que m'est venue l'idée, moi qui connais la cause de ces tourments, de vous parler de ce mariage qui vous donnerait cette tranquillité, ce repos, et qui non-seulement sauverait votre existence, mais encore qui sauverait votre fortune. J'ai cru accomplir le devoir d'un honnête conseil, et bien que je sentisse que vous pourriez vous blesser de cette intervention, je n'ai pas hésité à remplir ce devoir. Maintenant, ce n'est pas à moi de faire l'éloge du comte Prétavoine, je n'ai souci que de vous, monsieur le comte, de votre santé, de votre fortune.

XXIX

Certes il n'était pas besoin que le notaire Griolet entreprît franchement l'éloge du comte Prétavoine, d'autres qui pouvaient élever la voix plus haut se chargeaient de ce soin et s'en acquittaient avec zèle.

Ce n'était pas assez, en effet, que M. de la Roche-Odon fût entouré, enveloppé, cerclé par son confesseur, par son médecin, par son notaire, qui tous les trois obéissaient à un mot d'ordre donné tout bas, bien bas ; il fallait encore qu'il subît les influences de ceux qui l'approchaient à un titre quelconque, et qui tous, grands ou petits, élevés ou humbles, jouaient leur partie dans cet orchestre que la main souveraine de madame Prétavoine dirigeait dedans la coulisse, loin des yeux profanes.

Un seul thème, toujours ramené par tous ces instruments : les vertus, les mérites, les qualités du jeune comte Prétavoine.

Un seul son, un seul nom incessamment répété : Aurélien Prétavoine.

Et sur ce nom chacun avait brodé des litanies qui, mises bout à bout, n'étaient pas moins longues que celles de la Vierge, ou du saint nom de Jésus : Aurélien *amabilis*, *speculum justitiæ*, *vas insigne devotionis*, *auxilium christianorum* (ce qualificatif était de Mgr Guillemittes); quant à l'abbé Colombe, il avait trouvé « très-pur et très-chaste » et s'il n'ajoutait point : A *spiritu fornicationis libera nos*, c'était par simple discrétion et aussi parce que le terme dogmatique *fornicatio* se traduit trop facilement par le mot français fornication que chacun entend, hélas!

Ceux-là même qui avaient été autrefois les partisans et les défenseurs du capitaine de Gardilane, étaient devenus ses adversaires. On les avait gagnés; quand on n'avait pas pu les séduire on les avait intimidés, et ils avaient abandonné celui qui était assez malheureux pour se déclarer l'ennemi de la religion, passant du côté de celui qui se montrait partout son défenseur.

Un seul, au milieu de cette défection, était resté ferme, c'était le baron M'Combie, qui au lieu d'imiter le comte et la comtesse O'Donoghue, passés à l'ennemi, avait repoussé toutes les attaques et ne s'était pas laissé circonvenir.

Malgré ses quatre-vingts ans c'était un personnage sentimental et romanesque que le vieux baron M'Combie; jeune, il avait ressenti une passion ardente pour une jeune fille qu'il n'avait pas pu épouser, et depuis il était demeuré fidèle au culte de l'amour, ou plutôt, comme il disait, « au culte du dieu malin; » pour lui les amants étaient des êtres sacrés, et, quand il en voyait un dédaigner notre vilain monde, pour « vivre au pays de Cythère, en ne pensant qu'aux appas de sa maîtresse, » il se prenait pour lui d'une sympathie fraternelle. Dans le capitaine il avait reconnu un de ces « amants sensibles, » et pour cela il s'était si solidement attaché à lui que non-seulement on n'avait pas pu modifier ses sentiments, mais encore qu'on n'avait pas pu l'empêcher de prendre la défense de son « jeune ami » auprès du comte.

Cette fidélité n'avait pas été heureuse pour lui, car après plusieurs altercations assez vives avec l'abbé Subileau, et après des discussions pénibles avec le comte, il avait cessé de venir à la Rouvraye, dont il était l'hôte et l'habitué depuis plus de quarante ans.

— J'entends être maître chez moi, avait dit le comte.

— C'était justement pour que vous le fussiez que j'élevais la voix, avait répondu le baron.

— Trop haut.

Bérengère avait cru qu'elle amènerait facilement un rapprochement entre ces deux vieux amis; mais malgré ses efforts elle avait échoué.

— S'il ne s'agissait que de moi, avait dit son grand-père, j'irais volontiers tendre la main au baron, mais il y a eu offense envers M. l'abbé Subileau, et je dois prendre la défense de ceux qui me font l'honneur de s'asseoir à ma table.

— Il me semble que l'abbé Subileau sait se défendre lui-même.

— Je dois le couvrir.

Elle n'avait pu rien obtenir, et pour ne pas exaspérer le chagrin de son grand-père qui était vif, elle avait cédé; pouvait-elle défendre le vieux baron M'Combie, quand elle avait abandonné Richard?

Ce n'était pas seulement chez lui que M. le comte de la Roche-Odon entendait chanter les vertus du jeune comte Prétavoine, l'aimable Aurélien, ce miroir de justice, ce protecteur des chrétiens, ce vase de pureté et de chasteté, c'était encore dans les églises, dans les sacristies, dans les réunions publiques ou particulières qu'il était lui-même témoin de la gloire insigne dont ce champion de la religion se couvrait.

En effet, plein d'une ardeur infatigable, Aurélien se multipliait, et il ne laissait point passer une semaine sans prêcher ou discourir quelque part; bien souvent même il parlait plusieurs fois dans la semaine.

Et toujours, quand c'était à Condé ou aux environs, il y avait des raisons déterminantes qui obligeaient M. de la Roche-Odon à assister à ces pieuses solennités.

Quel supplice pour Bérengère qui accompagnait toujours son grand-père, car par convenance, par respect pour le lieu où elle se trouvait, par considération pour la compagnie qui l'entourait, elle était obligée de paraître attentive aux paroles de l'orateur, et même elle n'avait pas la liberté de détourner ou de fermer les yeux.

Il fallait qu'elle le regardât, qu'elle l'écoutât, et lui dans la chaire, sur son estrade ou devant une table recouverte d'une nappe d'autel qui lui servait de tribune, il parlait ; sa voix prenait des accents doux ou terribles selon leur sujet, il arpentait son estrade ; il se frappait la poitrine ; il gémissait ; il pleurait mais sans jamais défriser sa chevelure, sans casser son col qui enveloppait son menton rasé ; sans jamais perdre le sourire qui découvrait si agréablement ses dents blanches. Volontiers, s'il eût osé, il aurait répété les paroles du Maître : « Je suis la lumière du monde, celui qui me suit ne marche pas dans les ténèbres. »

Et en revenant à la Rouvraye il fallait qu'elle entendît son grand-père faire l'éloge de l'éloquence de l'orateur, ou s'enthousiasmer pour les services qu'il rendait à la religion.

Tout d'abord elle avait répondu à ces éloges par quelque plaisanterie sur l'éternel sourire d'Aurélien si rempli de suffisance, ou bien sur son col moins empesé que l'orateur lui-même, mais voyant qu'elle peinait son grand-père, elle avait gardé le silence.

Enhardi par cette réserve, le comte était revenu à la charge plus franchement.

Les litanies que depuis plusieurs semaines il entendait, il les avait à son tour répétées à Bérengère : défenseur de la religion, modèle de piété, etc.

Elle n'avait pas répondu, bien que chaque parole la frappât au cœur, car elle sentait bien que tout cela n'était qu'un prélude et qu'il arriverait une heure où son grand-père demanderait autre chose que son silence.

Après l'orateur, après le défenseur de la religion, c'avait été l'éloge de l'homme même qu'elle avait dû subir.

— C'est un charmant garçon, nous n'avons pas été justes pour lui autrefois; il a de la distinction dans les manières, de la grâce, et vraiment notre Saint-Père l'a anobli et ennobli.

L'heure approchait.

Elle sonna un jour après le déjeuner.

Le matin, le comte avait reçu la visite du docteur Evette, puis après celle de l'abbé Subileau, avec qui il était resté enfermé près d'une heure; puis enfin celle du notaire Griolet.

Bérengère n'avait assisté à aucune de ces visites, car maintenant elle sentait que toute surveillance était inutile; elle n'avait plus à protéger Richard et pour elle, elle se défendrait franchement, quand franchement on l'attaquerait. Que pouvait-elle contre ces gens, le médecin, le curé, le notaire? que pouvait-elle contre Mgr Guillemittes qui venait à chaque instant à la Rouvraye, contre l'abbé Armand, contre les amis de son grand-père, contre le comte et la comtesse O'Donoghue qui avaient passé à l'ennemi, contre madame Prétavoine, contre Aurélien, contre tout le monde?

Elle ne pouvait qu'une chose : opposer pour elle une résistance invincible, et pour cela elle était sûre d'elle-même.

Pendant le déjeuner, le comte avait gardé une attitude morne, ne parlant pas, ne mangeant pas, et en se levant de table il était passé dans son cabinet où Bérengère l'avait suivi.

Comme elle s'asseyait auprès de la fenêtre pour lui faire la lecture, il l'avait appelée :

— Près de moi, tout près de moi.

Et lui prenant la main, il l'avait gardée assez longtemps dans les siennes, sans parler, mais soupirant souvent.

Malgré l'inquiétude qu'elle éprouvait elle n'avait pas osé le questionner, de peur qu'il profitât de cette porte ouverte pour lui dire enfin ce qu'elle redoutait tant d'entendre.

Et ils étaient restés ainsi silencieux durant de longues, de très-longues minutes.

Enfin il avait pris la parole :

— Mon enfant, il y a longtemps que je veux t'entretenir d'un sujet qui m'est profondément douloureux, c'est de ton mariage. Il faut que tu te maries, ma chère fille, car je m'affaiblis chaque jour et d'un moment à l'autre je puis disparaître. Que deviendras-tu alors? Tu n'es pas majeure ; il s'en faut encore de plusieurs années ; tu tomberas donc au pouvoir de ta mère, et Griolet me disait tout à l'heure que, par suite des dettes de ton frère et aussi par suite d'aventures fâcheuses, elle est dans une situation misérable. Il tient ces renseignements de Filsac, à qui ta mère s'est adressée pour un emprunt. Aux mains de ta mère et de ton frère, ta fortune, ma fortune, cette terre de la Rouvraye, tout fondra comme une gelée blanche de printemps sous un rayon de soleil. Cette pensée me tue. Et voilà pourquoi je te dis et je te répète, il faut que tu te maries.

Elle ne répondit pas.

Il continua :

— Puisque tu as eu la sagesse de comprendre que

tu ne pouvais pas épouser celui que tu avais choisi dans une heure d'enthousiasme juvénile, j'espère que tu comprendras aussi que pour toi, pour moi tu dois te marier. Naguère nous avons refusé un mari qui se présentait. Mes sentiments à l'égard de ce mari se sont modifiés : c'est un charmant jeune homme, il a tout pour lui, la piété, l'instruction, la fortune; il ne lui manque qu'une chose, la naissance, mais nous sommes dans un temps de sacrifices et où chacun doit faire œuvre d'abnégation personnelle au profit de tous. Cette naissance qu'il n'a pas, il l'acquerrait jusqu'à un certain point par son alliance avec nous, et alors il jouirait d'une immense influence qui profiterait à l'œuvre à laquelle il s'est si généreusement dévoué. Je serais donc heureux, très-heureux, si tu acceptais ce mariage. Je ne te l'impose pas. Mais si tu veux que les derniers jours que ton vieux grand-père a encore à vivre, soient paisibles, si tu veux prolonger sa vie, si tu veux adoucir sa mort, tu accepteras ce mari.

Il fallait répondre cependant, sinon pour son grand-père qu'elle allait frapper, au moins pour Richard, au moins pour elle.

— Grand-père, je te jure que si pour prolonger tes jours il n'y avait qu'à donner le sang de mes veines, je le donnerais jusqu'à la dernière goutte; mais je ne puis donner que ce qui est à moi ; je ne m'appartiens pas : je suis à Richard, et tant qu'il ne m'aura pas rendu ma liberté, je serai à lui.

XXX

Lorsqu'elle avait combiné son plan de bataille, madame Prétavoine avait fait bon marché de la résistance que pourrait lui opposer Bérengère.

Aussi tous ses efforts avaient-ils été concentrés sur le comte, — le père conquis, la fille n'aurait qu'à se rendre à merci.

Elle aimait son grand-père cette enfant; pour lui elle se sacrifierait.

D'ailleurs on lui faciliterait ce sacrifice, en arrachant de son cœur trop sensible, l'amour qui s'y serait développé.

Cela serait assez facile sans doute.

Ce Richard de Gardilane, en sa qualité d'officier, ne devait que très-peu pratiquer la fidélité, — au moins c'était l'opinion de madame Prétavoine qui jugeait les officiers d'après certaines idées préconçues : soldat, vainqueur, trompeur, volage pour elle c'était tout un.

Elle avait connu plusieurs officiers de remonte qui, pendant le temps qu'ils avaient passé à Condé, n'y menaient point une vie exemplaire.

Pourquoi ce capitaine d'artillerie ne ferait-il pas comme avaient fait ces officiers? Il aimait mademoiselle de la Roche-Odon. Eh bien, ce n'était pas une raison pour l'empêcher de s'amuser en attendant qu'il devînt son mari. Il aurait des maîtresses; il courrait après les jeunes ouvrières, ou il laisserait celles-ci courir après lui, et, en l'observant de près, on arriverait à réunir des preuves qui démontreraient à Bérengère qu'elle n'était point aimée comme elle s'imaginait l'être. Elle était fière, et en exploitant habilement ce sentiment de fierté, en même temps qu'on exaspérerait sa jalousie, on l'amènerait à se fâcher avec son amant; alors, sollicitée par sa tendresse pour son grand-père, d'autre part poussée par son dépit amoureux, elle accepterait Aurélien pour mari, sans plus de résistance.

Il n'y avait donc qu'à savoir, le plus exactement possible, quelle était la vie du capitaine.

Et, par tous les moyens dont elle disposait, madame Prétavoine avait organisé une active surveillance autour de lui.

Mais cette surveillance ne lui avait rien appris de caractéristique dont elle pût faire utilement usage : la vie du capitaine paraissait être des plus simples, des plus régulières et ne ressemblait en rien à celle de ces fameux officiers de remonte, qui étaient restés pour madame Prétavoine le type de tous les officiers: il passait la plus grande partie de son temps aux casernes; chaque jour il faisait une promenade à cheval dans les environs; le soir il restait généralement chez lui à lire ou à écrire et quelquefois il recevait deux ou trois amis, le sous-préfet, M. de Mirevault, Dieudonné de la Fardouyère et l'avocat Louis Mérault, celui des trois avec lequel il était lié le plus intimement; on n'avait jamais vu de femmes entrer chez lui; et le soir on ne l'avait jamais rencontré se promenant dans certains quartiers suspects; quant à ses relations dans la ville, elles étaient telles qu'il était presque impossible de lui donner, avec une apparence de vraisemblance, une maîtresse, de laquelle Bérengère se pût justement inquiéter.

Cela, bien entendu, n'avait pas empêché madame Prétavoine, au moment où elle avait voulu rendre le séjour de Condé impossible à M. de Gardilane, de répandre sur son compte ces bruits vagues qui l'avait discrédité auprès d'un certain nombre de personnes, mais si ces bruits, qui ne reposaient sur rien de précis, pouvaient abuser les indifférents ou les malveillants, ils ne devaient avoir aucune influence sur Bérengère; avec elle, ce qu'il fallait, c'étaient des accusations formelles, reposant sur un fait.

Or, ce fait, on ne pouvait le trouver qu'en transportant la surveillance dont le capitaine était enveloppé jusque dans sa maison, et cela était difficile, car son domestique était un chien fidèle, dont on ne pouvait gagner la trahison avec de l'argent.

Mais madame Prétavoine n'avait pas l'habitude de se laisser décourager par les difficultés; son principe était de chercher et de lutter toujours; cette fois encore sa persévérance avait été récompensée; et ce qu'elle n'avait pas pu obtenir avant son départ pour Rome, elle l'avait obtenu à son retour, c'est-à-dire l'entrée de la maison du capitaine.

S'occupant de tout ce qui touchait le capitaine et de ceux qui l'approchaient, elle avait appris que Joseph, son domestique, était au mieux avec la cuisinière de la maison qui joignait celle du capitaine et qui appartenait à sa propriétaire. Or cette cuisinière, nommée Flore, était affiliée à l'œuvre de Sainte-Claire, et en cette qualité elle se trouvait dans la dépendance de madame Prétavoine, trésorière de cette œuvre, c'était même madame Prétavoine qui l'avait placée dans cette maison, qui était celle d'une vieille demoiselle fort dévote, dont toute la fortune serait partagée entre des œuvres pieuses (pour la grosse part) et ses domestiques.

C'était là un renseignement précieux qui n'avait pas été perdu pour madame Prétavoine; elle avait fait dire à Flore qu'elle avait à lui parler, et celle-ci s'était rendue, assez inquiète, chez la trésorière de son œuvre.

— Ma chère fille, avait dit madame Prétavoine, j'ai été informée de certains bruits qui courent sur votre compte, et qui sont tels que s'ils arrivaient aux oreilles de mademoiselle du Motheux, votre excellente maîtresse, elle ne vous garderait pas une heure chez elle. Et ce serait une grande perte pour vous, car vous êtes inscrite sur son testament pour une somme qui vous assurera une honnête aisance. On dit que vous vous laissez courtiser par l'ordonnance du capitaine de

Gardilane, et même que les choses ont été si loin entre vous, grâce à votre voisinage et à la petite porte qui fait communiquer vos deux jardins, que votre intimité est devenue un scandale dans le quartier. En me servant du mot « on dit, » vous comprenez que je reste au-dessous de la vérité ; on est certain que les choses sont ainsi. On voulait donc prévenir mademoiselle du Motheux ; je m'y suis opposée ; car enfin si vous avez fait une faute, vous pouvez la réparer, et c'est dans ce but que je vous ai fait appeler.

Mademoiselle Flore était une grande et grosse gaillarde qui ne se laissait pas ordinairement intimider, mais la perspective de perdre sa place chez mademoiselle du Motheux, et surtout d'être rayée sur le testament de sa maîtresse, lui avait enlevé toute assurance, et sous la parole nette et tranchante de madame Prétavoine, elle avait baissé la tête.

— Je pense, avait continué madame Prétavoine, que ce garçon est animé d'honnêtes sentiments et que lui aussi voudra réparer sa faute. S'il en est ainsi, et si un mariage intervient entre vous, je tâcherai de faire entrer votre mari chez mademoiselle du Motheux ; Bouvet est trop vieux maintenant pour remplir son service de valet de chambre, votre mari le remplacerait, et après quelques années il n'est pas douteux qu'il prendrait place à côté de vous sur le testament de votre excellente maîtresse. Votre avenir dépend donc de vous. Voyez ce jeune homme et si vous convenez de vous marier comme je l'espère, venez me trouver ; M. l'abbé Bernolin et moi nous arrangerons cette affaire avec mademoiselle du Motheux; mais ne parlez à personne de mon intervention, car c'est pour l'abbé Bernolin que j'agis; et c'est à lui seul que vous devez de la reconnaissance.

Flore, qui était arrivée inquiète chez madame Prétavoine, était sortie de cet entretien pleine d'espérance, et le soir même elle avait fait part à son amant des bonnes dispositions de cet excellent abbé Bernolin à leur égard.

Joseph, comme elle, avait été transporté de joie : il aimait son maître et il lui était attaché, mais cependant pas jusqu'au point de repousser la fortune qui s'offrait à lui : Flore avait quatre mille francs d'économies, elle figurait sur le testament de mademoiselle du Motheux pour cinq mille francs; on l'inscrirait lui-même pour une même somme sans aucun doute; c'étaient donc quatorze mille francs qui lui tombaient du ciel; et pour quatorze mille francs il se serait marié avec une bossue, un monstre ou un phénomène, ce qui n'était nullement le cas de Flore; quatorze mille francs et une belle femme, dont il connaissait les secrets mérites, il eût passé à travers le feu. Quel malheur qu'il eût encore six mois de service à faire !

C'était justement sur ces six mois que madame Prétavoine comptait, car pour ce qu'elle voulait, il fallait que Joseph restât chez le capitaine.

Ayant ainsi acheté, sans bourse délier, le dévouement de Flore, elle lui avait expliqué quelques semaines après ce qu'on attendait d'elle.

C'était qu'elle fournît sur M. de Gardilane tous les renseignements qu'on lui demanderait et qu'elle obtiendrait adroitement et en secret de son futur maître.

En effet, il ne fallait pas que ce bon Joseph trompât la confiance de son maître, ce qui serait abominable ; mais comme elle n'était pas au service de M. de Gardilane, en faisant ce qu'on exigeait d'elle, elle ne commettait pas une mauvaise action ; au contraire, elle en accomplissait une méritante et pieuse, dont elle serait fière plus tard quand M. l'abbé Bernolin pourrait la lui expliquer.

C'était ainsi que pour accomplir cette pieuse besogne, Flore faisait causer Joseph, qui, ne se doutant de rien, racontait sur son maître tout ce qu'on avait intérêt à savoir — sur ses actions, sur ses visites, sur ses paroles.

C'était ainsi que Flore avait pu se procurer le paquet de lettres que madame Prétavoine avait envoyé à Bérengère pour l'édifier sur les amours passées de celui qu'elle aimait ; maladroitement exécutée, cette soustraction eût ouvert les yeux du capitaine et de Joseph, qui eût compris le rôle que sa maîtresse lui faisait jouer, mais comme des menuisiers travaillaient à ce moment dans la maison, Flore avait fait tomber les soupçons sur ces ouvriers, et le capitaine avait mieux aimé chercher un coupable dans un inconnu, que dans un homme qui, depuis qu'il était à son service, lui avait donné des preuves sans cesse répétées de probité et de fidélité.

Bien que bon domestique, Joseph n'était point parfait, et son plus grand défaut était la paresse ; quand il fallait travailler, il s'y résignait courageusement, mais toutes les fois qu'une occasion, si légère qu'elle fût, se présentait pour se reposer, il la saisissait avec empressement. Aussi avait-il accepté l'offre que sa maîtresse lui avait faite, de l'aider le jour où il nettoyait à fond le cabinet de son maître, c'est-à-dire, tous les mardis pendant les heures où le capitaine était aux casernes. Flore arrivait par la petite porte et tandis que Joseph frottait, elle époussetait les meubles et rangeait les livres, les papiers du capitaine. Puis, en s'en allant, elle emportait dans son tablier tous les vieux papiers qu'ils retiraient de la cheminée ou de la corbeille, dans laquelle le capitaine les jetait, car elle connaissait, disait-elle, un chiffonnier auquel elle vendait ces vieux papiers avec les chiffons et les os qu'elle ramassait chez sa maîtresse, beaucoup plus cher que Joseph ne les aurait vendus.

Cela était vrai quant au prix qu'elle en tirait, mais faux quant au chiffonnier, qui n'était autre que madame Prétavoine.

C'était en effet, à madame Prétavoine qu'elle portait tous les mardis ces vieux papiers et celle-ci après les avoir payés d'une pièce de cent sous passait deux ou trois heures de sa soirée à rapprocher les morceaux déchirés et à lire ainsi les lettres que le capitaine recevait et les notes écrites quelquefois par lui qu'il jetait au panier.

Avec ces lettres, avec ces notes, avec les récits de Flore elle arrivait à reconstituer à peu près sa vie et à savoir ce qu'il faisait et qui il recevait.

Mais telle était la simplicité de cette vie, qu'elle n'y trouvait malheureusement rien de nature à blesser l'amour de Bérengère.

XXXI

Les choses continuaient ainsi, au grand déplaisir de madame Prétavoine, qui commençait à se fatiguer de coller bout à bout les fragments de lettres du capitaine, lorsque l'aimable Providence lui fournit enfin une occasion d'agir utilement sur le cœur de Bérengère.

Toute autre qu'elle eût laissé passer cette occasion, sans y rien trouver de particulier ; mais c'est le propre des esprits possédés d'une idée fixe de tirer d'un rien des développements considérables ou extraordinaires.

La ville de Condé-le-Châtel possède au nombre de ses monuments un théâtre dont la salle a été aménagée tant bien que mal (la vérité est mal plutôt que bien), dans un des bâtiments dépendant de l'ancien couvent des Chartreux. Sur ce théâtre, on ne joue pas toute l'année ; mais de temps en temps une troupe parisienne de passage, ou bien celle du directeur privilégié dans l'arrondissement dramatique duquel se trouve la ville de Condé, viennent y donner quelques représentations.

Au moment où madame Prétavoine commençait à se dire que le capitaine de Gardilane était un infâme hypocrite qui cachait ses vices, ou bien un infirme qui était incapable d'en avoir (car elle ne pouvait pas admettre l'idée qu'on fût fidèle à un sentiment; fidèle à la religion, aux commandements de Dieu ou de l'Église : « œuvre de chair ne désireras qu'en mariage seulement, » oui, cela se comprenait; mais un sentiment, qu'est-ce que cela signifiait?), — à ce moment la troupe Florival-Colinet était venue en représentations à Condé.

A la tête de cette troupe comme premier rôle de comédie et comme première chanteuse se trouvait mademoiselle Linda, qui tenait avec une égale supériorité l'emploi des Desclée et des Schneider.

Cette Linda avait paru quelques années auparavant sur la scène de l'Opéra-Comique, mais l'âge venant sans le talent, et la beauté ou tout au moins le charme de la jeunesse s'en allant, elle avait été obligée d'abandonner Paris pour l'étranger tout d'abord, et pour la province ensuite. Heureusement, ce qui est insuffisant à Paris, à Florence ou à Vienne, peut être parfaitement suffisant à Condé-le-Châtel ou à Carpentras; c'était ce qui s'était produit pour mademoiselle Linda. Ses représentations avaient fait sensation, et elle avait enflammé le cœur de cinq ou six jeunes gens qui par leur nom et leur fortune se trouvaient à la tête de la ville.

Parmi ces soupirants, Linda, habituée à juger les hommes et à les jauger, avait porté son choix sur Dieudonné de la Fardouyère, qui, s'il n'était pas le plus riche, avait au moins cette qualité sérieuse d'être celui dont on pouvait tirer parti le plus facilement, le plus fructueusement, et avec très-peu de frais d'exploitation.

Quelle bonne fortune pour Dieudonné, qui s'ennuyait à mourir !

Gagnant sûrement son amant et démêlant très-bien quelle était sa nature et quel était son caractère, elle avait vu tout de suite par où elle devait le prendre, et aussi comment elle pourrait le garder.

Il n'était point le premier qu'elle aimât, elle était trop franche pour soutenir une pareille tromperie, mais il était le premier de qui elle se sentait véritablement aimée. Et c'était quand elle était déjà vieille que le bon Dieu lui donnait ce grand, ce suprême bonheur; car elle ne cachait pas son âge, elle avait trente-trois ans. Quelle joie, à son âge, d'être aimée par un homme jeune comme lui, distingué comme lui, de grande naissance comme lui, qui pouvait choisir entre toutes les femmes, et qui donnait son amour à une pauvre comédienne ! Aussi voulait-elle lui payer cette joie par une vie de tendresse et d'adoration. Il verrait quelle félicité c'était de rendre une femme heureuse.

Ce n'est pas impunément qu'on est le fils d'un père qui, dans chaque phrase, prononce plusieurs fois ces mots caractéristiques : « un homme comme moi, » de sorte que Dieudonné avait vite accepté cette idée que

Linda était véritablement folle de joie d'être aimée par « un homme comme lui. » Et puis, d'autre part, elle l'avait, par certaines confidences intimes, convaincu « qu'un homme comme lui » avait des qualités et des mérites que d'autres ne possédaient pas, et dans la bouche d'une « femme comme Linda, » ces éloges prenaient une importance et une valeur qu'ils n'auraient point eues dans celle d'une provinciale ou d'une jeune fille.

Il s'était donc épris pour elle d'une véritable passion, et rapidement il en était arrivé à l'aimer sincèrement, de bonne foi, comme elle lui avait fait accroire tout d'abord qu'il l'aimait.

Malgré ses nobles parents exaspérés, mais qui n'osaient pas éclater de peur du scandale, il ne la quittait plus, et toutes ses journées, aussi bien que toutes ses nuits, il les passait près d'elle, avec elle, soit au théâtre, soit à l'hôtel du *Bœuf couronné*, où elle logeait.

Mais pour un homme comme Dieudonné, ce n'était pas assez d'avoir une maîtresse qui l'adorait ; il fallait pour que son bonheur fût complet, qu'on sût qu'il était adoré et jusqu'à quel point il l'était.

Il donnait donc presque chaque soir au *Bœuf couronné* des soupers auxquels il conviait ses amis, et dans lesquels Linda lui témoignait publiquement la plus vive tendresse, son amour, son culte.

Plusieurs fois il avait invité le capitaine, mais celui-ci qui se souciait peu de ces soupers avec une femme qui lui était absolument indifférente, avait toujours refusé sous un prétexte ou sous un autre.

Cependant un soir, en sortant du théâtre, il avait été entraîné par M. de Mirevault, et il avait assisté au triomphe de Dieudonné, qui, ce soir-là avait été un peu moins complet qu'à l'ordinaire, car Linda, voyant que ses convives étaient des gens capables de distinguer le vrai du faux, avait mis une sourdine à l'expression de son amour et s'était surtout attachée à plaire aux amis de son amant.

Le lendemain de ce souper, à onze heures du soir, comme le capitaine était occupé à écrire une longue lettre à Bérengère, il avait entendu sonner à la grille de son jardin, et Joseph étant couché, il avait été lui-même voir qui pouvait venir le déranger à pareille heure.

C'étaient Dieudonné et Linda qui, profitant de la nuit pour faire une promenade sentimentale, avaient vu ses fenêtres éclairées en passant devant son jardin et avaient eu l'idée de lui faire une visite.

Naturellement il leur avait ouvert la grille et il les avait reçus dans son cabinet de travail ; puis, après un moment d'entretien, Linda avait manifesté le désir de visiter la maison, pour voir comment un officier français savait s'installer, et il les avait promenés partout.

En arrivant dans la salle à manger, Dieudonné avait déclaré qu'il mourait de soif, et le capitaine lui avait donné à boire, en demandant à Linda si elle ne désirait pas accepter un verre de malaga. Linda n'avait pas soif elle avait faim ; alors le capitaine avait ouvert le buffet pour voir ce qu'il pouvait lui offrir ; il s'y trouvait un morceau de viande froide, des sardines en boîte, et un saladier plein de salade à laquelle le capitaine n'avait pas touché à son dîner.

— De la salade confite ! s'écria Linda, quel bonheur, je l'adore !

Naturellement Dieudonné ne pouvait pas faire autrement que de l'adorer aussi ; alors on avait dressé la table ; et le bruit des assiettes ayant réveillé Joseph celui-ci était descendu voir qui cassait sa vaisselle ; puis il avait servi ce souper improvisé, et comme le pain manquait il avait été réveiller un boulanger qui, bon gré, mal gré, avait dû se lever pour lui servir deux livres de pain.

Le lendemain soir, madame Prétavoine apprenait par Flore ce qui s'était passé chez le capitaine, et aussitôt elle faisait écrire une bonne petite lettre anonyme que Bérengère trouvait le surlendemain sur sa table, à la place même où l'on avait déposé le paquet de lettres qui l'avait fait tant souffrir.

A la suite du pénible entretien qu'elle avait eu avec Richard au sujet de ces lettres, celui-ci l'avait priée de lire désormais toutes les dénonciations qu'on lui enverrait, car il pouvait être de leur intérêt à tous deux qu'elle connût les accusations qu'on portait contre lui.

Elle lut donc cette lettre :

« Une personne qui vous porte la plus vive amitié,
» croit devoir vous faire connaître la conduite de
» M. de Gardilane.
» Avant-hier, M. de Gardilane a soupé à l'hôtel du
» *Bœuf couronné* avec mademoiselle Linda la chan-

» teuse, qui donne en ce moment des représentations
» au théâtre.

» Hier mademoiselle Linda a été souper chez M. de
» Gardilane; elle est arrivée à onze heures du soir,
» on ne sait à quelle heure elle est sortie; ce qu'il y
» a de certain c'est qu'à deux heures du matin on
» entendait encore les éclats de sa voix.

» Si vous vouliez avoir une preuve de ce qu'on
» vous dit, vous n'auriez qu'à aller chez Bonneval,
» boulanger, rue du Pont : il vous raconterait que le
» domestique de M. de Gardilane est venu le réveiller
» à minuit pour se faire servir deux livres de pain.

» Au reste il y a quelque chose de plus fort encore
» que le témoignage d'un homme, si probant qu'il
» soit, c'est la voix publique; interrogez-la ou tout
» simplement écoutez-la, et elle vous apprendra
» que M. de Gardilane est l'amant de mademoiselle
» Linda, qui elle-même est folle de son beau capi-
» taine.

» Pour sauver les apparences et rester un mari
» possible, M. de Gardilane a eu l'adresse de lier
» mademoiselle Linda avec M. de la Fardouyère;
» mais cela ne trompe personne, et tout le monde
» sait que si M. de la Fardouyère est l'amant qui
» paye, M. de Gardilane est l'amant aimé; sa ruse
» ne sert que son économie.

» Voilà l'homme qui a voulu vous épouser. »

Malheureusement pour madame Prétavoine, cette lettre ne produisit pas, pour le moment au moins, le résultat qu'elle en attendait, car d'un mot Richard en avait à l'avance détruit l'effet.

Achevant la lettre qu'il écrivait à Bérengère, au moment où Dieudonné et Linda avaient sonné à sa porte, il avait ajouté le lendemain matin ces quelques lignes :

« J'ai été interrompu ici par une étrange visite,
» celle de Dieudonné de la Fardouyère, qui, à onze
» heures du soir, venait à l'improviste et en compa-
» gnie me demander a souper. Il m'a fallu les subir
» et vous quitter pour rester avec eux jusqu'à deux
» heures du matin. Vous pouvez vous représenter
» combien aimable a été mon hospitalité forcée. »

Bérengère n'eût pas ajouté foi à la lettre anonyme, mais ces lignes de Richard furent cependant un soulagement pour elle, — elles étaient une explication franche et loyale ; — il lui disait tout.

XXXII

Au grand désespoir de Dieudonné les représentations de la troupe Florival-Colinet ne pouvaient pas toujours se prolonger à Condé, d'autres villes brûlaient d'applaudir mademoiselle Linda.

Il fallut se séparer.

— Quel désespoir ! Linda versa des torrents de larmes entremêlées de sanglots et de hoquets extrêmement dramatiques.

Dieudonné était navré non-seulement de voir sa maîtresse s'éloigner, mais encore de la quitter dans un tel état de crise : comment se consolerait-elle, la pauvre femme ! Nerveuse comme elle l'était, elle pouvait tomber malade.

Aussi, avant de se séparer d'elle lui fit-il tous les serments qu'elle exigea ; il irait la voir tous les quinze jours là où le hasard des engagements la ferait aller; et quand il resterait à Condé, il lui écrirait régulièrement deux fois par semaine.

Malgré son horreur pour tout ce qui était correspondance, il n'hésita pas à lui faire cette promesse : ne fallait-il pas adoucir la douleur de cette pauvre femme !

C'était le lundi qu'il avait quitté Linda à la gare du chemin de fer, et le mardi matin, selon sa promesse ! il avait voulu lui écrire ; mais après être resté une bonne heure devant sa table il n'avait rien trouvé à lui dire, si ce n'est qu'il « s'ennuyait à crever, » ce qui était un peu court.

Alors il était sorti pour se distraire et chercher des idées ; il était impossible « qu'un homme comme lui » ne trouvât pas quelque chose de joli à dire à la femme qu'il aimait.

Il s'était promené dans les rues de la ville, mais le bruit et les rencontres le distrayant et l'empêchant évidemment de trouver ce quelque chose de joli qu'il poursuivait, il était sorti de la ville pour aller se promener dans la campagne, ce qui est le moyen par excellence pour donner de l'essor à l'esprit.

Mais, chose étrange, la campagne ne l'avait point inspiré : il s'était « ennuyé à crever » dans les prairies, comme chez lui, et alors il était rentré en ville.

Passant devant la maison du capitaine, l'idée lui était venue d'entrer un moment pour se distraire et tuer le temps, comme il le faisait souvent.

Justement Richard était encore chez lui, achevant un travail pressé.

— Vous avez à travailler ? dit Dieudonné.

— Oui, j'en ai encore pour vingt ou trente minutes.

— Eh bien, ne vous gênez pas, je vais me mettre dans un coin, je ne vous dérangerai pas.

En effet, il s'était mis dans un coin ; mais comme il continuait à s'ennuyer, il avait de temps en temps poussé des soupirs lamentables.

— Qu'avez-vous donc ? demanda le capitaine.

— Ah ! mon cher, elle est partie, et vous savez, « je m'ennuie à crever. »

— Je comprends cela.

— N'est-ce pas ? Si vous saviez comme elle était désolée ! cela m'a tout bouleversé.

Mais déjà le capitaine ne l'écoutait plus et il était retourné à son travail.

Les vingt ou trente minutes durèrent une heure, que Dieudonné passa à fumer et à soupirer.

Enfin le capitaine, ayant repoussé ses papiers, se tourna à demi vers Dieudonné, mais sans quitter son bureau.

— Alors vous vous ennuyez ? dit-il.

— Ah ! mon cher, si je m'ennuie ! Je crois bien que je m'ennuie, mais de plus je m'exaspère.

— Pourquoi donc ?

— Figurez-vous que j'ai été obligé de promettre à Linda de lui écrire aujourd'hui ; elle pleurait si tristement, la pauvre fille, que je n'ai pas pu lui refuser ça.

— Pourquoi ne lui avez-vous pas écrit pendant que je travaillais ? Cela vous eût épargné quelques cigares et de nombreux soupirs.

— Parce que je ne trouve rien à lui dire, tant je suis abruti.

— Comment ! vous ne trouvez rien à dire à une femme que vous aimez, car vous l'aimez, n'est-ce pas, et qui vous aime ?

— Elle m'adore, la pauvre fille, et c'est là ce qui cause son chagrin. Je voulais lui dire quelque chose de joli pour la soutenir et l'égayer, mais je ne trouve rien, si ce n'est que « je m'ennuie à crever. »

— C'est énergique, mais c'est court.

— Je me suis promené par la ville pour chercher une idée, j'ai demandé des inspirations à la campagne, aux prairies, aux bocages et à toutes ces balançoires qu'on voit dans les livres; ça ne m'a rien dit, mais là ce qui s'appelle rien.

— Et vous prétendez que vous l'aimez ?

— Je vous dis qu'elle m'adore.

— Alors, pourquoi, au lieu de penser à ce que vous aviez à lui dire, n'avez-vous pas pensé tout simplement à elle; vous l'auriez vue et les mots seraient arrivés au bout de votre plume comme ils arrivaient au bout de votre langue quand vous lui parliez.

— Vous êtes heureux, vous, d'écrire ainsi; pour moi, c'est un travail, c'est une lutte avec le papier blanc, dans laquelle je suis toujours le vaincu; une lettre même à une femme est un pensum.

— Je trouve au contraire qu'après le plaisir de voir la femme qu'on aime et d'être près d'elle, il n'en est pas de plus doux que de lui écrire. On lui parle, elle vous répond; on la voit, on l'entend. Combien de choses qui ne se disent pas dans la conversation, parce qu'elles seraient quelquefois maniérées, subtiles ou précieuses, s'écrivent tout naturellement et prennent une forme charmante aussi bien pour celui qui les écrit que pour celle qui les lit.

— Enfin, je n'ai pas ce don, et quand je pense que

j'ai une lettre à écrire à Linda avant ce soir; j'en perds la tête.

Richard se mit à rire et se retourna vers le bureau où il écrivait quand Dieudonné était entré.

— Qui vous gêne donc tant, dit-il, le fond ou la forme?

— Le fond et la forme.

— Cependant, vous pensez à elle?

— Depuis ce matin je me suis répété son nom plusieurs centaines de fois.

— Pourquoi ne lui dites-vous pas cela, c'est déjà quelque chose de joli?

Et prenant une feuille de papier, le capitaine se mit à écrire, en prononçant les mots tout haut :

« Linda, chère Linda, Linda adorée, Linda mon
» amour et ma vie, depuis que nous sommes séparés,
» je prononce ainsi ton nom et chaque fois j'y ajoute
» une épithète qui exprime mes sentiments pour toi. »

— Mais c'est vrai, s'écria Dieudonné, c'est cela, c'est bien ainsi que les choses se passent; on dirait, ma parole d'honneur, que vous lisez en moi.

— Pourquoi n'y lisez-vous pas vous-même?

Disant cela, il prit la feuille de papier qu'il venait d'écrire pour la porter dans la corbeille aux vieux papiers.

Mais Dieudonné lui arrêta la main, et s'appuyant sur le dossier de sa chaise :

— Savez-vous ce que vous devriez faire, mon cher capitaine, dit-il d'une voix câline, ce serait de continuer cette lettre : ça vous coûterait si peu, et ça me ferait tant de plaisir!

— Mais je ne peux pas vous écrire vos lettres d'amour.

— Je ne dis pas toutes, mais celle-là seulement; les autres il n'y aura qu'à répondre à Linda qui m'aura écrit, et ce sera une sorte de conversation; tandis que pour celle-là, il faut discourir tout seul; voyons, mon cher capitaine, un bon mouvement, vous qui lisez si bien ce qui se passe en moi, ce que je sens et ce que je pense.

Le capitaine reprit la plume.

— Ce à quoi vous pensez, n'est-ce pas? c'est aux journées heureuses que vous venez de passer avec elle.

— Précisément, les journées, et aussi les nuits.

Le capitaine se mit à écrire :

« Anéanti par notre séparation, je ne vis plus que
» dans le passé, et mon esprit, comme mon cœur, me
» reportent aux journées, aux nuits heureuses où
» nous étions ensemble, dans les bras l'un de l'autre.
» A ce souvenir mon sang court plus vif et plus
» chaud dans mes veines, et des frissons de plaisir
» roidissent mes nerfs de la tête aux pieds. »

— Oh! comme c'est cela.

« Sois tranquille, ma Linda, je vais vivre avec ces
» souvenirs jusqu'au jour où nous retrouverons dans
» la réalité cette ivresse qui n'existe plus, hélas! que
» dans ma mémoire. »

— N'est-ce point assez? demanda le capitaine.

— Non, encore, toujours.

— C'est que je suis obligé de sortir, et je ne puis pas vous servir ainsi de secrétaire jusqu'à demain; il faut que j'aille aux casernes.

— Encore une petite phrase et vous vous en irez; seulement vous me permettrez de rester ici pour recopier cette lettre, à laquelle, vous pouvez en être sûr, je ne changerai pas un mot.

— Pourquoi ne m'avez-vous pas demandé de vous la dicter, cela aurait été plus simple ?

— Pourquoi ne m'avez-vous pas dit tout de suite que vous vouliez bien me la dicter, je n'aurais pas demandé mieux que de l'écrire.

Le capitaine continua :

« Condé est vide pour moi, et je traîne partout mon
» corps sans âme, car cette âme tu l'as aspirée avec
» tes lèvres ardentes collées sur les miennes, et tu
» l'as emportée avec toi ; garde-la, je te la donne
» comme je t'ai donné ma vie : à toi, tout à toi, au-
» jourd'hui et toujours. »

— Si elle n'est pas contente, dit le capitaine en riant, elle sera difficile. Seulement, mon cher, si vous commencez ainsi, comment continuerez-vous ?

— Ne pensons pas à demain.

Le capitaine s'était levé, et Dieudonné avait pris sa place devant le bureau.

— Vous trouverez des enveloppes dans ce tiroir, dit le capitaine. Au revoir.

— Merci, cher ami, mille fois merci.

Comme le capitaine arrivait à la porte, il se retourna.

— A propos, dit-il, ne laissez pas traîner ce brouillon, détruisez-le.

— Parbleu !

Quand le capitaine se fut éloigné, Dieudonné se

mit à copier sa lettre, et malgré la promesse qu'il avait faite de ne pas y changer un mot, il y ajouta quelques épithètes passionnées. Puis quand il eut fini, il froissa dans ses mains le brouillon du capitaine, et l'ayant jeté au panier, il s'en alla tout glorieux mettre sa lettre à la poste.

Quand il fut parti, Joseph vint comme tous les mardis pour nettoyer à fond le cabinet de son maître, et bientôt Flore arriva pour l'aider.

Lorsqu'elle s'en alla, le ménage fait et bien fait, elle emporta dans son tablier tous les papiers qu'elle avait pris dans la corbeille, et le soir même madame Prétavoine eut aux mains le brouillon de la lettre écrite à Linda.

XXXIII

« Linda, chère Linda, Linda adorée, Linda mon amour et ma vie... »

Quand madame Prétavoine lut ces lettres écrites de la main du capitaine, elle se demanda si elle ne rêvait point.

Comment ! c'était donc vrai ! Il était l'amant de cette comédienne !

Mais alors elle n'avait donc pas péché en écrivant à Bérengère que le capitaine était l'amant de Linda.

Ah ! que l'aimable Providence était bonne pour elle de prendre soin ainsi de la justifier !

C'était vrai, c'était vrai !

Quel triomphe !

Maintenant, il n'y avait plus qu'à mettre cette lettre sous les yeux de Bérengère et à faire faire une nouvelle tentative auprès d'elle par son grand-père ; cette fois, elle ne résisterait plus, et, se voyant trahie par celui qu'elle aimait, elle accepterait Aurélien.

Enfin !

Pour faire remettre la lettre à Bérengère madame Prétavoine emploierait les moyens qui lui avaient déjà si bien réussi.

Et, pour agir sur le comte, elle pousserait en avant l'abbé Subileau et Mgr Guillemittes.

L'heure était venue de se jeter à corps perdu dans la mêlée ; en avant, tout le monde en avant, avec l'aide de Dieu !

Cependant, tout en portant ses efforts sur la Rouvraye, il ne fallait pas négliger M. de Gardilane, qui pouvait vouloir se défendre ; car s'il avait donné son âme à Linda, il n'abandonnerait pas pour cela assurément les millions de mademoiselle de la Roche-Odon; il était donc prudent de l'observer et de connaître tous ses mouvements.

Chez lui, elle avait déjà Joseph et Flore, mais ce n'était point assez, il fallait encore savoir s'il ne tenterait rien pour voir Bérengère, chez Sophie, par exemple, ou aux environs de la Rouvraye.

Avant donc d'envoyer à Bérengère la lettre de Linda, qui avait été soigneusement mise sous presse entre des feuilles de papier buvard dans un gros livre légèrement mouillé, où elle perdrait ses plis et ses cassures, il fallait s'assurer de nouveaux moyens de surveillance aux environs de la Rouvraye et surtout autour de la maison de Sophie.

Heureusement cela était assez facile pour madame Prétavoine, car vis-à-vis la maison de Sophie et à une courte distance de l'avenue de chênes qui conduit au château, se tenait au bord de la grande route un aveugle qui du commencement de l'année à la fin, venait s'installer là avec sa femme, qui, elle, n'était point aveugle, pour tendre une sébile aux passants. De la place où se tenait ce couple de mendiants, la vue s'étendait librement sur l'avenue et sur la maisonnette de Sophie, de sorte qu'avec un peu d'attention la femme pourrait facilement surveiller le capitaine.

Que cette femme lui refusât cette besogne, madame Prétavoine n'en eut pas la pensée. Est-ce que la femme d'un mendiant avait le droit de manifester sa volonté ? Est-ce qu'elle ne serait pas assez intelligente pour comprendre, sans qu'il fût besoin d'explication, qu'un refus de sa part entraînerait immédiatement la suppression des bons de pain, de viande et de médicaments qui se faisaient par l'entremise de ce bon M. Trempu? Par expérience, madame Prétavoine savait que les femmes sont plus aptes à sentir ce qui touche leur intérêt que les hommes. D'ailleurs elle se promettait d'aider à cette compréhension par l'offre d'une somme d'argent qui éclaircirait singulièrement la vue de cette vieille mendiante.

Le lendemain matin, en sortant de la messe de six heures, elle l'alla trouver dans le taudis qu'elle occupait, et dont l'adresse lui avait été indiquée par ce bon M. Trempu qui, lui aussi, assistait régulièrement à cette première messe, — celle des vrais dévots qui offraient leur sommeil au Seigneur.

Aux premiers mots que madame Prétavoine lui adressa, la vieille mendiante qui n'était pas bête, parut ne pas comprendre ce qu'on lui disait, mais avec un louis qu'elle lui montra et quelques mots sur les bons de pain et de viande, madame Prétavoine lui ouvrit bien vite l'intelligence.

— Si tout de suite je vous parlais de cet officier et je vous disais quelque chose de curieux, est-ce que vous pourriez me faire délivrer une bouteille d'eau-de-vie pour me frictionner mes douleurs ? dit la femme de l'aveugle.

— Je ne sais pas si je pourrais vous faire délivrer cette bouteille d'eau-de-vie, car ce n'est pas un remède que les médecins ordonnent habituellement.

— Oh ! les médecins, ils ne connaissent rien à ma maladie.

— ... Mais moi je pourrais vous donner immédiatement deux bouteilles de ce remède, et non pas de l'eau-de-vie comme en vendent les marchands qui trompent le pauvre monde, mais de la bonne, de la forte.

— Comme en boivent les bourgeois ?

— Justement.

— Pour sûr qu'elle me guérirait. Alors il faut que vous sachiez que cet officier n'entre plus au château, mais souvent il vient se promener dans l'avenue comme quelqu'un qui se promène; seulement il ne se promène pas, il vient là pour mettre une lettre dans le creux d'un chêne, le septième à gauche en comptant de la grande route. Faut voir comme il prend ses précautions pour n'être pas aperçu. Ainsi, quand il s'imagine qu'on peut le surprendre, il ne met pas sa lettre dans le creux, il la remporte, et alors je pense qu'il revient la nuit pour se cacher des curieux. Quand il est parti, c'est un autre manége; mademoiselle de la Roche-Odon sort du château et se promène dans l'avenue comme si de rien n'était; et puis comme l'officier, quand elle croit qu'on ne peut pas l'apercevoir, elle prend la lettre dans le creux et elle en met une. De notre place vous pensez que je vois tout cela. Ça vaut-il une bouteille?

— Cela en vaut deux, et si vous pouviez m'apporter les lettres mises dans le creux du chêne par cet officier, je vous donnerais un louis d'or chaque fois. Seulement j'aurais besoin de les avoir toutes; de sorte que si, à partir de vendredi, vous ne voyiez pas cet officier venir dans la journée, il faudrait le guetter le soir.

— Ça c'est facile. Jovial, c'est notre chien, ramènerait l'homme à la maison, et moi je me cacherais dans un buisson de genêts qui est tout près de là.

— Alors c'est entendu; passez chez moi tantôt et vous aurez vos deux bouteilles d'eau-de-vie, et chaque fois que vous m'apporterez une lettre je vous donnerai un louis.

— De l'officier ou de la jeune personne?

— De l'officier et de la jeune personne, cela fera deux louis.

— Entendu.

Les choses ainsi arrangées, madame Prétavoine put mettre en mouvement Mgr Guillemittes et l'abbé Subileau.

Puis le lendemain de cette double visite à la Rouvraye, elle fit remettre sur la table de Bérengère la lettre adressée à Linda, en l'accompagnant de quelques mots d'introduction et d'explication.

« On vous a avertie, l'autre jour, des relations qui existaient entre le capitaine de Gardilane et la comédienne Linda ; aujourd'hui on vous communique, à seule fin de vous prouver la véracité de cet avertissement, une lettre que le capitaine de Gardilane écrit à sa maîtresse ; vous verrez qu'en vous faisant connaître cet homme on n'avait pas d'autre but que de vous ouvrir les yeux. »

Après avoir lu la lettre du capitaine, madame Prétavoine avait cru qu'elle rêvait.

Après l'avoir lue à son tour Bérengère crut qu'elle était folle.

« Linda, mon amour et ma vie.

» Les nuits heureuses où nous étions dans les bras l'un de l'autre.

» Condé est vide pour moi.

» Cette âme, tu l'as aspirée avec tes lèvres ardentes collées sur les miennes. Garde-la, je te la donne comme je t'ai donné ma vie. »

Elle relisait ces phrases, elle se les prononçait tout haut.

Était-ce possible ?

Et c'était son écriture.

Et c'était le papier dont il se servait ordinairement, celui-là même sur lequel il lui avait écrit trois jours auparavant, lui disant qu'il ne vivait que par elle et que pour elle.

Lui !

Lui en qui elle avait foi !

Lui qu'elle respectait !

Lui qu'elle admirait !

Lui qu'elle adorait!

Lui à qui elle avait sacrifié le bonheur de son grand-père, sa santé, sa vie !

« Chaque fois que je prononce ton nom, j'y ajoute
» une épithète qui exprime mes sentiments pour
» toi. »

Alors quels sentiments éprouvait-il pour elle?

Les mêmes sans doute.

A la pensée de ce partage, elle se sentait défaillir de honte.

Non, non, ce n'était pas possible, cette lettre n'était pas de lui.

Et elle prit dans le coffret, où elle les gardait toutes, celles qu'il lui avait écrites.

Elle compara les écritures mot par mot, lettre par lettre.

Hélas! le doute n'était pas possible ; la certitude sautait aux yeux et saisissait l'esprit; c'était lui qui avait écrit cette lettre effroyable et non un faussaire; c'était sa main; et, preuve autrement terrible dans certains passages, c'était la manière même de s'exprimer.

Jamais, il est vrai, il ne s'était servi en lui parlant de ces mots qui la faisaient rougir ; mais si ce n'étaient pas les mêmes expressions, c'était la même marche du style, le même tour.

Est-ce qu'elle n'eût pas reconnu une phrase de lui, alors même que cette phrase n'eût pas été écrite de sa main?

Enfant, chez sa mère, elle s'était fait une profonde coupure, et comme il n'y avait personne près d'elle pour la soigner, elle avait vu son sang couler à gros bouillons, et il lui avait semblé que ses veines se vidaient, que son cœur cessait de battre et que sa vie s'en allait avec ce sang.

Maintenant c'était une sensation analogue qu'elle éprouvait, son cœur ne battait plus, un vide affreux se faisait en elle, tout l'abandonnait, tout excepté le sentiment de la douleur, la plus cruelle, la plus horrible qu'elle eût jamais endurée, et de la honte.

Elle avait été franchement à lui.

Elle avait dit « Je vous aime ! » à l'homme qui avait écrit cette lettre à « sa chère Linda, à sa Linda adorée, à sa Linda son amour et sa vie. »

A ce moment son grand-père la fit appeler.

Son premier mouvement fut de répondre qu'elle ne pouvait descendre, mais alors son grand-père monterait assurément.

— Dites que je descends tout à l'heure, répondit-elle à travers sa porte fermée.

Et elle se plongea la tête dans l'eau froide, pour réagir contre l'anéantissement qui la paralysait. Puis s'étant essuyé le visage, elle descendit ; les marches de l'escalier s'enfonçaient sous ses pas ; et pour ne pas tomber elle se tenait à la rampe.

Elle alla s'asseoir auprès de son grand-père, mais elle se plaça de façon à ce qu'il ne pût pas la regarder dans les yeux.

Heureusement il ne paraissait pas disposé à l'observer.

— Mon enfant, dit-il, je veux te parler encore du sujet que depuis quelque temps nous avons traité plusieurs fois, de ton mariage. A toutes mes prières tu m'as répondu par un mot qui n'a pas varié : « Je ne m'appartiens pas, je suis à Richard, tant qu'il ne m'aura pas rendu la liberté, je serai à lui. » Il y a plusieurs manières de rendre libres ceux avec qui on est engagé, franchement et loyalement, ou bien tacitement. C'est cette dernière manière que M. de Gardilane a employée envers toi. Comprenant qu'il ne pouvait pas devenir ton mari, il a cherché des consolations ailleurs.

M. de la Roche-Odon avait prononcé ces derniers mots lentement, s'attendant à une protestation, mais elle n'en fit point entendre, alors il continua :

— J'ai appris, en effet, qu'une liaison s'était établie entre lui et une comédienne qui est venue donner des représentations à Condé ; les choses ont été si loin, que cette femme a été passer les nuits chez lui.

Il s'arrêta encore, elle ne répondit rien.

— Ce que je te dis là n'est point propos de la médisance ; j'ai été moi-même interroger le boulanger qu'on allait réveiller la nuit quand cette femme venait souper chez son amant, et d'autre part j'ai interrogé Dieudonné de la Fardouyère, qui partageait leurs plaisirs et de qui ils se moquaient. Tu me crois, n'est-ce pas ?

Elle inclina la tête.

— Je dis donc, poursuivit M. de la Roche-Odon, que celui envers qui tu te considérais comme engagée t'a rendu ta liberté, et je te demande si tu refuses encore de donner à mes derniers jours un peu de tranquillité, je te demande si tu veux prolonger ces jours, je te demande si tu veux adoucir ma mort. C'est la dernière fois que j'aborde ce sujet avec toi, mon enfant; ta réponse me dira quel cas tu fais des prières de ton vieux grand-père qui t'aime si tendrement, si fidèlement, et qui n'a eu, qui n'a qu'une pensée : assurer ton bonheur avant de mourir.

— Mon bonheur ! s'écria-t-elle avec un sanglot étouffé et en se tournant vers lui.

— Oui, mon enfant.

— Oh ! mon Dieu ! dit-elle.

Et elle resta atterrée, écrasée ; elle ne voyait plus, et dans sa tête vide les idées passaient, se précipitaient, se heurtaient confusément sans se former.

Machinalement, comme si elle eût été seule, elle répétait tout bas deux ou trois mots, toujours les mêmes : « Chère Linda, Linda adorée. »

Ils restèrent ainsi longtemps en face l'un de l'autre.

Puis elle crut voir son grand-père joindre les mains, lever les yeux au ciel et remuer les lèvres ; alors elle fit un effort pour revenir à la raison, pour écouter, pour entendre.

— .... Mon Dieu ! disait-il, ayez pitié de mon enfant ! mon Dieu, ouvrez son cœur, éclairez son esprit ! recevez-la, Seigneur, sauvez-la !

Elle le regarda et elle vit des larmes couler dans les rides de son visage bouleversé.

Elle posa ses deux mains crispées sur sa poitrine, comme si elle voulait étouffer son cœur, et après quelques minutes, se redressant pâle, défigurée, les lèvres tremblantes, les yeux hagards :

— Que ta volonté soit faite, dit-elle.

— Tu consens?

— Que ta volonté soit faite ! répéta-t-elle.

— Je puis dire que tu acceptes?

Elle inclina la tête.

— Quand?

Elle parut ne pas comprendre.

— Je te demande quand tu consens à accepter pour mari le comte Prétavoine?

Elle eut un frisson de la tête aux pieds.

— Quand tu voudras, murmura-t-elle.

Et encore une fois, machinalement, en se dirigeant vers la porte, elle répéta :

— Que ta volonté soit faite !

— Mais la tienne, mon enfant, c'est la tienne qui doit parler !

— Je n'ai plus de volonté; je ne sais pas, je ne comprends pas. Permets-moi de te quitter pour me remettre; je voudrais être seule... un moment.

Ce n'était pas pour se remettre qu'elle voulait être seule, c'était pour s'abandonner à son désespoir, c'était pour pleurer, crier librement dans son appartement, les portes et les fenêtres closes.

M. de la Roche-Odon était trop vivement poussé par la peur de la mort, pour différer ce mariage d'un seul jour au delà des délais légaux. Le consentement de Bérengère obtenu, il fit aussitôt appeler l'abbé Subileau qu'il voulait informer le premier de cette bonne nouvelle, et en sortant de la Rouvraye, celui-ci courut à Condé pour prévenir madame Prétavoine.

Quelle joie pour la mère et pour le fils, — pour

celui-ci surtout, qui, ne connaissant pas la lettre de Linda, fut frappé du coup de foudre de la surprise.

Enfin il triomphait !

Le soir même le contrat fut signé dans le grand salon du château de la Rouvraye ; madame Prétavoine fut admirable de désintéressement ; en ne voulant pas que le comte de la Roche-Odon donnât une dot à sa petite-fille, elle montra bien que, dans cette union, elle n'avait recherché que des avantages *spirituels* : l'honneur d'une alliance avec l'illustre race des la Roche-Odon, et par là l'intérêt de la religion et de l'Église. Il est vrai que si le comte ne dotait pas sa petite-fille, il intervenait cependant au contrat pour lui faire, « en faveur du mariage projeté, donation entière et irrévocable de tous les biens, meubles et immeubles, qu'il laisserait au jour de son décès. »

Naturellement, cette cérémonie du contrat ne se fit pas en cachette, et dès le lendemain matin toute la ville de Condé savait que décidément Aurélien Prétavoine épousait mademoiselle de la Roche-Odon

Quelle surprise pour les uns !

Quel superbe triomphe pour les autres !

Quand cette nouvelle parvint aux oreilles du capitaine, il refusa de l'accepter et il haussa les épaules. Dix personnes la lui répétèrent ; il ne crut pas plus la dixième qu'il n'avait cru la première.

Mais deux jours après la signature du contrat les publications furent affichées à la porte des mairies de Condé et de Bourlandais ; et quand le capitaine voulut encore hausser les épaules, on lui dit : « Allez à la mairie et lisez le tableau des actes de l'état civil, ou bien interrogez ceux qui étaient à la grand'messe. »

Il alla à la porte de la mairie, et devant cinq ou six personnes qui le regardaient curieusement, il s'approcha du tableau : il n'eut pas besoin de le lire ; le nom de Bérengère lui sauta aux yeux et le frappa au cœur.

C'était vrai, c'était possible !

Il se mit en route pour aller à la Rouvraye, mais en chemin il s'arrêta. A quoi bon ? évidemment il ne serait pas reçu.

Alors il rentra chez lui, et s'enfermant dans son cabinet, il écrivit à Bérengère ; c'était justement le jour où chaque semaine il lui écrivait ; il porterait le soir cette lettre dans le chêne et elle l'aurait le lendemain.

« Depuis deux jours on me dit que votre contrat de
» mariage avec M. Aurélien Prétavoine est signé, —
» j'ai refusé de le croire.

» Je viens de la mairie, où j'ai lu la publication de
» ce mariage, — je refuse de la croire.

» Je ne crois qu'une chose, vos paroles quand nous
» nous sommes séparés : « On ne me mariera pas
» malgré moi, c'est-à-dire, malgré vous ; c'est vous
» qui êtes mon mari et c'est entre vos mains qu'est
» ma vie. »

» Que se passe-t-il ? Assurément, vous êtes victime
» de quelque machination habile qui vous abuse et
» vous entraîne.

» Deux minutes d'entretien perceront à jour cette
» machination. Vous me direz les accusations qu'on
» porte contre moi, et je vous jure à l'avance que je

» m'en disculperai, car je suis aujourd'hui ce que
» j'étais hier, ce que j'ai toujours été depuis que je
» vous aime. Vous aurez cette lettre demain lundi à
» l'heure ordinaire. Répondez-moi aussitôt en me di-
» sant où et comment vous voulez que nous nous
» voyions. Je prendrai votre réponse le soir vers dix
» heures. A partir de mardi je serai donc à votre dis-
» position. »

Et il avait continué longuement, ne parlant plus que de son amour, de sa confiance, de sa foi. A la fin seulement il avait été ramené à examiner quelles pouvaient être les machinations dont on s'était servi pour la tromper, et pensant tout à coup au brouillon de la lettre à Linda, il lui avait raconté l'histoire de ce brouillon.

Puis s'interrompant, il s'était rendu chez Dieudonné pour lui demander ce qu'il avait fait de ce brouillon, et Dieudonné avait répondu qu'il l'avait jeté au panier.

Alors, revenant chez lui, le capitaine avait interrogé Joseph, qui, n'osant avouer la vérité, avait raconté que comme toujours il avait brûlé ces papiers.

— Tous ?
— Tous, ah ! bien sûr, tous.

Rassuré de ce côté, le capitaine avait achevé sa lettre, et la nuit venue il l'avait portée dans le trou du chêne de l'avenue, en prenant toutes les précautions pour n'être pas suivi : mais la route était déserte et les champs étaient silencieux; personne ne l'avait épié, personne ne l'avait vu.

Cependant, quelques minutes après son départ,

une femme était sortie d'une touffe de genêts, et, allant doucement au chêne, elle avait pris sous la mousse la lettre qui venait d'être déposée là.

Vingt minutes après, madame Prétavoine lisait cette lettre.

Une entrevue, une explication, c'était bien ce qu'elle avait prévu.

Mais ce qu'elle n'avait pas prévu, c'était l'explication de la lettre à Linda ; comment ce misérable officier n'aurait pas été l'amant de cette comédienne ! c'était un mensonge, sans doute. Mais elle ne s'amusa pas à examiner cette question. Que lui importait ? Elle avait d'autres soucis.

Ce qu'il fallait, c'était que cette explication qu'il demandait n'eût pas lieu.

Comment l'empêcher ? Toute la nuit elle chercha ce moyen.

Quel malheur qu'elle n'eût pas étudié l'art d'imiter les écritures ; elle répondrait à la place de Bérengère.

Mais ce moyen étant impraticable, il en fallait un autre, et comme toujours dans ses moments d'embarras ou de détresse, elle s'adressa à l'aimable Providence, qui, comme toujours aussi, daigna lui envoyer une inspiration pour dresser son plan de conduite.

Il était bien simple, ce plan : de peur que Bérengère n'allât dans la journée du lundi voir s'il y avait une lettre dans le vieux chêne, elle garderait la lettre du capitaine jusqu'à neuf heures du soir, et à neuf heures elle irait elle-même replacer cette lettre dans le chêne, mais après l'avoir déchirée en quatre.

Cette réponse muette ne serait-elle pas plus concluante pour le capitaine que les mots les plus précis?

Il comprendrait.

XXXVI

Comme le dernier coup de dix heures sonnait aux horloges de Condé, le capitaine entrait dans l'avenue de la Rouvraye.

Personne sur la route, les champs déserts, le ciel sombre et voilé de nuages noirs qui interceptaient la clarté des étoiles.

Il suivit la ligne des arbres du côté gauche, marchant en levant haut les pieds pour ne pas chopper contre les racines tortueuses et saillantes qui obstruaient le sol.

Au septième chêne il s'arrêta et après avoir sondé de l'œil et de l'oreille les profondeurs mystérieuses de la nuit, il glissa rapidement sa main dans le trou de l'arbre.

Sous la mousse il sentit un papier.

Elle avait répondu !

Et l'horrible angoisse qui l'étouffait desserra son étreinte.

Maintenant il était sûr que ce mariage ne se ferait pas.

Malheureusement la nuit était trop épaisse pour qu'il pût lire un seul mot de cette lettre, et même pour qu'il pût la voir; il la mit dans la poche de son paletot, et à grands pas il rentra en ville.

Il n'avait qu'une pensée : celle de leur rendez-vous prochain.

Hélas! il n'eut pas besoin d'ouvrir l'enveloppe; lorsqu'il la vit à la lumière, il reconnut que c'était celle-là même dans laquelle il avait mis sa lettre.

Bérengère n'était pas venue au chêne chercher cette lettre.

Pourquoi?

Parce qu'elle n'avait pas pu, ou parce qu'elle n'avait pas voulu?

Comme il agitait cette question en faisant tourner l'enveloppe, machinalement entre ses doigts, il lui sembla au toucher que sa lettre avait augmenté de volume ou tout au moins changé de forme.

Bérengère était donc venue! quelle faute d'avoir douté d'elle.

Vivement il ouvrit l'enveloppe.

Il trouva sa lettre en quatre morceaux.

Alors, comme l'avait espéré madame Prétavoine, il comprit.

Oui, Bérengère était venue, et c'était là sa réponse.

A quelle influence cédait-elle donc? Qui l'avait abusée? Que lui avait-on dit pour l'entraîner et la dominer ainsi? Quelle nouvelle calomnie avait-on inventée contre lui?

Toutes ces questions et mille autres traversèrent son esprit, mais malgré tout il se refusa à admettre la pensée que Bérengère pouvait être coupable d'inconstance ou d'infidélité.

Machination de madame Prétavoine et de ses amis, — ou bien sacrifice de Bérengère aux instances de son grand-père, c'était par cela, et par cela seul qu'il s'expliquait ce mariage.

Il fallait donc qu'il la vît, car ce serait seulement dans un entretien à cœur ouvert qu'il pourrait la faire revenir sur sa résolution désespérée.

Lui écrire était maintenant inutile, puisqu'elle avait déchiré cette lettre, et lui faire parler ne produirait sans doute pas un meilleur effet.

D'ailleurs qui envoyer près d'elle? il n'avait pas un allié, puisque le vieux baron M'Combie n'était plus reçu à la Rouvraye, et s'ouvrir à Dieudonné, le seul de ses amis qui allât librement au château, était impossible à tous les points de vue ; ni par son caractère, ni par sa position Dieudonné n'était l'homme d'une pareille mission; et puis d'autre part, par cela seul que Dieudonné avait réclamé son concours pour écrire à sa maîtresse, il se trouvait empêché, lui Richard, de s'adresser à Dieudonné pour l'envoyer à Bérengère; il y avait là une sorte de réciprocité dont l'idée seule avait quelque chose d'indélicat et même d'outrageant.

Il ne pouvait confier sa cause à personne ; seul il devait la plaider.

Il risquerait donc une tentative à la Rouvraye même, pour voir Bérengère, et si cette tentative ne réussissait pas, ainsi que cela n'était que trop à craindre, il la renouvellerait chez Sophie, le jeudi, à l'heure où Bérengère faisait sa visite habituelle à son filleul.

Ce fut avec une poignante émotion qu'il monta les marches de ce perron, au haut duquel Bérengère était venue si souvent le recevoir, les yeux brillants de joie et de tendresse, et où maintenant se tenait roide et immobile un valet qui le toisait avec une mine goguenarde.

— Demandez à mademoiselle de la Roche-Odon si elle peut me recevoir... pour une affaire urgente, dit le capitaine.

Les domestiques du château de la Rouvraye avaient trop le respect de la maison dans laquelle ils servaient pour rire au nez des personnes qui leur adressaient la parole; aussi le valet chargé de cette commission s'éloigna-t-il au plus vite pour s'abandonner librement à une hilarité qu'il avait eu peine à contenir.

— Une affaire urgente ! Elle était vraiment bien bonne.

Ce fut miss Armagh qui, pleine de dignité et de réserve, apporta au capitaine la réponse de Bérengère.

— Mademoiselle de la Roche-Odon ne pouvait pas recevoir M. de Gardilane.

— Mais...

— Si l'affaire peut m'être confiée, mademoiselle m'a donné mission de l'entendre.

Le capitaine se retira, et dans le jardin il eut la faiblesse de se retourner vers les fenêtres de Bérengère ; mais il n'aperçut pas celle qu'il avait espéré voir.

Décidément il fallait attendre la visite chez Sophie.

Mais cette visite aurait-elle lieu ?

Il pensa à écrire à Bérengère par la poste, pour la prier de venir chez Sophie ; puis aussitôt il rejeta cette idée.

Il lui avait déjà écrit, elle avait déchiré sa lettre.

Il valait mieux qu'il la surprît.

Et il attendit la journée du jeudi.

C'était vers cinq heures que Bérengère se rendait ordinairement chez Sophie ; à quatre heures, le capitaine alla s'embusquer dans un petit bois de pins d'où l'on voyait le sentier qui, à travers les herbages, conduit du château à la maison de Sophie, et il attendit.

Jamais les minutes ne lui avaient paru si longues. Allait-elle venir ? Allait-elle vouloir l'entendre ? Terribles questions qui le serraient au cœur. Sa vie dans quelques instants serait décidée. Dans quel sens ?

Quelques minutes avant cinq heures, il vit Bérengère et miss Armagh sortir du bouquet d'arbustes au milieu duquel passait le sentier, et un soupir de soulagement s'échappa de ses lèvres crispées : il allait la voir.

Il attendit qu'elle fût entrée dans la maison, et alors, sortant de son abri, il se mit en marche pour la rejoindre.

Jamais il n'avait ressenti pareille émotion ; ah ! comme il l'aimait.

En approchant de la maison, il quitta le sentier

frayé pour marcher sur l'herbe et amortir ainsi le bruit de ses pas; puis il s'arrêta une seconde pour respirer.

Mais à ce moment Bérengère parut sur le seuil tenant Richard-Bérenger dans ses bras.

Elle l'aperçut; son visage se décomposa.

Vivement elle se rejeta en arrière, et il ne la vit plus; mais aussitôt il entendit le bruit d'une porte qu'on fermait avec violence; il comprit que c'était celle de la chambre de Sophie, dans laquelle Bérengère venait de s'enfermer.

Il continua d'avancer néanmoins.

Mais sur le seuil miss Armagh le reçut en lui barrant le passage; Sophie, portant son enfant, se tenait derrière l'institutrice.

— Vous désirez, monsieur? demanda miss Armagh.

Le capitaine était incapable de biaiser.

— Voir mademoiselle de la Roche-Odon et l'entretenir d'une affaire dont dépendent mon honneur et ma vie, dit-il à voix haute, de manière à être entendu de Bérengère malgré la porte close.

— Mademoiselle de la Roche-Odon vient de me charger, répondit miss Armagh, de vous dire qu'elle ne pouvait vous entretenir.

— Mademoiselle de la Roche-Odon ne sachant pas ce que j'ai à lui dire, ne peut pas refuser de m'entendre, répliqua le capitaine sur le même ton.

— Je représente ici M. le comte de la Roche-Odon et mademoiselle de la Roche-Odon, s'écria miss Armagh, qui ne devinant pas pourquoi le capitaine élevait la voix, l'éleva aussi de son côté; emploierez-vous la violence contre une femme pour entrer dans cette maison ?

Il resta un moment hésitant ; mais que faire ? Il ne pouvait pas écarter miss Armagh pour pénétrer malgré elle auprès de Bérengère. Il ne pouvait pas obliger Bérengère à sortir, si elle s'obstinait à rester enfermée.

Les quelques secondes qui s'écoulèrent eurent pour lui l'horrible anxiété qu'elles ont pour le condamné qui attend le verdict du jury.

La porte ne s'ouvrit pas.

Il fallait donc qu'il se retirât.

— Vous direz à mademoiselle de la Roche-Odon que je respecte sa volonté, et que désormais elle n'aura pas à craindre de me rencontrer devant elle.

Et il s'éloigna doucement.

Sophie avait assisté à cette scène, se demandant ce qu'elle devait faire.

Depuis qu'elle avait entendu à l'église la publication du mariage de Bérengère et d'Aurélien, elle vivait en proie à tous les doutes et à toutes les perplexités : devait-elle sacrifier son enfant à ceux qui l'avaient sauvée, devait-elle au contraire sacrifier ceux-ci à son enfant ?

Pendant les quelques instants qu'avait duré ce court dialogue entre M. de Gardilane et miss Armagh, ces doutes et ces perplexités avaient étreint son cœur avec une intensité plus poignante encore.

Laisserait-elle ce mariage s'accomplir ?

L'empêcherait-elle ?

Pour cela elle n'avait qu'un mot à dire.

Au moment où elle allait ouvrir la bouche, son enfant lui avait jeté les deux bras autour du cou, et elle s'était tue.

Mais quand elle vit le capitaine s'éloigner, accablé sous le désespoir, elle oublia les menaces d'Aurélien et s'élança dans sa chambre.

Bérengère, réfugiée dans le coin le plus sombre, se tenait le visage collé contre la muraille, les deux mains appuyées sur les oreilles.

Sophie courut à elle.

— Oh! mademoiselle, je vous en prie, s'écria-t-elle, répondez-moi, sans avoir égard à l'inconvenance de ma demande; est-ce librement que vous épousez M. Aurélien Prétavoine; je vous en supplie, répondez-moi, un mot, un seul, oui ou non, est-ce librement?

Bérengère tourna vers elle son visage convulsé, et, la regardant durant quelques secondes, comme si elle cherchait à comprendre.

— Oui, dit-elle, librement; c'est ma volonté.

XXXV

Tandis que le capitaine de Gardilane était consigné à la porte de la Rouvraye, le comte Aurélien Prétavoine avait maintenant ses entrées libres dans le château.

Et deux fois par jour, après le déjeuner et après le dîner, il venait faire sa cour à Bérengère.

Il est vrai que quelqu'un qui n'aurait pas connu leur mariage, n'aurait jamais deviné, à les voir, qu'i avait devant lui deux fiancés qui très-prochainement allaient être deux mariés.

A une heure et à huit heures le soir, Aurélien arrivait exactement, dans une tenue d'une correction irréprochable, et qui chaque jour était nouvelle ; il serrait respectueusement la main du comte de la Roche-Odon, et saluait Bérengère qui ne lui avait jamais tendu la main, puis après quelques paroles pour s'informer de sa santé, il s'asseyait près d'elle.

Tout cela se passait assez librement, mais c'était

après qu'il était assis que son embarras et sa gêne commençaient, car Bérengère ne lui répondait que par monosyllabes, et toujours elle le faisait sans lever les yeux sur lui, travaillant obstinément à une tapisserie commencée depuis quatre ou cinq ans, et qui, depuis que ce mariage était arrêté, avait plus avancé que pendant ce long espace de temps.

Malgré sa facilité à s'exprimer, il restait souvent court, car ce n'est pas même chose de discourir sur un sujet choisi, que de parler simplement dans une conversation : l'attitude de Bérengère le glaçait ; elle ne le regardait pas plus quand il s'arrêtait que quand il parlait ; la tête immobile, le visage impassible, elle continuait à tirer son aiguille régulièrement, comme si elle accomplissait une tâche imposée.

Alors le comte de la Roche-Odon intervenait pour sauver la situation, et, par quelques questions, par quelques réponses, il tendait la perche à Aurélien.

A deux heures, à neuf heures le soir, celui-ci se levait, saluait Bérengère, qui inclinait la tête sans le regarder, serrait de nouveau la main du comte, et c'était fini : sa cour était faite.

Au bout de quelques jours M. de la Roche-Odon, surpris autant que peiné de l'attitude de sa petite-fille, eut un entretien avec elle à ce sujet.

— Si le comte Prétavoine lui inspirait une répugnance invincible, elle devait le dire ; il était temps encore de renoncer à ce mariage, qui ne devait pas se faire malgré elle et contre sa volonté.

— J'ai accepté ce mariage, dit-elle, je ne reviens pas sur mon engagement.

— Alors sois plus convenable avec lui, je t'en prie, si tu ne veux pas que je me reproche cruellement ce mariage : tu ne saurais croire comme je souffre, mon enfant, de voir ton silence et ta tristesse.

— Je te promets, grand-père, de parler demain à M. Prétavoine, et je tâcherai d'être moins triste... pour toi.

Le lendemain, en effet, quelques instants après qu'Aurélien fut arrivé, elle jeta sur une chaise sa tapisserie, et le regardant en face, elle lui demanda s'il voulait faire une promenade avec elle dans le jardin.

— Mais avec grand plaisir, mademoiselle.

— C'est cela, dit le comte, promenez-vous, le temps est à souhait.

Ils sortirent et s'éloignèrent du château, marchant côte à côte, sans rien dire ; ce fut seulement lorsqu'ils furent assez éloignés pour qu'on ne pût pas les entendre que Bérengère prit la parole.

— Vous avez deviné, n'est-ce pas, dit-elle, que ce n'était pas seulement pour le plaisir de la promenade que je vous ai demandé de m'accompagner, j'ai à vous parler, monsieur, et avant notre mariage, je dois vous faire connaître quelle est la condition que je mets à ce mariage.

Cela fut dit avec une netteté et une fermeté qui étonnèrent et inquiétèrent Aurélien. Une condition ?

— Je dois loyalement vous dire que j'ai accepté ce mariage dans le seul but de satisfaire à un désir de mon grand-père et pour assurer sa tranquillité. En effet, monsieur, je ne vous aime point.

— Mademoiselle !

— Et j'ajoute même, pour que vous sachiez tout, que mon cœur n'est pas libre. Cependant je consens à devenir votre femme, mais c'est à une condition : je serai votre femme de nom, je ne la serai point de fait ; aux yeux de tout le monde, vous serez mon mari ; dans l'intimité, et pour moi, mais pour moi seule, vous ne serez que M. Aurélien Prétavoine.

— Mais mademoiselle...

Elle ne se laissa pas interrompre, et de la même voix hautaine elle continua :

— J'aurais pu vous faire connaître ma volonté, qui, vous devez le voir, est fermement arrêtée, après notre mariage, mais c'eût été une sorte de tromperie, et je vous la communique avant, pour que vous rompiez ce mariage si cette condition ne vous paraît pas acceptable. Vous êtes libre.

Contrairement à ce qui se passait toujours entre eux, elle parlait en tenant les yeux attachés sur lui, et dans son regard il y avait autant de dureté et de mépris que dans ses paroles. Évidemment elle ne cédait point à l'emportement de la colère, mais elle exprimait une résolution froidement calculée.

Aurélien, qui tout d'abord avait voulu répondre, garda le silence.

Alors elle poursuivit :

— J'ai pensé que puisque, selon l'expression de madame votre mère, vous recherchiez dans ce mariage, des avantages *spirituels* (elle souligna le mot et le scanda) et aussi un moyen d'influence, vous accepteriez ma condition qui n'amoindrira pas ces avantages et qui ne nuira pas à cette influence.

— Cependant, mademoiselle...

— Je vous ai dit qu'aux yeux du monde vous seriez mon mari, et je vous promets que je ne négligerai rien pour que cette croyance soit admise par tous; c'est seulement dans l'intimité la plus étroite que nous serons étrangers l'un à l'autre.

Elle avait jusque-là parlé les yeux levés et avec décision; mais, arrivée à ce point, elle baissa la tête, et une certaine hésitation se montra dans son accent aussi bien que dans ses paroles.

— Mon grand-père a décidé que lorsque notre mariage serait accompli, on suivrait les traditions qui ont été celles des maîtres de la Rouvraye, c'est-à-dire... (elle fit une pause) qu'il vous céderait... son appartement, qui vous ferait ainsi le voisin de celui que j'occupe et qui, vous devez le savoir, était celui de ma grand'mère. Aux yeux de tous, ces deux appartements seront donc en communication; pour nous, pour nous seuls, ils seront séparés; et jamais (elle souligna encore ce mot), jamais leurs portes ne s'ouvriront pour nous.

Cela dit, elle releva les yeux et parla avec la même assurance que lorsqu'elle avait entamé cet entretien:

— Je ne vous demande pas de dire que vous acceptez cette condition que je vous propose; et ce n'est point un engagement que je réclame; c'est un devoir de franchise que je remplis envers vous et aussi envers moi. Si vous refusez cette condition, vous ferez savoir à mon grand-père que vous renoncez à notre mariage, et tout sera dit. Si au contraire vous persistez dans ce projet de mariage, vous aurez pris, au moins envers moi, l'engagement tacite d'accepter ma condition; et cela me suffira. Quant à la faire respecter, ce sera à moi que cela appartiendra; et je n'ai pas besoin de promesse à ce sujet.

Tout en parlant, elle s'était rapprochée du château, et en achevant ces derniers mots ils arrivaient au perron.

Cette manœuvre eut cela de bon pour Aurélien, qu'elle le dispensa de répondre à cette communication si étrange, si extraordinaire dans la bouche de cette jeune fille.

— Eh bien! dit le comte, qui les avait suivis des yeux, heureux de les voir s'entretenir avec cette animation, vous avez fait bonne promenade?

— Très-bonne, grand-père, nous avons causé, et nous nous sommes entendus.

Cependant, malgré cette entente que Bérengère affirmait ainsi et qui réjouissait M. le comte de la Roche-Odon, l'entretien languit et reprit bien vite la tournure contrainte qu'il avait eue la veille et les jours précédents.

Mais le comte ne s'en inquiéta pas trop vivement, se disant que c'était lui sans doute qui, par sa présence, gênait Bérengère, puisque, quelques instants auparavant, elle causait si librement, ainsi qu'il l'avait vue et qu'elle venait de le déclarer d'ailleurs; il n'y avait pas, il ne devait pas y avoir de raisons sérieuses pour qu'elle gardât maintenant le silence.

Aurélien sortit du château de la Rouvraye dans un état d'exaspération folle.

— Comme elle m'a parlé! comme elle m'a regardé!

se disait-il. Son cœur n'est pas libre ! Elle ne sera ma femme que de nom !

Jamais son orgueil n'avait éprouvé pareille humiliation.

Et, dans sa colère, il en vint à se dire que, rentré chez lui, il allait écrire au comte pour rompre ce mariage.

Mais cette idée ne fit que traverser son esprit, et, si la réflexion ne calma pas sa fureur, elle en modéra au moins l'explosion.

Il y avait mieux à trouver qu'à rendre la liberté à cette péronnelle, c'était de la lui prendre, au contraire ; et une fois qu'il serait son maître, de lui faire payer cher l'humiliation qu'elle venait de lui infliger.

Il n'y a que les imbéciles qui se vengent par le dédain, les gens habiles (et il se rangeait dans cette catégorie) se servent de moyens plus pratiques et plus productifs.

Quand il serait son mari, elle verrait s'il se contenterait de l'être de nom et si leurs appartements resteraient séparés.

Ce n'était pas seulement la fortune des la Roche-Odon qu'il voulait, c'était aussi l'héritière de cette fortune, c'était la femme.

Et puis d'ailleurs est-ce qu'il ne lui fallait pas un enfant pour conserver cette fortune, au cas où il deviendrait veuf ?

Qu'elle l'humiliât si elle voulait le jour de leur mariage, il aurait son heure à son tour, — et cette heure durerait autant que ce mariage même.

XXXIV

Dans son empressement à hâter le mariage de sa petite-fille, M. de la Roche-Odon avait abrégé autant que faire se pouvait les délais légaux, de sorte que la date de sa célébration avait été fixée au second mercredi qui suivrait la première publication.

Madame Prétavoine aurait voulu une imposante cérémonie, c'est-à-dire, selon ses idées bourgeoises, « une belle noce, » qui eût été le glorieux couronnement de ses efforts, dans une sorte d'apothéose terrestre, en attendant l'apothéose céleste, qui sûrement lui serait décernée lorsqu'elle serait admise au séjour des bienheureux.

Mais M. de la Roche-Odon n'avait point accepté cette idée, et il avait été décidé qu'il y aurait seulement un déjeuner pour les témoins et les personnes qui étaient attachées à l'une et l'autre famille par les liens de la plus étroite intimité ; à la suite de ce déjeuner aurait lieu une réception à laquelle on inviterait tout le monde, nobles, bourgeois et paysans.

Ce refus « d'une belle noce » n'avait pas été le seul que le comte avait opposé à madame Prétavoine. Afin de manifester publiquement ses sentiments de bonne catholique, celle-ci avait eu l'idée de faire précéder le mariage civil, « qui n'est qu'une union nulle et criminelle, » par le mariage religieux, et l'abbé Subileau, brûlant d'un saint zèle et ne demandant qu'à accomplir des actions d'éclat qui servissent son ambition, s'était déclaré prêt à procéder à cette cérémonie, au risque d'encourir les pénalités de la loi.

Malheureusement, M. de la Roche-Odon, retrouvant un peu d'indépendance de volonté, avait déclaré que c'était pour lui un devoir de conscience d'obéir aux lois de son pays quelles qu'elles fussent, et qu'en conséquence il entendait que le mariage fût célébré à la mairie d'abord et à l'église ensuite.

Comme il était appuyé par Aurélien, qui voulait avant tout être marié au plus vite, et surtout bien marié, madame Prétavoine et l'abbé Subileau avaient dû céder. On procéderait d'abord à cette formalité du « concubinage légal, » qui serait aussitôt légitimée par le sacrement du mariage religieux.

En somme, il ne fallait pas se montrer trop exigeant, et madame Prétavoine avait obtenu un triomphe assez éclatant pour accepter cette faiblesse, dont elle rejetait d'ailleurs toute la responsabilité sur le comte. Quant à l'abbé Subileau, s'il ne gagnait pas les palmes du martyre par sa révolte contre une loi impie, il se rattraperait au moins dans l'allocution qu'il adresserait aux jeunes mariés, allocution qu'on publierait assurément dans l'*Étoile de la Vallée*, et qui dirait nettement son fait au mariage civil.

Mais bien qu'il eût droit à un beau cierge pour la part qu'il avait prise à la négociation de ce mariage, qui, dans une certaine mesure, était son ouvrage, on lui enleva la gloire de prononcer cette allocution.

Ce fut monseigneur Guillemittes qui se réserva ce soin, non pour le plaisir de prononcer un discours, mais parce qu'il y avait pour lui une sorte d'obligation à honorer de cette manière un membre de la famille pontificale.

Et comme d'autre part l'abbé Armand se trouva chargé de régler le cérémonial (ce qu'il fit en appropriant autant que possible pour le mariage de la petite-fille les savantes dispositions qu'il avait si ingénieusement combinées pour les funérailles du grand-père, lors de la maladie de celui-ci), l'abbé Subileau, qui avait tant de titres pour prendre la première place dans cette cérémonie, se trouva dépossédé de ses prérogatives et n'eut tout simplement qu'à célébrer la messe de mariage, heureux encore qu'on ne le mît pas à la porte de son église.

Grâce au mouvement qui l'enveloppait, Bérengère restait peu seule avec elle-même, et elle n'avait guère que la nuit pour réfléchir et s'abandonner à son désespoir. Ah! comme elle eût été heureuse de ce prochain mariage, si le mari avait été Richard, le Richard qu'elle avait si passionnément aimé; et comme elle était au contraire malheureuse parce que ce mari était un homme qu'elle haïssait autant qu'elle le méprisait. Cependant, depuis qu'elle lui avait témoigné cette haine et ce mépris, son désespoir était jusqu'à un certain point adouci : elle ne serait point sa femme ; et puisqu'elle ne pouvait plus être celle de Richard qui l'avait si misérablement trompée, elle trouvait une consolation et un soutien à se dire qu'elle donnait sa vie pour son grand-père, qui lui au moins l'aimait fidèlement. D'ailleurs, qu'en eût-elle fait de cette vie brisée? A quoi pouvait-elle mieux l'employer qu'à rendre heureux les derniers jours de son grand-père?

Et celui-ci, la voyant souriante lorsqu'elle était près de lui, se disait qu'elle avait pris son parti de ce mariage et que le capitaine de Gardilane était oublié. Le comte Prétavoine était vraiment un bon jeune homme, il était de caractère doux, il était intelligent, sa piété était exemplaire, il aimait Bérengère, elle serait heureuse avec lui ; et les inquiétudes, les remords même qu'il avait quelquefois éprouvés lorsqu'il avait agi sur elle pour la décider à ce mariage s'étaient peu à peu dissipés, si bien qu'en arrivant au jour de ce mariage, il était plein de joie et plein de confiance ; la crainte qui depuis plusieurs années avait empoisonné sa vie ne se réaliserait pas : Bérengère ne tomberait pas sous l'influence de sa mère; maintenant la mort pouvait le frapper, il n'était plus utile sur la terre, sa fille chérie avait un protecteur qui la défendrait et qui sauverait sa fortune, — son mari, et à ses yeux dans les circonstances présentes cette qualité seule lui tenait lieu des mérites qui lui manqueraient peut-être.

Ce qui ne contribuait pas peu à augmenter sa satisfaction, c'était l'absence de la mère de Bérengère.

Prétextant une maladie, la vicomtesse s'était excusée, et elle avait envoyé le prince Michel, qui non-seulement devait la représenter, mais encore qui devait se faire remettre par madame Prétavoine le fameux chèque de la banque de Rome.

Enfin le jour de la cérémonie arriva ; une demi-heure avant le moment fixé pour le mariage civil qui devait se faire au château de la Rouvraye, où le maire, par condescendance pour le comte de la Roche-Odon, avait consenti à se transporter, Bérengère, dans sa toilette de mariée et enveloppée dans le voile virginal qu'elle devait porter toute sa vie, descendit dans le salon des fêtes, où son grand-père l'attendait.

Elle était pâle, mais cependant il eut la joie de voir qu'elle l'abordait avec le sourire sur les lèvres.

A la vérité, elle l'avait travaillé, ce sourire, devant sa glace, pendant plus d'une heure, et elle l'avait mis sur son visage comme sa robe blanche sur ses épaules pour ne les quitter tous deux que le soir ; mais le comte, ignorant le travail et ne voyant que l'effet, se dit que décidément elle acceptait sans peine ce mariage.

— Tu sais, dit le prince Michel allant au-devant d'elle, que tu es la plus jolie des mariées, et tu n'as pas l'air gauche du tout ; cela promet.

Puis, se penchant à son oreille :

— Tu feras marcher ton mari, qui est un peu bêta ; si tu as besoin de conseil, tu me trouveras tout à ta disposition.

Aurélien arriva avec sa mère, qui était radieuse, et ils furent suivis des témoins, de quelques invités intimes et du maire.

Quand le maire, ceint de son écharpe, demanda à Bérengère si elle consentait à prendre pour époux en légitime mariage M. le comte Aurélien Prétavoine, ce fut d'une voix ferme qu'elle répondit le « oui » sacramentel ; mais, au lieu de baisser les yeux ou de regarder son mari, elle se tourna vers son grand-père, et ce fut à lui, à lui seul qu'elle adressa ainsi sa réponse.

C'était à l'église que devait se célébrer la vraie cérémonie, et elle était trop petite pour contenir les invités, dont un assez grand nombre étaient resté sous le porche et même dans le cimetière, tant la foule était compacte.

Le discours de monseigneur Guillemittes fut admirable, et il s'éleva même à une véritable éloquence, en caractérisant ce mariage, qui était l'union de la noblesse et de la foi, — ces deux bases de la société telle que le divin Créateur l'avait constituée.

La réponse de Bérengère à l'abbé Subileau fut aussi ferme que l'avait été celle qu'elle avait faite au maire, et son « oui » fut entendu d'une partie de l'assistance.

— J'espère qu'on ne prétendra pas qu'on la marie de force, dit le docteur Evette à ses voisins, voilà un oui qui part du cœur.

Et tant que dura la journée, au déjeuner, pendant une promenade en voiture qu'on fit dans la forêt, le soir à la réception, il se trouva encore plus d'une personne pour dire que le sourire de la mariée venait aussi du cœur.

Cependant il y eut quelques observateurs plus attentifs qui remarquèrent qu'elle n'adressa pas une seule fois la parole à son mari, et que, quand celui-ci parla, elle ne lui répondit jamais.

On fit encore une autre remarque curieuse : toutes les fois qu'elle passait devant une glace, elle se regardait, et, aussitôt après, son sourire était plus nettement accentué, et cependant elle n'avait pas la réputation d'être coquette.

Comme il n'y avait pas de bal, on se retira de bonne heure, et, à un moment donné, madame Prétavoine s'approcha de sa belle-fille pour lui demander si elle ne voulait pas qu'elle la conduisît à sa chambre.

— C'est un soin qu'il faut laisser à mon grand-père, répondit Bérengère.

Et ce fut en effet au bras de son grand-père qu'elle monta à son appartement.

Le comte était tremblant, et ce fut elle qui le soutint.

— C'est l'émotion, dit-il : cette chambre était celle de ta grand'mère, et cette toilette blanche me reporte au jour de mon bonheur, au jour de mon mariage, tout ici me parle de tendresse, d'amour, de félicité. C'est notre bonheur que je te souhaite. Tu seras heureuse, n'est-ce pas? dis-moi que tu sens que tu le seras; il faut que je le sache, que je me le dise, que je me le répète.

Elle se jeta dans ses bras, et l'embrassant passionnément :

— Oui, dit-elle, je serai... je suis heureuse!

Elle ne voulut pas de femmes pour la déshabiller, et, quand son grand-père fut sorti, elle ferma la porte

.. clef; puis, courant à la porte qui faisait communiquer son cabinet de toilette avec la chambre qui avait été celle de son grand-père et qui était maintenant celle de son mari, elle la ferma aussi à clef et au verrou.

Elle était chez elle, et elle savait que ni les portes ni les serrures ne céderaient.

Cela fait, elle prit une lumière, et ouvrant toutes les armoires, regardant sous tous les meubles, elle s'assura qu'il n'y avait personne dans son appartement.

Ce fut alors seulement qu'elle se déshabilla; mais, au lieu de se mettre au lit, elle passa une robe de chambre, et, ayant atteint une petite clef, elle ouvrit un coffret en fer dans lequel étaient entassées des lettres rangées avec ordre.

Elle les prit, et s'asseyant devant son bureau, elle se mit à les lire.

Les heures s'écoulèrent, elle continua de lire et arriva ainsi à la dernière.

Alors, posant sa main sur son cœur:

— Oh! Richard, dit-elle, quand même et malgré tout, Richard, je t'aime!

XXXVII

Madame la comtesse Prétavoine fit deux parts de sa vie, l'une qu'elle donna à son grand-père, l'autre, qu'elle consacra à son amour.

Elle avait toujours aimé, tendrement aimé son grand-père, mais depuis la trahison de Richard et depuis qu'elle avait consenti à ce mariage, elle l'aimait plus ardemment encore, plus passionnément. Il était tout pour elle, présent, avenir; elle n'avait que lui; si elle le perdait, elle resterait seule. Et elle l'aimait aussi pour le sacrifice qu'elle lui avait fait, de ce sentiment jusqu'à un certain point égoïste, qui veut qu'on s'attache davantage à ce qui nous a coûté le plus cher.

Et pendant toute la journée, de son lever à son coucher, elle l'entourait de soins, elle l'enveloppait de tendresse; elle n'avait de regards, de paroles que pour lui, se contentant de répondre poliment à son mari lorsque celui-ci s'adressait à elle, mais ne lui parlant jamais la première.

— N'es-tu pas mon enfant ? disait-elle à son grand-père, lorsqu'elle était seule avec lui.

— Oui, en attendant.

Et sans embarras, sans rougeur, elle répondait moitié sérieusement, moitié en plaisantant :

— Oh ! certainement en attendant, mais comme nous pouvons attendre longtemps, laisse-moi te rendre ce que tu as fait pour moi lorsque j'étais ton enfant, — les rôles sont changés.

— Oui, mais moi je n'avais personne avec qui partager mon affection, et toi tu as un mari.

— Nous nous sommes entendus à ce sujet.

— N'est-ce pas que c'est un homme de cœur ?

Et bien qu'elle eût pour cet homme de cœur le plus profond mépris, elle répondait par une inclinaison de tête qui pouvait passer pour un signe affirmatif.

Ne fallait-il pas que son grand-père la crût heureuse ?

Et grâce aux précautions qu'elle prenait, à la conduite qu'elle tenait, il était convaincu que si elle n'aimait point follement son mari (ce qui pour lui n'était point désirable), elle avait au moins accepté cette existence beaucoup mieux que tout d'abord on ne devait l'espérer.

Et il se réjouissait d'avoir fait ce mariage ; il renaissait à la vie ; plus de soucis dans le présent ; plus d'inquiétude dans l'avenir ; plus de crainte de la mort ; il pouvait vivre comme tout le monde, librement, sans ces précautions minutieuses qui avaient empoisonné ses dernières années; il pouvait dormir ou ne pas dormir comme il voulait; il pouvait manger selon sa fantaisie ou son appétit, ce qui lui plaisait, même ce qu'il s'était interdit, surtout ce qu'il s'était interdit; et il prenait un plaisir enfantin à se décarêmer.

Autour de lui il ne voyait que des heureux, sa fille d'abord, son gendre, la mère de son gendre, et tous ses amis aussi bien que toutes les personnes de sa connaissance qui le félicitaient de ce mariage. Monseigneur Guillemittes, l'abbé Subileau, l'abbé Colombe, la marquise de la Meurdrac et dix autres, et cent autres; quoi de plus touchant, de plus encourageant que cette unanimité! Il ne recevait pas une visite dans laquelle il n'entendît l'éloge de celui qu'il avait donné pour mari à sa fille.

Et quand il se retrouvait seul avec celle-ci, il ne pouvait s'empêcher bien souvent de lui dire :

— Eh bien, ma mignonne, ai-je eu tort de te tourmenter pour te décider à ce mariage?

— Non.... puisque tu es heureux.

— Et toi, n'es-tu pas heureuse aussi?

Ainsi interrogée directement, elle avait honte de mentir, et pour se tirer d'embarras, elle embrassait son grand-père qui prenait cette caresse pour un acquiescement.

Comment et pourquoi n'eût-elle pas été heureuse, d'ailleurs? il ne le voyait pas. S'il existait une certaine contrainte entre elle et son mari, elle ne pouvait être que le résultat de la pudeur et de la retenue d'une jeune femme; elle s'effacerait peu à peu, cette contrainte, cela était certain ; il le croyait, il le voulait croire.

Et le voyant ainsi plein de confiance dans le présent et d'espérance dans l'avenir, elle faisait tout, le possible et même l'impossible, pour le confirmer dans ces idées. N'était-ce point ce qu'elle avait voulu par ce mariage ? N'était-ce point la récompense de son sacrifice ? Avec une parfaite tranquillité d'esprit, il pouvait vivre vingt ans, avaient dit les médecins. Elle lui assurerait ces vingt années d'existence. Ce serait son rôle sur cette terre. Et comme son vieil ami, le baron M'Combie, de qui elle avait si souvent entendu raconter l'histoire, elle vivrait du souvenir de son amour.

Dans son temps si occupé par les soins à donner à son grand-père et par ses devoirs de maîtresse de maison, les visites, les réceptions, les banales exigences de la vie mondaine, elle n'avait que ses nuits à consacrer à cet amour.

Mais le soir, aussitôt qu'elle était retirée dans son appartement, elle lui appartenait corps et âme.

Tout d'abord, comme le jour de son mariage, elle passait l'inspection de ses portes et de ses serrures, car elle ne se fiait nullement à l'engagement tacite qu'elle avait imposé à son mari, et que celui-ci ne se montrait pas disposé à respecter.

Lorsqu'il était seul avec elle, ce qui, malgré les précautions qu'elle prenait, arrivait forcément assez souvent, il ne manquait jamais de l'entretenir de son amour, et bien qu'elle ne lui répondît pas un mot, il revenait sans cesse à l'expression de ce sentiment.

Si le jour de leur mariage il avait respecté la condition de la porte fermée, le second jour il avait frappé à cette porte et il avait tenté de l'ouvrir.

Le troisième il avait accompagné sa femme malgré elle, et elle n'avait pu le renvoyer qu'en le menaçant d'aller demander l'hospitalité à son grand-père, ce qui révélerait une situation dont le ridicule l'accablerait.

Aussi, était-elle loin de se sentir rassurée, et n'était-ce qu'après s'être bien enfermée qu'elle atteignait le coffret où étaient les lettres de Richard.

Chaque soir elle en lisait une, puis reportée ainsi aux anciens jours, aux jours de bonheur, elle se plongeait dans ses souvenirs, et par le cœur elle les vivait de nouveau; elle évoquait ses paroles, elle revoyait les yeux passionnés qu'il attachait sur elle, elle frissonnait sous son souffle qu'elle sentait encore dans ses cheveux.

Quel supplice pour elle de ne pas pouvoir coucher avec ses lettres sous son oreiller; mais, malgré les portes closes, elle n'osait pas se livrer à ce bonheur.

Une nuit ou l'autre, son mari ne risquerait-il pas quelque nouvelle tentative? Il fallait, si cela arrivait, qu'elle pût se défendre sans que rien l'arrêtât, et ces lettres la paralyseraient si elles n'étaient pas en sûreté.

Elle vivait continuellement dans la crainte de cette tentative, et, bien qu'elle fût décidée à tout pour la repousser, même à un esclandre dont la crainte seule retenait son mari, elle prenait soigneusement ses précautions pour ne pas en venir là, et, non contente de passer chaque jour chez elle l'inspection de ses défenses, en essayant même leur solidité, elle profitait encore des absences de son mari pour aller voir chez lui si, de son côté, il ne préparait pas quelque moyen d'attaque pour la surprendre.

Un jour qu'elle était ainsi entrée chez lui, le sachant parti à Condé, et qu'elle visitait les gonds de la porte qui faisait communiquer leurs deux cabinets de toilette, elle entendit le bruit de sa voix et reconnut aussi celle de sa belle-mère.

Ils venaient d'entrer dans la chambre d'Aurélien, et comme la porte qu'elle visitait était fermée à clef, elle se trouvait prise; elle n'eut que le temps de se jeter derrière un rideau.

C'était pour remettre des papiers d'affaires à sa mère que son mari était rentré; et bien que cela ne l'intéressât guère elle dut entendre traiter cette affaire tout au long.

Puis quand cette discussion fut terminée ils passèrent à un autre sujet, qui, celui-là, au contraire, la touchait dans ce qu'elle avait de plus cher.

— Et votre femme n'est toujours pas enceinte? demandait madame Prétavoine.

— Non.

— Cela est fâcheux; pour toutes sortes de raisons vous devriez vous hâter d'avoir un enfant, quand ce ne serait que pour rester en possession de sa fortune si vous deveniez veuf. Il faut tout prévoir en ce monde, et tout arranger pour le pire. Au lieu d'avoir un enfant de cette maudite Sophie Fautrel, dont vous n'aviez que faire, pourquoi n'en avez-vous pas un de votre femme, dont vous avez besoin.

Un enfant de Sophie Fautrel ! C'était lui qui était le père de Richard-Bérenger ! Quelle révélation ! Et elle expliquait pourquoi Sophie s'était sauvée, la veille de leur mariage, sans qu'on sût ce qu'elle était devenue. C'était pour n'être pas exposée à voir chaque jour celui qui l'avait si misérablement abandonnée, et qui allait devenir le maître de la maison qu'elle habitait.

Mais Bérengère n'eut pas le temps de laisser son esprit appliqué sur cette idée.

— Je vous prie de ne pas rappeler ces souvenirs, disait son mari d'un ton hargneux ; ils me sont désagréables, et je vous prie aussi de ne pas me parler de ma femme : ces choses me regardent.

— Comme vous me parlez...

— C'est qu'aussi, ma mère, vous me traitez beaucoup trop en petit garçon ; cela ne peut plus me convenir ; et, puisque l'occasion s'en présente, je vous le dis une fois pour toutes.

— C'est-à-dire que maintenant que votre mariage est fait, vous vous révoltez.

— Parfaitement.

— Et qui l'a fait ce mariage ?

— Vous, cela est entendu... et aussi nos amis.

— Est-ce que ce sont aussi nos amis qui ont décidé Bérengère à vous accepter pour mari ? Nommez-moi donc celui de nos amis qui a fait ce miracle ?

— M. de la Roche-Odon : c'est pour faire plaisir à son grand-père que Bérengère m'a accepté ; vous le savez comme moi.

— Vraiment ! Eh bien ! puisque vous croyez cela, vous me forcez à vous dire qui a fait ce miracle. Ce n'est point M. de la Roche-Odon ; c'est moi, encore moi, toujours moi.

— Et comment cela, je vous prie ?

— Tout simplement en faisant remettre à Bérengère un brouillon de lettre que le capitaine de Gardilane avait écrit pour Dieudonné de la Fardouyère ; elle s'est crue trahie, et, par dépit, elle a cédé à son grand-père. Je ne vous demande pas votre reconnaissance, car je crois que, depuis votre mariage, ce serait inutile ; mais j'établis la vérité des faits, afin de bien marquer nos positions respectives.

XXXVIII

Cette conversation entre la mère et le fils était montée sur un ton qui ne lui permettait pas de durer sans qu'une querelle en résultât.

Sans doute madame Prétavoine le comprit, car elle sortit de la chambre d'Aurélien, et quelques minutes après celui-ci la suivit.

Bérengère était libre ; elle écarta le rideau dans lequel elle s'était enveloppée, et elle écouta.

Pas de bruit, personne ; évidemment la chambre de son mari était vide, et comme pour sortir elle devait passer par cette chambre, il importait qu'elle se hâtât.

Arrivée à la porte de la chambre de son mari, elle écouta de nouveau en comprimant les battements de son cœur; le corridor était désert ; en quelques secondes elle l'eut traversé et elle se trouva enfermée chez elle.

Ainsi, ce n'était point Richard qui l'avait trahie, c'était elle qui avait trahi Richard.

Elle ne balança pas longuement ce qu'elle devait faire.

En moins d'une minute elle eut mis un chapeau et jeté une casaque, la première venue, sur ses épaules.

Les ouvriers qui la virent traverser le jardin se demandèrent si elle était folle ou bien si elle avait des ailes.

Elle se dirigeait vers la porte du parc qui s'ouvre du côté de Condé.

Elle ne mit pas dix minutes à faire le trajet qui sépare la Rouvraye de la ville basse; sur son passage, ceux qui la rencontraient se retournaient et la regardaient : où donc allait la comtesse Prétavoine, courant ainsi les cheveux au vent? On la saluait, elle ne rendait pas les saluts.

Arrivée devant la maison du capitaine de Gardilane, elle s'arrêta et leva le bras pour tirer la sonnette, mais aussitôt elle l'abaissa pour voir si la grille était ouverte.

Le pêne ayant obéi sous sa main, elle entra et se dirigea à pas précipités vers la maison.

Comme elle franchissait la porte du vestibule, elle se trouva face à face avec Joseph.

En la voyant, celui-ci s'arrêta stupéfait :

— Mademoiselle... Madame...

— M. de Gardilane est-il chez lui? demanda-t-elle d'une voix rapide et étouffée.

— Oui, madame la comtesse, dans son cabinet, il

travaille; je vais annoncer madame la comtesse, il est seul.

— C'est inutile.

Et avant que Joseph eût pu traverser le vestibule, elle entra dans le cabinet du capitaine sans frapper, puis vivement elle referma la porte.

Richard, penché sur son bureau, écrivait, et au bruit de la porte s'ouvrant et se refermant il n'avait pas détourné la tête pour voir qui entrait.

Elle s'approcha de lui, et comme le froufrou de la robe et des jupons avait frappé son attention, il s'était à demi détourné vers la porte d'entrée.

Instantanément elle se jeta à ses genoux :

— Richard, pardon! s'écria-t-elle.

Et avant qu'il fut revenu de son saisissement, elle lui avait pris les deux mains et, agenouillée à ses pieds, levant vers lui son visage navré, le regardant de ses yeux dans lesquels son âme était passée, elle répétait :

— Pardon, Richard!

Il voulut se dégager, mais elle se cramponna à ses mains.

— Je sais tout, s'écria-t-elle, cette lettre que je croyais écrite à cette Linda, était un brouillon pour Dieudonné de la Fardouyère.

— Ce brouillon vous l'avez donc reçu?

— Le voici, dit-elle.

— Et qui vous l'a remis?

— Je ne sais; je l'ai trouvé sur ma table, comme j'ai trouvé le paquet de lettres qui m'a rendue si malheureuse.

— Et vous avez cru que j'avais pu écrire cette lettre ?

— Hélas !

— Mais je vous aurais vue, moi, au bras d'un autre, j'aurais récusé mes yeux.

— Oh ! Richard !

— Si vous croyez les lettres, pourquoi n'avez-vous pas cru celle dans laquelle je vous expliquais ce qu'était ce brouillon ?

— Mais vous ne m'avez pas expliqué cela, je n'ai pas lu cette lettre.

— Vous l'avez si bien lue que vous l'avez déchirée.

— Jamais ! jamais ! je n'ai déchiré une lettre de vous.

Il comprit qu'il y avait là un mystère ; de même qu'on s'était emparé du brouillon de Dieudonné, de même aussi on s'était emparé de sa lettre et on l'avait déchirée.

Ainsi s'expliquait la résolution désespérée de Bérengère de ne pas le voir et de ne pas l'entendre chez Sophie.

Bérengère était toujours à ses genoux, et ces paroles s'étaient échangées si rapidement entre eux qu'il n'avait pas songé à la relever.

Il se pencha vers elle et d'une voix dont l'accent s'était adouci :

— Ne restez pas ainsi, dit-il, et quittons ce cabinet où l'on pourrait entrer.

Il l'avait prise dans son bras et l'avait relevée ; la tenant ainsi il l'emmena dans un petit salon qui faisait suite à son cabinet de travail. Là, les rideaux clos et la porte fermée, ils étaient à l'abri de toute surprise, et ils pouvaient s'entretenir librement.

Cependant ils restèrent longtemps sans parler, les yeux dans les yeux, assis sur un divan où il l'avait amenée, en face l'un de l'autre, Bérengère dans les bras de Richard.

Ce fut lui qui, le premier, prit la parole. Son émotion l'entraînait, et il ne voulait pas oublier que cette femme qu'il avait adorée et qu'il adorait toujours était la femme d'un autre ; entre elle et lui, bien qu'il la tînt dans son bras, se dressait l'image de cet autre, un mari à qui elle s'était donnée.

— Qui donc vous a dit que ce brouillon était écrit pour Dieudonné? demanda-t-il.

— J'ai, sans le vouloir, entendu une conversation qui m'a tout révélé, et c'est alors que que je suis partie du château en courant comme une folle, ne faisant attention à personne ni à rien, pour venir ici, me jeter à vos genoux vous demander pardon.

— Pardon !

— Pardon d'avoir pu croire que vous aviez écrit cette lettre, et que ces mots qui m'ont fait perdre la tête : « Linda, chère Linda, Linda adorée », avaient pu sortir de vos lèvres. Oh! Richard! comme j'ai été aveugle! combien j'ai été coupable envers vous! J'ai douté de vous, j'ai douté de votre amour.

Sans avoir bien conscience de ce qu'elle faisait, elle pressait les mains de Richard en lui parlant, entraînée, subjuguée par la passion qu'elle mettait dans ses paroles : elle n'avait pas réfléchi lorsqu'elle s'était elancée hors de la Rouvraye, et maintenant elle ne réfléchissait pas davantage ; une seule pensée la dominait: persuader Richard de son chagrin ; il fallait qu'il sût, il fallait qu'il sentît combien elle était malheureuse, il fallait qu'il lui pardonnât. Réparer la faute, le crime qu'elle avait commis envers lui, elle ne le pouvait pas, mais du moins elle pouvait implorer son pardon, lui dire ses regrets, ses remords, son désespoir. Et elle les lui disait, non-seulement par ses paroles, mais encore par ses yeux désolés, par ses mains frémissantes, par son accent, par son attitude, par son élan passionné. Ce n'était pas la comtesse Prétavoine qui s'exprimait ainsi, c'était Bérengère de la Roche-Odon, la Bérengère des anciens jours, et aussi la Bérengère qui chaque soir s'endormait en murmurant :

« Richard, mon Richard, quand même et malgré tout, Richard, je t'aime ! »

Un indifférent eût été touché et persuadé par cette douleur éloquente, mais ce n'était pas un indifférent qui l'écoutait, c'était un homme qui, bien qu'accablé par cet abandon, n'avait pas cessé de dire, lui aussi : « Bérengère, chère Bérengère, quand même et malgré tout je t'aime. »

L'émotion, le trouble, la passion qui étaient en elle avaient passé en lui, car ce n'était pas avec ses oreilles qu'il l'écoutait, c'était avec son cœur.

Et cependant une sorte de frisson, muette protestation du souvenir, contractait son cœur et l'empêchait de s'abandonner entièrement au trouble qui l'entraînait :

— Ce n'est plus Bérengère, ta Bérengère qui parle, c'est la femme de cet homme.

Dans un de ces moments de réaction et de résistance, il l'interrompit :

— Mais le pardon que vous me demandez, vous l'êtes-vous donc accordé vous-même?

— Non, et jamais je ne me l'accorderai, mais ce n'est pas de moi qu'il s'agit, c'est de vous. Que j'aie fait le sacrifice de ma vie, j'avais mes raisons pour cela, mais par mon aveuglement, par ma faute, j'ai en même temps sacrifié la vôtre, et c'est le sentiment de cette responsabilité effroyable qui m'amène près de vous et me jette à vos genoux, non pas tant pour vous demander pardon, puisque ce pardon je ne me le donnerai jamais moi-même, que pour vous dire : Richard, voilà ma faute, voilà mon crime; Richard, je souffrirai avec vous; Richard je serai avec vous, près de vous, comme je n'ai jamais cessé d'y être, à chaque instant, jour et nuit.

A ce mot il détourna la tête avec un geste d'horreur :

— Jour et nuit, dites-vous, mais vous n'êtes plus Bérengère, vous êtes... vous êtes la comtesse Prétavoine; vous êtes la femme de... cet homme.

— Moi! ah! vous aussi, Richard, vous aussi vous pouvez donc vous laisser tromper par les apparences!

— Me laisser tromper! ce nom n'est-il pas le vôtre?

— Hélas!

— N'êtes-vous pas sa femme?

— Vous le croyez encore.

— Mais...

— J'ai pu sacrifier mon nom, sacrifier ma fortune, sacrifier ma vie, mais sacrifier mon amour, non; jamais, vous m'entendez, Richard, jamais je ne serai que Bérengère de la Roche-Odon.

Elle lui posa la main sur le cœur.

— Je vous le jure.

XXXIX

Ce mot changea la situation du tout au tout.

Jusqu'à ce moment, celle qui lui parlait, c'était la femme d'Aurélien Prétavoine, mais instantanément le spectre de ce mari qui se dressait entre eux s'évanouit et ce fut Bérengère, sa Bérengère qu'il revit.

Il la tenait dans son bras, sans la serrer, contre sa poitrine, sa main droite rejoignit sa main gauche, ses deux bras enveloppèrent Bérengère, l'étreignirent, et avant qu'elle eût pu faire un mouvement elle fut attirée, enlacée et quand elle voulut ouvrir les lèvres pour se défendre, sa bouche fut close par un long baiser qu'elle reçut, qu'elle rendit et qui confondit leurs deux âmes.

Cela se fit inconsciemment de part et d'autre, involontairement, par un élan irrésistible et spontané.

Il avait retrouvé sa Bérengère.

Elle avait retrouvé son Richard.

D'un bond ils étaient remontés de plusieurs mois dans le passé.

Comment ce qu'elle venait de lui dire avait-il pu s'accomplir? Comment était-elle encore la jeune fille qu'il avait passionnément aimée, il ne se le demandait pas. Elle lui affirmait que cela était, elle le lui jurait, il la croyait, tant la sincérité s'exprimait par son regard candide et virginal.

Il marchait de surprises en surprises, et si rapidement que ni la réflexion, ni le raisonnement ne pouvaient faire entendre leurs voix : c'était au cœur, à l'amour, à la passion qu'ils obéissaient.

Il avait cru qu'il ne la reverrait jamais, et elle était dans ses bras.

Elle s'était dit, elle s'était répété, qu'elle avait eu aux mains la preuve qu'il ne l'aimait plus, et maintenant, tout à coup, par miracle elle croyait qu'il ne l'avait jamais trahie et qu'il l'aimait toujours.

Comment résister à ce vertige?

Leurs têtes, leurs cœurs, leurs sens, tout cédait à la surprise et à la fascination.

Les lèvres sur les lèvres, aux bras l'un de l'autre, se serrant, s'enlaçant, ils étaient perdus dans leur ivresse.

Cependant Bérengère, réagissant contre cette ivresse, repoussa doucement Richard et parvint à se dégager.

— Oh! Richard, dit-elle, je vous en prie.

Mais il lui saisit les deux mains, et les baisant passionnément :

— Bérengère, chère Bérengère, m'aimes-tu ?

— Oh ! Richard, ne me demandez pas ce que je ne dois pas dire.

— Es-tu sa femme ou es-tu ma Bérengère, dis, ma bien-aimée, réponds ?

— Bérengère.

— Eh bien !

— Mais aussi pour notre malheur à tous, je porte le nom d'un autre.

— Et qu'importe cet homme qui n'a pu obtenir ton consentement que par la tromperie ?

— S'il a employé la tromperie envers moi, puis-je l'employer envers lui ?

— Qu'importe lui ?

— Et moi, Richard ! Direz-vous qu'importe Bérengère ? Voulez-vous donc que je me repente d'être venue à vous ; voulez-vous qu'après être entrée ici, chargée d'une faute dont je venais me confesser, j'en sorte chargée d'une faute nouvelle que je ne pourrais confesser à personne ?

— Est-ce pour moi que vous êtes venue ?

— Pour vous et pour moi !

— Eh bien, alors pourquoi me repoussez-vous ?

— Mais parce que je ne suis pas libre, Richard. Oui, je vous aime ! Mon cœur éprouve pour vous les sentiments qu'il éprouvait il y a trois mois, ou mieux encore, je vous aime plus aujourd'hui que je ne vous aimais alors. Mais, hélas ! ce que j'étais, je ne le suis plus aujourd'hui.

— Ainsi après m'avoir sacrifié, quand vous pensiez que je vous trompais, vous me sacrifiez encore maintenant que vous savez que je n'ai jamais cessé d'être celui que vous aimez. C'est à votre conscience que je parle, chère Bérengère, et non à votre amour. Que votre conscience réponde donc.

Elle joignit les mains par un geste désespéré.

— Si vous pensez à lui, si vous pensez à vous, poursuivit Richard, ne penserez-vous pas à moi; si vous avez des devoirs envers lui, n'en avez-vous pas envers moi?

— Ce n'est ni à lui, ni à moi que je pense, Richard, c'est à celui à qui j'ai sacrifié ma vie, à mon grand-père. Sans cette lettre, — elle montra le brouillon de Dieudonné, — je n'aurais jamais cédé aux désirs ni aux prières de mon grand-père. Malgré toute ma tendresse pour lui, j'aurais résisté toujours, comme j'avais résisté jusqu'alors. Abusée par cette lettre, j'ai consenti à ce mariage. Et depuis ce jour, mon grand-père qui me croit heureuse et dont les craintes au sujet de mon avenir n'ont plus de raison d'être, renaît à la vie; plus de tourments, plus d'inquiétude, pour lui, mais le calme, la tranquillité, la confiance. Voulez-vous que je le tue? Vous vous adressiez à ma conscience tout à l'heure; maintenant je m'adresse, moi, à votre cœur; me demandez-vous la vie de mon grand-père?

— Pourquoi me parlez-vous de votre grand-père, quand je vous parle de vous, de moi, de notre amour? Croyez-vous même qu'alors qu'on saurait que vous êtes venue ici, que vous y venez, croyez-vous que votre mari se plaindrait ou provoquerait une rupture de manière à désoler votre grand-père...

— A le tuer.

— A le tuer; si vous croyez cela, vous ne connaissez pas votre mari, pauvre enfant, soyez assurée qu'il ne provoquerait jamais ni une rupture ni une séparation, car la séparation de corps entraîne la séparation de biens, et vous savez mieux que moi le but que cet homme et sa mère ont poursuivi dans ce mariage, — votre fortune ; ils ont tout fait pour s'en emparer, ils feraient tout pour la garder. Vous n'avez rien à craindre d'eux.

Parlant ainsi, il s'était rapproché d'elle, et de nouveau elle se trouvait dans ses bras. Une fois encore elle se dégagea, et se laissant glisser à ses genoux, en lui tenant les deux mains qu'elle pressait passionnément :

— Telle est ma situation envers vous, dit-elle, que je sens bien que je n'ai le droit de vous rien refuser et que ce que vous voulez je dois le vouloir. Cependant, laissez-moi vous adresser une prière : Richard, mon bien-aimé, mon amour, mon Dieu, soyez pour moi ici ce que vous avez été aux ruines du temple, ce que vous avez été toujours, laissez-moi sortir de cette maison...

— Non, non, tu ne sortiras pas d'ici.

Et la saisissant dans ses deux bras, il la releva ; mais résistant encore, elle lui prit la tête entre ses mains :

— Richard, mon Richard, à cette prière que je vous adresse..., que je t'adresse, mon Richard, j'ajoute un engagement ; écoutez-moi, écoute-moi donc, je t'en prie. Si je n'avais pas commis cette faute de me marier à cet homme, nous aurions vécu séparés, n'est-ce pas, tant que j'aurais dû rester près de mon grand-père, pour le soigner, le consoler et le faire vivre, et nous nous serions aimés, unis de cœur seulement. Eh bien ! ce qui se serait fait alors, c'est ce que je te demande aujourd'hui. Vivons séparés, mais unis de cœur, et le jour où je serai libre, car la loi de la nature veut que ce jour arrive, ce jour-là, quand je n'aurai plus mon pauvre grand-père, je viendrai à toi, et ce que tu voudras, je le voudrai, où tu désireras aller, j'irai, je serai à toi, entièrement à toi, non ta femme, hélas ! comme j'aurais dû l'être, mais ton amante, ta maîtresse, ton esclave. Si tu veux partir, nous partirons ; si tu veux rester, nous resterons ; si tu veux braver le monde, nous le braverons, et tu verras à ce moment si ce mari est quelque chose pour moi. Et ce que je te dis là, mon Richard, je le ferai, je te le promets, je te le jure : pour mon grand-père, j'ai donné ma vie ; pour toi, mon bien-aimé, je donnerai mon âme.

— Eh bien ! donne-la moi, et tu partiras pour ne plus revenir ici que comme tu me le proposes. Cette vie séparée, je l'accepterai, et je serai à toi comme tu seras à moi.

Elle voulut répondre, mais il lui ferma les lèvres avec ses lèvres en la serrant fortement sur son cœur. Anéantie par cette étreinte, fascinée par ces yeux qui la brûlaient, enivrée par ce baiser, elle s'abandonna dans les bras qui la serraient.

Un bruit de voix éclata dans le vestibule et presque aussitôt dans le cabinet de travail du capitaine, où ces voix devinrent distinctes : l'une était celle de Joseph, l'autre celle de M. de la Roche-Odon.

— Grand-père ! s'écria Bérengère en se dégageant.

On voulut ouvrir la porte ; mais comme le capitaine l'avait fermée au verrou, elle résista ; alors on la secoua avec violence.

Vivement Bérengère s'élança vers elle et l'ouvrit.

— Toi, ici, ma fille ! s'écria le comte ; c'est donc vrai ?

Sans répondre, elle se pencha pour ramasser, sur le tapis où il était tombé, le brouillon de la lettre de Dieudonné, et le présentant à son grand-père :

— Avec cette lettre, qu'on savait fausse, on a brisé les engagements que j'avais pris envers M. de Gardilane ; aujourd'hui seulement j'ai appris que j'avais été trompée, et aussitôt je suis accourue.

— Ici ! s'écria le comte.

— ... Pour expliquer comment j'avais manqué à ma parole.

Le comte regardait sa fille et regardait Richard, ne comprenant rien évidemment à ce qu'elle lui disait.

— Je te raconterai tout en détail, continua-t-elle, et tu verras si je pouvais ne pas venir.

Disant cela, elle prit le bras de son grand-père ; mais, avant de sortir, elle tendit la main à Richard.

— Ayez foi en ma parole, dit-elle, ce que j'ai promis, je le ferai.

En route, elle raconta à son grand-père l'histoire de cette lettre, et docilement elle écouta les reproches qu'il lui adressa sur sa démarche.

— On a cru que tu étais folle, dit-il, et c'est sur le indications des gens qui t'ont vue courir que j'ai compris que tu devais être chez M. de Gardilane.

En arrivant au château, ils aperçurent Aurélien qui venait au-devant d'eux.

— Pour t'éviter l'embarras de justifier une sortie, dit-elle à son grand-père, laisse-moi, je te prie, m'expliquer avec mon mari.

Et allant à lui :

— Je viens de chez M. de Gardilane, dit-elle, pour m'excuser d'avoir pu croire sienne la lettre écrite pour Dieudonné ; j'ai entendu votre mère raconter l'histoire de cette lettre.

Il laissa échapper un geste de colère.

— Si vous trouvez que j'ai déshonoré votre nom, n'oubliez pas, avant de demander notre séparation, que la séparation de corps entraîne la séparation de biens.

XL

Madame Prétavoine n'avait plus qu'à jouir de son triomphe, son fils était le mari de mademoiselle de la Roche-Odon !

Et cependant elle ne triomphait pas.

Peu de temps après ce mariage, ses amis avaient remarqué que d'inquiétants changements se faisaient en elle : elle avait maigri, son teint avait pris une couleur jaunâtre, sa physionomie aux traits tirés avait dénoté aux yeux de tous un état de souffrance générale.

— Qu'a donc madame Prétavoine ? son rêve est enfin réalisé et cependant elle paraît malheureuse ; en tous cas elle est certainement malade.

— C'est l'ennui de n'avoir plus rien à faire.

— J'ai interrogé son fils, qui m'a répondu qu'elle n'avait rien.

— Il pourrait bien être le dernier à voir ce qui se passe chez sa mère.

— Pourquoi donc ?

— Je ne crois pas que cette bonne madame Prétavoine trouve près de lui la récompense à laquelle elle avait droit.

— Il est vrai qu'il supportait difficilement la domination de sa mère.

— Et que faites-vous du sentiment de la reconnaissance : tout le monde sait que s'il est comte et que s'il a épousé mademoiselle de la Roche-Odon, c'est à sa mère qu'il le doit.

— Justement, tout le monde sait cela comme vous dites, et voilà le mal.

Saisissant toutes les occasions pour s'affranchir de la tutelle de sa mère, et même pour se débarrasser d'elle, Aurélien avait tiré un parti admirable de la lettre de Dieudonné.

Au lieu de se fâcher contre sa femme lorsque celle-ci lui avait dit d'où elle venait, il l'avait quittée, et allant au-devant de M. de la Roche-Odon, il avait tout de suite expliqué à celui-ci qu'il n'avait rien su de ce qui s'était passé à propos de cette lettre.

— Son existence m'a été révélée en même temps qu'à la comtesse, c'est là un excès de zèle de la part de ma mère, qui a été abusée elle-même par de faux rapports.

— Enfin, elle a fait usage de cette lettre.

— Là est le mal, et s'il était permis à un fils de blâmer sa mère, soyez assuré que je m'expliquerais franchement à ce sujet ; je ne puis que vous témoigner mes regrets et mon chagrin.

Pour lui, c'était faire coup double.

D'une part, il gagnait le pardon et même l'estime du comte. Et, d'autre part, il avait un sérieux grief à opposer à sa mère, qui lui permettrait d'écarter celle-ci de sa nouvelle existence.

Assurément il ne voulait pas rompre avec elle, mais enfin il voulait la remettre à sa place : chacun chez soi, chacun pour soi, n'était-ce pas juste ? Jamais il n'oublierait ce qu'elle avait été pour lui, ni ses démarches, ni son zèle dans la négociation de ce mariage, ni même la donation entre vifs et irrévocable qu'elle lui avait faite par contrat de mariage de la plus grande partie de sa fortune ; mais le meilleur moyen de se rappeler agréablement son rôle de bonne mère, n'était-ce pas d'empêcher qu'elle le rappelât elle-même à tout propos et hors de propos ?

La blessure avait été terrible pour madame Prétavoine, et les symptômes maladifs que depuis quelque temps déjà on remarquait en elle, n'avaient pas tardé à s'aggraver.

— Elle baisse, cette bonne madame Prétavoine.

— Elle file un mauvais coton.

— Entre nous, je crois qu'elle n'en a pas pour longtemps, et je doute qu'elle ait le plaisir de voir son fils député.

— Enfin qu'a-t-elle ?

— On parle d'une inflammation du foie, d'une hépatite, d'un abcès, et même d'un cancer au foie ; en tous cas elle est fort mal.

Elle était si mal qu'elle ne pouvait plus sortir, même pour aller à la messe, le docteur Evette lui ayant formellement interdit de quitter la chambre.

C'était là, dans une chaise longue, qu'elle recevait les visites de ceux qui voulaient bien venir la voir ; sa belle-fille, la comtesse Prétavoine, qui chaque jour régulièrement arrivait accompagnée de miss Armagh et passait un quart d'heure près d'elle ; Mgr Guillemittes qui daignait de temps en temps lui apporter des consolations ; l'abbé Subileau, l'abbé Armand, l'abbé Bernolin qui la visitaient chaque jour ; ses filles et ses gendres qui étaient venus en apprenant sa maladie, mais qui n'étaient point restés près d'elle, car ils étaient en froid avec leur mère par suite des avantages considérables dont elle avait comblé leur frère par la donation authentique qu'elles connaissaient et par des dons manuels qu'elles soupçonnaient.

Mais les visites qui eussent été les plus précieuses et les plus douces pour elle, celles de son fils, elle ne les recevait que rarement.

En effet, Aurélien était engagé en plein dans la lutte électorale, et il ne pouvait pas sacrifier ses électeurs à sa mère : il fallait qu'il parcourût chaque commune de sa circonscription, qu'il parlât ici dans une sacristie, là dans un cercle, ailleurs dans une réunion publique, et il n'avait réellement pas le temps de s'occuper d'une malade.

Avant tout il se devait « jusqu'au sacrifice » à la cause sacrée dont il tenait le drapeau d'une main chevaleresque, « le drapeau de la foi catholique, apostolique et romaine, » disait-il dans sa circulaire.

A la vérité, il n'était pas seul dans cette lutte... Neutre en apparence, l'administration le soutenait en sous-main, tandis que le clergé, qui n'avait pas de ménagement à garder, l'appuyait officiellement, en prêchant du haut des chaires, et en employant pour lui activement toutes les forces que lui donne son autorité morale et religieuse.

C'était beaucoup qu'un tel concours, mais Aurélien trouvait que ce n'était point encore assez pour lutter contre son concurrent, l'avocat Louis Mérault, qui avait pour lui l'opinion publique ; aussi n'était-ce pas dans un pareil moment qu'il allait s'enfermer dans une chambre pour soigner une malade ; — d'ailleurs il ne savait pas soigner les malades, il ne savait même pas les tromper par de douces paroles, de sorte que sa présence auprès de sa mère eût été plus nuisible qu'utile, en l'inquiétant sur son état.

Il devint assez grave, cet état, pour que le docteur Evette crût utile de prévenir sa malade qu'elle était en danger : n'était-ce pas son devoir?

Elle reçut fort mal cet avertissement, et s'emportant contre son médecin, elle fit appeler le docteur Gillet, à qui elle avait toujours témoigné un parfait mépris, mais qui lui inspirait confiance *comme médecin.*

Gillet confirma le diagnostic de son confrère ; assurément la situation était loin d'être désespérée, cependant elle était grave.

En danger ! Mourir ! Cela n'était pas possible.

Et les médecins partis, elle envoya à Hannebault chercher l'abbé Colombe ; il fallait qu'il vînt, qu'il vînt tout de suite, qu'il quittât tout pour elle.

Elle avait été prise d'une horrible frayeur, non-seulement de la mort, mais de l'au-delà de la mort.

Elle ne pouvait être sauvée que par l'abbé Colombe

qui était un vrai saint, et dont les prières seraient exaucées par Dieu.

Et Mgr Guillemittes, prévenu par le docteur Evette, s'étant présenté, elle refusa de le recevoir ; en même temps elle donna des ordres pour qu'on ne laissât pénétrer auprès d'elle ni l'abbé Armand, ni l'abbé Subileau, ni l'abbé Bernolin, et en les nommant elle les qualifia d'étranges épithètes : « l'abbé Armand, un gourmand ; l'abbé Subileau un intrigant, » etc. Elle ne voulait que l'abbé Colombe, un saint, l'homme de Dieu, etc.

Il arriva. En l'apercevant elle tendit vers lui ses mains tremblantes :

— Sauvez-moi, sauvez-moi ! s'écria-t-elle.

Elle voulut recevoir de sa main tous les sacrements que l'Église donne aux mourants : la communion, l'extrême-onction.

Elle voulut aussi qu'il ne quittât pas sa chambre, et qu'au chevet de son lit il priât tout haut.

Elle répétait ses prières, puis tout à coup l'interrompant :

— N'est-ce pas que Dieu écoute vos prières, les vôtres, s'écriait-elle, n'est-ce pas que l'intercession des saints est toute-puissante ?

Elle avait fait écrire à son fils pour le prévenir et pour lui demander de revenir à Condé.

Elle voulait le voir, l'embrasser.

Et de temps en temps elle demandait de ses nouvelles : quand arriverait-il ? serait-il nommé député ? Il fallait qu'il fût nommé.

— Priez aussi pour son succès, disait-elle à l'abbé

Colombe, pas longtemps, car j'ai bien besoin de vos prières.

Ses souffrances physiques étaient atroces, mais ses souffrances morales étaient plus grandes encore ; parfois elle interrompait l'abbé Colombe en criant, et elle se cachait les yeux avec ses deux mains, comme si elle voyait devant elle quelque chose d'effroyable.

Touché de pitié, l'abbé Colombe consentit à rester près d'elle.

Mais il vint un moment où les prières ne la rassurèrent plus, elle voulut davantage, et elle lui demanda d'aller à Hannebault prier pour elle devant les reliques de sainte Rutilie.

Et comme il allait partir, elle le fit rappeler pour lui dire d'aller prier aussi devant les reliques qui avaient été apportées de Rome à Rougemare.

Il lui promit tout ce qu'elle exigea et il lui promit aussi de revenir au plus vite.

Mais en son absence elle se trouva plus mal et l'agonie commença.

Comme on croyait qu'elle avait déjà perdu la connaissance, elle s'agita en se cramponnant à son lit, et un mot, toujours le même, s'échappa à plusieurs reprises de ses lèvres qui pouvaient à peine se refermer :

— Damnée ! damnée ! damnée !

Puis elle ne prononça plus que des sons inintelligibles et non articulés.

Aurélien arriva avant qu'elle eût rendu le dernier soupir, mais elle ne le reconnut pas et elle mourut quelques instants après.

C'était le jeudi, elle aurait dû être enterrée le samedi, mais on retarda les funérailles jusqu'au dimanche, bien que le dimanche elle ne pût pas avoir la messe des morts.

Mais ce dimanche était le jour de l'élection, et Aurélien comptait sur ces funérailles pour lui apporter quelques voix hésitantes : il y avait en effet dans cette coïncidence de l'enterrement de la mère et de l'élection du fils un contraste qui, croyait-il, devait assurer son triomphe. Ce fut ce qu'il indiqua dans une note qu'il rédigea pour *l'Étoile de la vallée*, et dans laquelle on disait que cette excellente madame Prétavoine avait été tuée par les calomnies infâmes dont on avait chargé son fils qu'elle aimait si tendrement.

Ainsi, par sa mort même, elle lui rendit encore service.

Il fut nommé.

Et il eut la joie de quitter Condé pour Paris.

Là il serait maître de sa femme.

Par malheur pour ses espérances, une cruelle déception le frappa presque aussitôt :

Nommé chef d'escadron, M. de Gardilane quitta Condé pour venir à Paris, où il était attaché « au service des bâtiments. »

FIN

NOTICE SUR « LES BATAILLES DU MARIAGE »

Quand je préparai ce roman, dont une partie « Comte du pape » se passe à Rome, un voyage en Italie s'imposait : je ne pouvais pas peindre le monde du Vatican sans l'étudier ; je me munis donc des recommandations qui devaient me donner entrée dans ses coulisses et, au mois de mars 1876, je partis pour Rome.

En passant par Milan, je rencontrai dans une soirée qui réunissait du monde de toutes les classes, et notamment des artistes et des journalistes, le directeur du *Secolo*, Moneta, que j'avais connu l'année précédente à Venise à l'inauguration du monument de Manin. Il me demanda ce qui m'appelait à Rome. Je n'avais aucune raison de me taire, je répondis donc sans trop réfléchir que préparant un roman sur les mœurs cléricales de la France, j'allais voir comment on faisait des comtes du pape, des ducs, des barons et toute cette noblesse qui, revenue chez nous, se pare sérieusement de ces titres pour rire, se *panadant* comme le geai de la fable.

Puis la conversation tourna, et j'oubliai cet incident ; mais à mon arrivée à Rome, un numéro du *Secolo*, le journal le plus répandu dans le Milanais, vint me le rappeler. A peine avais-je donné mon nom au secrétaire de l'hôtel, que celui-ci me présenta, avec des lettres qui m'attendaient, le *Secolo*; mon premier mouvement fut de répondre que l'on devait se tromper, et que je n'attendais pas de journal ; mais mon nom étant sur la bande je l'ouvris, un trait au crayon bleu appela mes yeux, et je lus un entrefilet où, au milieu de compliments *italiens* qui auraient satisfait la vanité d'un ténor, on disait que je me rendais à Rome pour y étudier les mœurs du Vatican et prendre sur le vif le portrait des personnages de l'entourage le plus intime de Pie IX, en vue d'un roman que je préparais sur le monde clérical.

Dans ma carrière littéraire, je n'ai pas toujours eu à me louer des journaux, et plus d'une fois, bien que j'aie l'épiderme peu sensible aux coups d'épingle et même aux coups de couteau, j'ai fait la grimace en les lisant; mais aucun article ne m'a été plus désagréable que cet entrefilet écrit cependant à si bonne intention. Comment diable me présenter maintenant dans un monde « où je devais prendre des portraits sur le vif »; — ce qui je dois le dire tout de suite n'avait jamais été dans mon intention, car je ne crois pas que les portraits vrais soient à leur place dans un roman.

Parmi mes lettres de recommandation j'en avais une pour M. de Corcelles, l'ambassadeur de France auprès du Vatican; je la mis dans ma poche, et, le numéro du *Secolo* par-dessus, je courus tout de suite à l'ambassade, où tout ému de la lecture de mon entrefilet qui pouvait me faire manquer mon voyage, j'expliquai mon ennui.

M. de Corcelles, qui est mort il y a quelques mois seulement, retiré depuis longtemps de la vie politique, était un vieillard aimable, fin, spirituel qui, bien que catholique fervent, était un esprit libéral et indépendant; il aimait les écrivains, les accueillait avec bonne grâce et n'épargnait ni son temps ni sa peine pour leur rendre service.

— Sans doute cela est fâcheux, me dit-il, mais il faut faire attention que le *Secolo*, journal de Milan, est peu lu à Rome, surtout au Vatican, et que cet article a bien des chances pour passer inaperçu; la chose serait beaucoup plus grave s'il avait paru dans la *Capitale*; vous savez que la *Capitale* a toute une partie d'indiscrétion, comme on dit à Paris, et qu'elle se fait un malin plaisir de publier souvent des lignes dans le genre de celles-ci : « Hier, Mgr... (ici les initiales d'un prélat) est monté au deuxième étage du Corso, n°... où demeure une personne très intéressante. Son Éminence y est restée deux heures. *Nous parlerons des suites de cette visite... s'il y en a.* » Vous comprenez que ces indiscrétions provoquent la curiosité dans le monde clérical ; aussi cette feuille est-elle lue par bien des prélats ; on dit même que le pape, qui aime les cancans, se la fait lire souvent. Comme la *Capitale* appartient au même propriétaire que le *Secolo*, elle emprunte beaucoup de faits à ce journal. Allez donc tout de suite à la *Capitale*, via Cesarini, pour empêcher cette reproduction, si on doit la faire, et s'il en temps encore.

J'allai via Cesarini où se trouvent l'imprimerie et les bureaux de la *Capitale*; comme je venais de lire dans tous ses détails le procès Luciani, je connaissais, par les dépositions des témoins, cette maison à l'aspect sombre et sinistre où Raphaël Sonzogno fut assassiné par un pauvre diable, misérable instrument de Luciani, ce type si curieux de l'aventurier italien contemporain qui devait épouser une princesse de sang impérial s'il se faisait nommer député, et qui n'a assassiné Sonzogno que parce que celui-ci empêchait son élection. Je retrouvai l'escalier verdâtre, gras et humide dans lequel Sonzogno, poursuivant son assassin, vint tomber étouffé, et aussi le petit bureau où il fut frappé.

J'exposai ma demande au rédacteur en chef, M. Dobelli, qui me reçut dans ce même bureau, en présence de Salvatore Morelli, le député ami des femmes ; il était juste temps : l'entrefilet avait été coupé et on allait l'envoyer à la composition.

— Vraiment, monsieur, me dit le rédacteur de la *Capitale*, vous mettez autant d'empressement a empêcher qu'on parle de vous, que d'autres en mettent à chercher qu'on parle d'eux.

— C'est que si vous parlez de moi vous rendez mon voyage à Rome inutile ; vous comprenez qu'on n'aime pas généralement se livrer aux gens qui doivent vous peindre sur le vif ; j'ai eu la langue trop longue, à Milan.

L'indiscrétion de la *Capitale* conjurée, je n'étais pas encore très rassuré sur le résultat de mon voyage, car M. de Corcelles m'avait fait remarquer que l'esprit de mes romans n'était pas orthodoxe, et que de plus dans l'un d'eux j'avais été peu respectueux pour le commerce des corps saints, qu'on prend dans les catacombes pour les expédier dans le monde entier, comme de pieuses reliques destinées à aviver la foi, et quelquefois même à faire des miracles.

— Tout le monde n'a pas lu mes romans comme vous, et il est peu probable qu'un seul exemplaire ait jamais pénétré au Vatican.

— Il suffit que la personne chargée d'accorder les audiences en ait eu connaissance ; d'ailleurs on prend des renseignements sur ceux que Sa Sainteté daigne recevoir.

Je savais cela et je n'avais pas oublié qu'un de mes amis, de passage à Rome et ayant voulu voir le pape, avait eu son nom biffé par cette seule raison qu'il était directeur d'un grand journal républicain : la femme avait été reçue, le mari avait été retenu à la porte.

J'étais donc assez inquiet, car bien que je n'eusse pas la prétention d'apprendre en une courte audience des choses d'un intérêt palpitant, j'avais besoin de voir, de mes yeux, une de ces audiences pour la raconter telle que je l'avais vue.

Quelques jours se passèrent, et un mardi soir, comme je rentrais, le portier de l'hôtel me remit une large enveloppe : je l'ouvris et trouvai une lettre au haut de laquelle je lus : « *Dall' anticamera pontifica.* » C'était ma lettre d'audience ; j'étais prévenu que « Sua Santita » daignerait m'admettre le lendemain à son audience, à onze heures trois quarts du matin.

— La personne qui a apporté la lettre reviendra demain, dit le portier..., pour la petite gratification.

— Pourquoi ne l'avez-vous pas donnée tout de suite ? demandai-je.

— Parce que je ne savais pas combien monsieur voulait donner ; il y a des personnes qui sont si heureuses d'avoir une audience du saint-père, qu'elles donnent cinq francs et même quelque fois dix francs ; il y en a d'autres qui donnent beaucoup moins.

— Et combien donne-t-on le plus souvent ?

— Trois francs.

Monté dans ma chambre, je me mis à retraduire ma lettre d'audience qui était en italien. « On est prié en entrant dans l'antichambre de présenter ce billet. Les dames sont admises en robes noires et voilées, les hommes en uniforme, et quand ils n'en portent pas, en frac noir et en cravate blanche. »

Et tout en lisant je me disais que c'étaient là des règles d'étiquette bien sévères chez celui qui se croyait le vicaire de Jésus, né dans une étable ; les pauvres de ce monde qui n'ont pas un habit noir ne pouvaient donc pas être admis en présence du saint-père !

Et aussi je me rappelais les recommandations qui, quelques jours auparavant, m'avaient été adressées : « Surtout ne mettez pas de gants quand vous irez au Vatican; depuis que Sciarra Colonna a posé son poing ganté de fer sur la figure de Boniface VIII, on ne paraît plus ganté, même de chevreau, devant les papes. »

Dans *Comte du Pape*, j'ai déjà raconté ce qu'est une audience au Vatican, mais en y introduisant une partie de roman; ici au contraire je copie mes notes écrites le soir même, exactes et sincères.

Le lendemain, à onze heures, je quittais mon hôtel « *in frach nero et cravatta bianca* » pour me rendre au Vatican : je tenais à arriver le premier, car je voulais voir l'entrée de ceux qui seraient reçus dans la même audience que moi. J'étais, bien entendu, en voiture, et cela est indispensable à tous les points de vue quand on se rend au Vatican, ne serait-ce que pour trouver la porte de ce palais, ce qui n'est pas chose facile, car elle se cache dans un coin, à l'angle droit de la colonnade du Bernin.

Dans le vestibule la garde des suisses est assemblée ; capotes grises, buffleteries jaunes en cuir, casquettes bleues culottes courtes à bandes jaunes et bleues, bas de même couleur ; les soldats qui sont en faction portent le fusil sur l'épaule à la prussienne.

On monte un escalier droit à marches basses ce qui le rend d'une extrême douceur, et sur les paliers on rencontre des hallebardiers habillés en valets de cartes qui se tiennent immobiles comme des statues : leur uniforme, fort curieux, a été dit-on dessiné par Michel-Ange, et depuis personne n'a osé y toucher ; quelle leçon pour nos ministres de la guerre qui, tous les cinq ou six ans, éprouvent le besoin de changer l'uniforme de nos soldats, et pour le plus grand intérêt des fournisseurs du ministère, le rendent à chaque changement un peu plus laid et un peu plus incommode.

On ne rencontre encore aucun étranger, mais dans les antichambres et les corridors circule tout un monde de valets en simarre de soie violette, à la figure rasée, au regard paterne qui vont et viennent en glissant leurs souliers avec des airs recueillis et importants.

On me fit entrer dans un salon orné de tapisseries d'Audran représentant des scènes tirées d'*Esther*, et éclairé par de hautes fenêtres donnant sur Rome et offrant une vue superbe sur le Pincio, la villa Médicis, et à l'horizon bleuâtre une chaîne de montagnes blanches de neige ; immédiatement au bas, par-dessus le corridor d'Alexandre VI, on voyait des cavaliers de l'armée italienne qui faisaient l'exercice dans la prairie, et quand la brise passait on entendait les éclats du clairon et les roulements du tambour, ce qui, soit dit en passant, doit être fort peu agréable pour le prisonnier du Vatican ; mais les princes ont entre eux des procédés que de simples bourgeois n'auraient pas.

Peu à peu la salle se remplit ; d'abord trois prêtres, dont deux parlaient avec un accent normand très prononcé que j'eus plaisir à entendre, et dont le troisième tournait, pirouettait sur ses talons avec une désinvolture qui rappelait Déjazet dans Richelieu et dans Létorière ; il ne me fallut pas longtemps pour comprendre que les deux prêtres à l'accent normand devaient être des Canadiens ; quant au troisième, il interrogeait toujours et ne disait lui-même rien de caractéristique ; il semblait presque chez lui, tandis que ses deux compagnons, sanglés dans des soutanes neuves évidemment étrennées pour cette solennité, paraissaient sous l'impression d'une vive émotion.

Deux Français entrèrent ensuite, puis deux jeunes Anglais qui, faisant leur voyage d'Italie, avaient voulu voir le pape, pour eux bien certainement une simple curiosité ; enfin un personnage de grande taille prodigieusement décoré, que les nombreuses boîtes nouées avec des faveurs qu'il portait sous son bras, eussent fait prendre partout ailleurs pour un parrain qui arrive à un baptême chargé de boîtes de bonbons. Il étala toute sa cargaison sur deux fauteuils, ce qui provoqua le rire et les moqueries des deux jeunes Anglais, peu révérencieux pour la sainteté du lieu.

Tout en examinant ce qui se passait autour de moi, je regardais de temps en temps la vue de Rome, qui de la fenêtre où j'étais resté se déroulait devant mes yeux, avec ses campaniles, ses aiguilles dorées, ses obélisques, ses dômes, ses ruines au profil dur, ses cyprès noirs et ses pins parasols aux cimes étalées, qui çà et là, se détachaient en noir sur les profondeurs bleues de l'horizon.

Le prêtre qui tournait si bien sur ses talons vint à cette fenêtre et, après un moment de contemplation se tournant vers moi, il me dit en français :

— Ces montagnes, là-bas, sont les Abruzzes, n'est-ce pas ?

— Je le pense.

— Et cette longue galerie qui se dirige vers le château Saint-Ange, c'est le corridor d'Alexandre VI ?

— Oui.

— C'était une utile précaution, que ces corridors.

Cette façon de m'interroger ne me plaisant pas, je ne répondis rien ; il ne me convenait pas de parler d'Alexandre VI (Borgia) dans le Vatican. Voyant mon attitude, le prêtre tourna de nouveau sur ses talons et rejoignit ses compagnons.

L'attente se prolongea ; enfin un peu après une heure, la porte opposée à celle par laquelle nous étions entrés s'ouvrit, et un monsignore nous avertit que nous devions nous agenouiller : les deux Anglais parurent jusqu'à un certain point suffoqués ; pour moi je m'agenouillai volontiers, persuadé qu'on doit se plier aux usages des gens qu'on visite, si étranges que soient ces usages : en Chine je me serais mis à plat ventre devant l'Empereur, et au Japon je me serais mouché dans des petits papiers.

Il se fit un brouhaha dans le salon dont on venait d'ouvrir la porte, et on entendit le bruit d'un bâton qui, à coups irréguliers, frappait le parquet : le pape parut entouré de cardinaux en soutane noire ourlée de rouge, d'évêques, de camériers et de gardes-nobles : pour le pape qui était tout en blanc, il formait un centre lumineux qui attirait les yeux.

Les gravures, les lithographies, les photographies ont trop bien fait connaître l'image de Pie IX pour qu'il soit utile de faire son portrait : cependant il faut dire que les yeux extatiques à la saint Louis de Gonzague qu'on lui donnait, n'étaient pas les siens ; il y avait beaucoup plus de malice dans ces yeux que d'extase, de la malice italienne moqueuse et joviale.

A l'entrée du pape, les deux prêtres canadiens s'étaient prosternés sur le tapis, et quand le pape qui marchait en s'appuyant sur sa grosse canne s'approcha d'eux, ils s'efforcèrent de baiser ses souliers en cuir rouge brodés d'or. Mais il ne parut pas disposé à se prêter à ces élans d'adoration, et, les relevant, il leur adressa en français, qu'il parlait sans trop d'accent, quelques paroles bienveillantes. Alors ils lui présentèrent une tabatière, dans laquelle sonnaient des pièces de monnaie, et, la prenant en souriant, il la passa à un personnage de sa suite. Mais cette offrande n'avait pas satisfait leur élan de générosité ; ils fouillèrent dans leurs poches et lui présentèrent quelques pièces d'or, toute leur fortune peut-être, qu'il reçut avec le même sourire. Et, regardant cette scène touchante, je pensais à un récit que, trois jours auparavant, me faisait une personne en position de bien savoir ce qui se passe au Vatican, — et que je rapporte ici, sans le garantir bien entendu. Sur les énormes sommes qu'on porte à Rome, le pape ne toucherait personnellement que 30,000 fr. par an ; le reste irait aux jésuites, qui administrent les finances de la papauté. Sur ces 30,000 fr. que reçoit le pape, 20,000 fr. sont consacrés à sa pension et 10,000 fr. à son entretien. Quand il veut faire des économies sur ces 10,000 fr. pour les distribuer en cadeaux, il est grondé ; on lui retire ses vieux vêtements, qu'on brûle pour qu'ils ne soient pas vendus comme des reliques, et on les lui remplace par des neufs.

Le pape était arrivé à moi ; le *monsignore* qui le précédait me prit ma lettre d'audience :

— Le signor Hector Malot, présenté par l'Ambassade, dit-il.

Le pape me regarda un moment.

— Que voulez-vous de moi ? dit-il.

J'avoue que je n'étais pas du tout préparé à cette demande; aussi je cherchai ma réponse.

— Présenter mes hommages à Votre Sainteté.

— Il faut me demander quelque chose.

Je comprenais bien ce que je devais demander. Je restai embarrassé; il ne me convenait pas de demander une bénédiction que mes idées n'admettaient pas; j'étais venu pour voir et non pas pour avoir. D'un autre côté, je voulais être respectueux pour ce vieillard qui me recevait chez lui; ma situation était assez ridicule.

De nouveau, le pape me regarda en souriant, et me mettant la main sur le front :

— Eh bien ! dit-il, je vous la donne tout de même.

Et il passa à mes voisins les Anglais, me laissant assez ébahi; j'aurais voulu pouvoir l'applaudir pour la façon spirituelle dont il m'avait *collé*.

A ces jeunes gens il dit aussi quelques paroles bienveillantes en se servant toujours de la langue française, puis avant de les quitter il leur donna son anneau à baiser :

— Puisque vous êtes venus à moi, dit-il finement, il faut rester avec moi, — et s'adressant à un cardinal : Expliquez à ces enfants ce que je viens de leur dire, il faut qu'ils restent avec moi.

Pendant que le pape s'occupait de nous, le personnage aux boîtes qui se trouvait à l'extrémité de notre rang avait dénoué ses faveurs et vidé le contenu de ses boîtes sur le tapis; c'était un vrai déballage d'objets de piété : chapelets, médailles, madones et statuettes de Saint-Pierre.

Depuis quelques instants déjà le pape avait toussé plusieurs fois; arrivé devant cette exposition, il fut pris d'une sorte de quinte et alors il cracha à plusieurs reprises sur le tapis autour de lui : c'était un spectacle curieux qu'offrait la physionomie du monsieur chaque fois que le saint-père crachait, il se demandait bien certainement si ses madones n'allaient pas recevoir quelque éclaboussure et il faisait un mouvement en arrière.

La quinte passée, le pape bénit très complaisamment tous ces objets; puis, comme il était arrivé à l'extrémité du salon, il se retourna vers nous, qui bien entendu étions pendant tout ce temps restés à genoux; alors levant la main droite, tandis que de la gauche il s'appuyait fortement sur sa canne :

— Ma bénédiction pour les personnes, dit-il, pour les chapelets, pour les médailles.

Alors on nous dit que nous pouvions nous lever et suivre Sa Sainteté; ce que nous fîmes.

Dans la salle d'entrée étaient agenouillées quelques personnes, hommes et femmes ensemble, le pape les bénit et leur donna son anneau à baiser sans leur adresser la parole.

Puis, suivi de son cortège, il traversa la salle au milieu des gardes qui présentaient les armes, agenouillés, et il entra dans la cour San Damase, sur laquelle s'ouvrent les loges de Raphaël; alors comme quelques personnes de l'audience s'imaginaient sans doute qu'elles devaient suivre le pape partout, on leur ferma les grilles en fer assez brusquement sur le nez.

Trois jours après, me promenant dans Saint-Pierre, comme j'avais l'habitude de le faire pendant les heures du milieu de la journée où les galeries du Vatican sont fermées, j'entendis les chants d'un office qu'on célébrait dans la chapelle Clémentine, et je me rendis à cette chapelle.

Le chapitre de Saint-Pierre officiait, portant la peau d'hermine et la peau de petit gris, et dans la tribune un chœur exécutait supérieurement le *Magnificat*, qu'écoutaient curieusement des Anglaises et des Américaines, qui regardaient les chanteurs comme si elles avaient voulu deviner si leurs voix claires étaient vraiment bien naturelles.

Le chant achevé, l'office continua : tout à coup quelle ne fut pas ma surprise de reconnaître dans un des chanoines qui venait saluer l'autel, le prêtre qui, trois jours auparavant, à l'audience du pape, m'avait interrogé sur les Abruzzes et le corridor d'Alexandre VI.

Je crus tout d'abord que je me trompais; je le regardai attentivement; il tourna sur ses talons; le doute n'était plus possible, c'était lui.

Alors, s'il était chanoine de Saint-Pierre, pourquoi diable m'interrogeait-il sur ce qu'il connaissait beaucoup mieux que moi?

Je me le demande encore.

H. M.

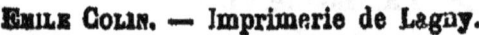

www.ingramcontent.com/pod-product-compliance
Lightning Source LLC
Chambersburg PA
CBHW060515230426
43665CB00013B/1520